古代的
希腊和罗马

附:《伯罗奔尼撒战史》选译

吴于廑 著

生活·讀書·新知 三联书店

Copyright © 2022 by SDX Joint Publishing Company.
All Rights Reserved.
本作品版权由生活·读书·新知三联书店所有。
未经许可,不得翻印。

图书在版编目(CIP)数据

古代的希腊和罗马/吴于廑著.—北京:
生活·读书·新知三联书店,2022.8
(三联精选)
ISBN 978-7-108-07323-5

Ⅰ.①古… Ⅱ.①吴… Ⅲ.①古希腊-历史-通俗读物
②古罗马-历史-通俗读物 Ⅳ.① K125-49 ② K126-49

中国版本图书馆 CIP 数据核字(2021)第 249170 号

特邀编辑	孙晓林
责任编辑	吴 莘
装帧设计	鲁明静
责任校对	常高峰
责任印制	宋 家
出版发行	生活·讀書·新知 三联书店
	(北京市东城区美术馆东街 22 号 100010)
网 址	www.sdxjpc.com
经 销	新华书店
印 刷	河北鹏润印刷有限公司
版 次	2022 年 8 月北京第 1 版
	2022 年 8 月北京第 1 次印刷
开 本	850 毫米 × 1092 毫米 1/32 印张 11.5
字 数	192 千字 图 45 幅
印 数	0,001-5,000 册
定 价	58.00 元

(印装查询:01064002715;邮购查询:01084010542)

目录
Contents

卷头语 1

第一章 荷马时代的前后 3
一 克里特和迈锡尼 3
二 从荷马时代到古典希腊城邦形成的前夕 14

第二章 雅典国家的形成和发展 22
一 由氏族到国家和国家形成后的社会变化 22
二 从梭伦改革到克利斯梯尼的改革 28

第三章 斯巴达 39
一 自足的经济 39
二 尚武的社会生活 42

第四章 雅典的强盛和繁荣 50
一 对波斯的战争 50

二　雅典的海上霸权　58

　　三　雅典奴隶制经济的繁荣　62

　　四　奴隶制民主的政治生活　67

　　五　雅典全盛时期的文化生活　72

第五章　从希腊霸权的更迭到亚历山大东侵　83

　　一　伯罗奔尼撒战争和旋起旋仆的霸权　83

　　二　马其顿霸权和亚历山大东侵　92

第六章　台伯河上的小城邦　100

　　一　罗马国家的形成　100

　　二　贵族共和国的内部斗争　105

第七章　罗马的扩张和社会变化　112

　　一　罗马的军团　112

　　二　地中海上新霸权的出现　115

　　三　扩张期间的社会经济变化　122

第八章　社会矛盾激化的一个世纪　127

　　一　奴隶的处境和奴隶起义　127

　　二　挽不回的兵农合一制　132

三　军事独裁的形成和共和国的崩溃　141

第九章　奴隶制大帝国的全盛　155
一　渥大维——新的恺撒　155

二　所谓"罗马的和平"　161

第十章　罗马奴隶制帝国的衰亡　172
一　第三世纪的危机　172

二　徒劳无益的改革　180

三　最后的崩溃　187

附　录
希腊城邦的形成及其历史特点　194

东西历史汇合下的希腊化文化　214

修昔底德《伯罗奔尼撒战史》选译　230

因为风，我们去看看希腊和罗马
（代后记）　　　　　吴遇　334

卷 头 语

这是一本讲希腊罗马历史的小书。作者企图要言不烦，勾出希腊罗马古典奴隶制社会发展的轮廓。因为篇幅有限，书的写法不允许面面俱到。它在取材上必须有所轻重，有的略而不论，有的则作了较为集中的阐明。

书中对人物、制度、战争、变革以及社会风尚、文化生活等等的叙述，都和分析说明穿插在一起。这种夹叙夹议的写法，未必处处做得很圆满。但作者却时时在心里悬下这样的目标：即对任一史实的叙述，总不要让它脱离历史发展的大势；既要透过史实来显示历史的归趋，也要从历史的趋向中看出具体史实的意义。在像这样一本篇幅不大的书里，要恰好地达到这个目标是有困难的。叙述要明确而不繁琐，分析要简当而不空疏，这就很不容易。作者虽然只想写下希腊罗马史的轮廓，但却无意使勾画出来的轮廓只是一些单调的线条；哪怕是一幅淡墨山水，也总想在墨色中分出一点明暗。然而由于学力和识见的限制，这一意图是否已经实现很有问题。凡是读这本书的人，务请以批判的眼光，发现和纠正作者的短失。这本书可能提供一些关于希腊罗马史的粗糙的看法，但它并不包括全部希腊罗马史的基本知识。如果它能使读者对希腊罗马历史发展的脉络略有认识，并起一点引发对历史这门学问多少感到兴趣的作用，作者就认为很满意了。

当希腊的主要城邦雅典形成的时期，罗马也已开始跨上历史的舞台。通常把希腊罗马连称，并不意味着罗马的历史是衔接在希腊历史的后面。不过当罗马发展为大帝国的时候，它已把希腊地区包括在内。从此希腊地区成为罗马帝国的一部分，罗马帝国奴隶制的崩溃也包括希腊一带的奴隶制的崩溃。所以两者在早期的发展步调尽管不一，但是它们的奴隶制社会发展归趋则是一样的。本书没有采取同时代叙述法，仍旧把希腊罗马分为两部分，讲了希腊，再讲罗马。这并不等于说，希腊的奴隶社会先已溃亡了，然后才又兴起罗马的奴隶社会。希腊诸邦和马其顿之亡于罗马，只是国家的灭亡，而非社会制度的灭亡。关于这一点，一般都是十分了然的。青年读者不要从这种叙述的次第而产生错觉。

本书共分十章，前五章讲希腊，后五章讲罗马。叙述的重点在社会、经济和政治的发展，略及文化生活。

第一章 荷马时代的前后

一 克里特和迈锡尼

荷马是相传生于公元前9世纪的希腊盲诗人。他提炼古代希腊的民间创作，留给后世两部伟大的史诗：一部是《伊里亚特》，主题是相传发生在公元前12世纪末希腊人攻打特洛城的战争；另一部是《奥德赛》，歌咏特洛战后一个希腊英雄浮海还乡的故事。两部史诗不仅反映荷马所亲历的社会，而且也反映远在荷马以前的社会。历史家把这两部史诗形成的时代称为"荷马时代"。这个时代从公元前12世纪开始，到公元前9世纪止，共约四个世纪。

19世纪末叶以前，写希腊史的人只能上溯到荷马时代。荷马史诗所歌唱的英雄，虽是一些生活在氏族时代的粗犷豪迈的人物，但他们的宫室城寨，御用宴饮，却暗示着一个和氏族生活很不相称的比较高度的物质文化。对于研究希腊史的人，这一物质文化的渊源何在，常常是一个不可解的疑问。直到19世纪的后叶，由于考古家在迈锡尼、克里特等地的发

希腊盲诗人荷马

掘,才为这个问题提出比较合理的解释。

1900年,英国学者伊文思在克里特岛进行考古发掘。他的发掘结果证明远在公元前二千纪,岛上已经有了很高的文化。伊文思把克里特文化大体划分为三大期:据晚近研究,第一期约当公元前2600年到前2000年。这个时期金石并用,岛上居民还过着氏族部落生活。第二期是从公元前2000年到前1600年。这时青铜器流行,出现彩陶和精致无伦的卵壳陶。岛上有了城市。岛北的克诺萨斯和岛南的斐斯特斯都已兴建了王宫,可见在这时出现了国家。约当公元前17和前18世纪末期,克诺萨斯的王宫曾经遭受过严重的破坏。但过了不久,故宫的废墟上又兴起了新宫。从公元前1600年到前1125年,是克里特文化全盛的第三期。近年对克里特文字的

米诺斯王宫遗迹

译读，证明当时已经使用奴隶生产，操希腊语的人已经进入克里特岛。这一时期克诺萨斯宫的规模、结构和装饰以及其中所保存的各种精美物品，集中表现当时经济和文化的高涨。

在克里特考古学上，克诺萨斯新宫被称为第二宫。现在让我们根据第二宫遗址的情形，假想它的完好一如当日，而我们自己则是因风吹去的游人，到宫里去观光其中的一切。

我们假定在一个晴和的季节到达克诺萨斯宫，年代可以是公元前16至前15世纪中的任何一年。整个王宫依山而建，从宫门远眺，可以看到山野间一片油碧的橄榄林。进了宫门，有一条用石板铺成的甬道，甬道的尽头，是一片很开阔的庭院。四周宫室围抱，层次相连，有数不清的门户和数不清的阶梯。在希腊传说里，有一个关于南海米诺斯王"迷宫"的故事。克诺萨斯的第二宫正是这样一所使人扑朔迷离的宫殿。全宫最富丽的地方是王后的居室。室内列柱作圆形，下细上粗。地面上铺着平整的石板，四壁有夺目的彩画。一幅画着流动的海涛，波上有掠水的飞鱼。另一幅是茂密的树林，林间有彩禽穿度。还有洋溢着人间行乐气氛的舞蹈图，图中的少女头戴花冠，束腰垂发，飘逸的长裙衬托出舞姿的摇曳。克里特文化的世俗主义和自然主义的色彩，赋予这些壁画以一种很生动的风格。

我们在假想的观光中迤逦走出北宫门，宫外的剧场上正在表演斗牛戏。剧场的面积不大，场边有用白石砌成的座台。座上的人物看来都是宫廷显贵，盛服的妇女也参杂在其中。男子穿着紧身的腰衣，脚上踏着花鞋，两臂套着金镯。妇女们袒臂露胸，腰下洒开阔幅的长裙。当这些高贵的仕女笑语欢腾的时候，场上的斗牛者却正在面临奔腾而至的野牛，在间不容发的一刹那，擒住牛角，翻上牛背，打一个斤斗，又从牛的尾部跳下来。斗牛的人大概是地中海上奴隶制国家最早的角斗士，他们多半是由臣服国家进贡来的少男和少女。据希腊的一个传说，每隔九年，雅典人就满城涕泪，用挂上黑帆的船，把七对童男女献给南海的米诺斯王，去饲养他的牛精。这个传说隐约告诉我们，克里特的斗牛者是以国家威力勒索而来的奴隶。

克诺萨斯第二宫生活的豪华,和当时物质生产水平是分不开的。我们在那里可以看到陶器作坊,里面分为精工和粗工:粗工制造各色大陶缸,有的比人体高过一个头,量一下它的腰围,两个人合抱还拢不了手。在王室仓库里就成排放着这种大陶缸。我们估计这是用来存储油酒的,因为克里特这时已经有了榨油的工具,出现了爱琴海区最早的橄榄油业。精工的部分制造小型陶器,最典型的是一种阔口无颈的短瓶,黑釉为底,用圆浑的线条盘成各种彩色的植物图案;也有一些陶瓶是素底黑花,画着珊瑚、章鱼等海中生物。我们也能看到精美的雕刻品,有的是用埃及运来的象牙雕成体态轻盈、双手缠蛇的女像;有的是用石料凿成长瓶,在瓶外雕花,围着瓶身展开农夫欢庆丰收的画面。金工的手艺也精巧无比,最出色的作品是那些运到海外的宝剑和金杯。从各方面看,公元前16世纪的克里特,已在生产技术上攀登爱琴文化的高峰。

克里特这时也有繁盛的商业,贸易往返使它接触到埃及和西亚的古老的文化。从王宫的高处,可以隐约看到克诺萨斯城北的港口。港边舟舣如织,和爱琴诸岛、希腊、埃及、西亚、塞浦路斯岛以及西地中海进行着繁忙的交易。米诺斯王在这时拥有强大的海军,他和埃及的法老一样,垄断海上的贸易。他的巨大的财富,不仅是取自奴隶和人民的血汗,而且也取自商业掠夺。残酷的剥削是他的宫廷生活优美奢逸的来源。

我们在想象中观光的克诺萨斯第二宫,不知是什么原因,在公元前1400年左右遭到了浩劫。当伊文思发现它的遗址的时候,到处都可看到被焚毁的痕迹。宫里的金银宝器,被掠一空。许多线形字的泥版文书,被烧成像石头一样的硬片。遗址里还发现未完工的石瓶,大概是因为祸变发生得太突然,在仓皇中惊走的雕工,再也没有回来完成他那未完成的杰作。自从克诺萨斯宫遭遇这次毁坏以后,它所代表的文明也走上衰灭的道路。克里特岛上从此失去往昔的繁荣。后来横海而来的多利安人,又对已经残败的克里特作了野蛮的破坏。于是繁华荡尽,荷马史诗中所歌咏的:

> 有个地方叫做克里特,在酒绿色的海中央,
> 美丽又富裕,四面是汪洋,那里居民稠密,
> 有数不清的数量,九十个城市林立在岛上[1]。

不过是一个已经消逝了的时代长久留在人间的回响。

但是深受克里特文化影响的希腊南部迈锡尼文化,却一直保持到荷马时代的开始。关于这一点,19世纪后叶以前的

---

[1] 荷马:《奥德赛》,卷十九,172—174行。

第一章 荷马时代的前后

迈锡尼狮子门

学术界可以说是一无所知的。到了19世纪的70和80年代,德国的考古学家谢里曼先后发掘了伯罗奔尼撒半岛上的迈锡尼城和泰林斯城,这才为希腊的古史扩大了视野。迈锡尼的巨石城堡,自古以来就吸引着游历家的注意。但是人们把它看为鬼斧神工,只有像传说中的独眼巨人,才能完成那样的奇迹[1]。1876年,谢里曼在它的附近发掘了石墓和规模巨大

---

[1] 独眼巨人是希腊传说中体格伟岸的怪人。奥德赛在还乡的旅程上,曾经误入巨人的石洞。后来打瞎了他的眼睛,才能用计逃走。巨人能举大石挡住洞门,据说那块大石虽用二十二辆车子也拉它不动。因此公元前2世纪的希腊作家坡舍尼阿称迈锡尼城堡的建筑是"独眼巨人的叠石"。关于独眼巨人,参看荷马:《奥德赛》,卷九,217行以下。

9

的陵寝，其中埋藏着无数的金银宝器。仅仅是列举两座墓中的发现，已经使谢里曼记满了一百多页。有了这么多的文物做印证，迈锡尼文化在希腊史上的地位，才开始受到历史家的重视。

凡是读过荷马《伊里亚特》的人，谁都难忘其中所描写的铁匠神赫斐斯特替英雄阿契里精心铸造的盾牌。在那块盾牌上，赫斐斯特用青铜、金、银和锡，铸造了田园城廓和婚姻诉讼等日常生活的情景。许多人都认为像这样精美的手艺只能是出于诗人的幻想，不可能在荷马时代出现。然而迈锡尼和克里特文化遗址的发现，却为这个问题带来新的提示。迈锡尼和后期克里特使用同样的线形文字。从遗留下来的泥版文书，可以看出这时迈锡尼的奴隶制经济已经相当发达。在迈锡尼的文物中，有一种制作精巧的青铜短剑。据考古家鉴定，这种长不满尺的青铜剑显然是出于克里特的匠师之手。有一片剑面上雕的是猎狮图，图中有两只狮子在奔逃，一只狮子在和猎夫困斗。还有一片剑面上雕着野猫捕鸭图，全图的背景是一带长满芦苇的水边，猫追鸭遁，在受了伤的鸭颈上还有用特种合金点染出来的殷红的血迹。这种精工刻镂的剑面，有力地说明迈锡尼和克里特文化之间的密切关系。克里特的文化很早就传到迈锡尼，荷马史诗所歌咏的赫斐斯特的手艺，正是迈锡尼时代文化发展的反映。在本节开始时所提到的与荷马时代氏族制度不很相称的高度物质文化的问题，从这里可以得到切合历史的解释。

1885年泰林斯王宫的发掘，同样说明荷马时代与古代爱琴文明的关系。泰林斯也有用巨石叠成的碉堡，坚厚的城墙围绕着建立在山顶上的王宫。在王宫的内部，随处有引人注目的壁画。其中一幅是女子持盒的侧面图，图中的女子长发、细腰，紧窄的胸衣，宽幅的长裙，一望而知是典型的克里特的风尚。在王宫的建筑方面，也有明显的克里特影响。宫里的圆柱也是下细上粗，和克诺萨斯的一般无二。从壁画和建筑的风格，我们可以推知王宫当年的富丽。在荷马史诗里，有一段叙述奥德赛漂海到了斯克里亚岛。诗人用尽才华来描写岛上的宫殿：

> 这儿，那儿，摆开一堵一堵的铜墙，
> 从宫门到内廷，周围是绀青的饰带；
> 金门深锁着华宫，
> 银柱竖立在铜阈的上面；
> 白银的门楣，黄金的兽环，
> 左右站着金银的彪犬，
> 那是艺神的鬼斧与神工，
> 把守着胸襟豪迈的阿尔客瑙斯的宫阙；

> 它们亘古长存,千秋不朽。
> 宫内靠墙排着成行的座位,
> 从宫门到内廷,座上罩着精织的绮罗,
> ——都出于女红妙手[1]。

如果没有迈锡尼、泰林斯和比这些更早的克里特遗址的发现,读诗的人又必认为这是荷马的向壁虚构了。诗人的歌咏里无疑含有文学的夸张,然而夸张也并非全无客观的基础。伊文思、谢里曼等考古学家的发掘,为荷马的诗笔作了有力的见证。正因早期的爱琴世界存在过灿烂的文明,它的余影才会留给后代的诗人,化为锦绣一般的诗句。

迈锡尼所使用的文字属于希腊语。约当公元前17至前16世纪之交,称为阿卡亚人的希腊人已经自巴尔干的西北南下,占据迈锡尼,创立迈锡尼文化。荷马史诗中攻打特洛城的主帅阿加梅农,就是阿卡亚人占据下的迈锡尼的首领。阿加梅农和他的战友那种贵族的排场,恰好反映迈锡尼繁盛时期的情景。到了公元前12世纪末,另一批希腊人又由北南侵。这一批是还在游牧生活中的多利安人。他们的入侵卷起一阵希腊各部族迁徙的浪潮。迈锡尼文化在长期的攻掠中毁

---

[1] 荷马:《奥德赛》,卷七,86—97行。

第一章 荷马时代的前后

灭了；希腊大陆重新陷于一片蒙昧的状态。荷马史诗所明白反映的氏族部落生活以及和它相依随的很原始的自然经济，正是这一时期的社会写照。由于史诗的时代包括起自公元前12世纪的四百多年，于是它才一面缭绕着迈锡尼文化的余音，一面又打下在这时南下的希腊各部落的足印。读史诗的人，往往从它的内容上感到文野不齐，其实这种"不齐"并没有什么可怪。只要弄清楚史诗形成的背景，这类问题就可以豁然而解了。

上面的叙述和分析，说明一个很重要的问题。这就是在荷马时代以前，爱琴世界已经出现过高度的文化，最早的希腊人也已登上历史舞台。克里特和迈锡尼的故墟，指出这一文化的特色和水平。它的手工业不仅有了多样性的发展，而且还表现精娴的技巧。它的产品四海流传，贸易的范围证实远海航行的发达。在它的农业中，也已经有了技术作物。榨油器和贮油缸的存在，无可置疑地暗示着橄榄林的种植。在上层文化方面，它没有像埃及那样的笼罩一切的宗教气氛。克里特兴建了千门百户的王宫，它的神坛却只落得一个无足轻重的地位。在克里特和迈锡尼的艺术中，宗教性质的题材不是没有，但它的主要和突出的方面，却总是充溢着人间的、自然主义的情调。这一切成就都是以后希腊文化发展的前驱。多利安人虽然毁灭了迈锡尼和克里特，但是这个被毁灭的古代文化的幽灵,并没有断绝和爱琴世界的关系。一旦后来的社会发展条件成熟了,它就又在希腊经济和文化的各方面显示深刻的影响。在希腊历史漫长的跑道上,荷马时代的希腊人是文化火炬的接力者。在他们之前,克里特和迈锡尼已经先跑了一程。后起希腊城邦经济和文化的繁荣,并不是一无依傍的独创。

二 从荷马时代到古典希腊城邦形成的前夕

克里特和迈锡尼的古文化,曾经达到青铜时代的高峰。直到它的最后灭亡,还没有进入铁器时代。从荷马时代起,希腊人才开始使用铁。虽然史诗里面提到铜的地方比铁多,但铁对荷马并不是陌生的。诗人常常把金子、铜、铁并列在一起,用以形容一个人的财富。在贸易中,铁和铜、皮革、牲畜等等同为交易的媒介,我们在史诗里可以看到用铁换酒的实例。所以很显然,荷马时代是铜器和铁器交替的时代。史诗里的英雄,一般都使用青铜武器。但是农人、牧人、工匠和屠夫,却已使用铁工具。在荷马史诗中,用青铜做武器,用铁做工具,是习见的现象。这个现象看来仿佛很奇怪,其实却不难理解。铁在荷马时代出现还不久,冶炼不精,锐利的程度一时还赶不上有长久历史的青铜;因之人们很少用铁

第一章 荷马时代的前后

制造防身杀敌的武器,铁的比较有利的用途是制造生产工具。这种最初出现的铁工具,生产效能还不很高,但从发展的观点看,却蕴藏着巨大的力量。随着冶炼技术的提高,铁工具必然会推动生产力的发展,改变社会的财产关系,从而促进社会的变化。

铁器的出现,逐渐改变了荷马时代的面貌。这时社会的组织细胞是氏族,但氏族已经不是一个孤立的单位。许多氏族结成胞族、部落,若干部落又结成部落联盟。氏族成员的关系,已在开始丧失原始的平等。在氏族公社的土地中,上层分子占有较大和较肥美的一份。一般的公社成员虽还保有自己的份地,但其中的一部分人已经辗转贫困,失去份地,同时也失去氏族的保障。他们成为公社生活中的游离者,有的做佃客或苦工,有的沦为流浪汉和乞丐,有的变成富有者的家奴。因此荷马时代的土地制度虽还穿着一身公社所有制的外衣,可是这件外衣已经遮掩不了土地私有制的成长。和公社土地制度发生变化的同时,经济生活的其他部门也在发生缓慢的、然而是具有历史意义的变化。手工业开始有和农业分离的现象,出现了各种行业的工匠,如木匠、皮革匠、铁匠、金饰匠等等。这些工匠一般还没有自己的固定作坊,可是他们已经是脱离农业的流动分子,常常带着工具,被召唤到顾主的家里,制造各色用品。同时,交换也在发生了,并且有了交换的媒介,例如牛、铜、铁、金子等等。许多部落的首领已经不能满足于自己土地上的出产。他们有时向腓尼基人购买东方的货品,有时自己出海做生意,碰上有机可乘,还兼做海盗的勾当。一向闭塞的公社从此敞开了门户,外面的影响和内部的变化互相结合,形成溶解公社的新力量。

在政治生活上,荷马时代还盛行着原始民主制。公社的最高权力属于民众会议。参加这个会议的是全体成年男子。他们照例是战士,会议多半在需要决定重大问题如作战、媾和及迁徙的时候才召开。会议没有一定的程式。当氏族或部落的领袖把某种决策向会议宣布以后,表决的方式既不是举手,也不是投票,而是用呐喊表示赞成,用咕哝表示反对。在民众会议以外,还有长老议事会。参加这个会议的是年高望重的族长。在法律还没有形成、而风俗传统就等于是法律的时代,越是老年人,越在公共事务上享有特殊的威信。长老议事会的成员是当时社会的"耆贤","耆"和"贤"是互相连带的概念。一个人所以"贤",是因为他在年龄上具备了"耆"的资格;有了这个资格,就意味着经验丰富,多识往事,也就是说,最通晓社会上的风俗和传统。因为风俗传统是那个时代的行事的准则,于是通晓准则的人就是明辨邪正的"贤"人,他们在讨论一切大事的场合有最先发言的权力。这样,长老议事会在决定公共事务中的作用,就远远超越全体民众会议。年深代远以后，这些被目为"耆贤"的长老，就逐渐取得优越的地位。随着公社财产的分化，他们都成为与众不同的贵族。

部落的领袖称为"巴昔琉斯"。有人把这个名词译成"王"，但荷马时代的"巴昔琉斯"在实际上还不是一国之王，他只是军事民主制下的军事首领，是全部落自由成员的战时统帅，受率领的人还不能看做是他的臣属。他的权力受着习惯上的限制，没有经过长老议事会和民众会议的同意，他不能对受他率领的人发布决策。他有司法权，根据风俗习惯裁决争讼；也有宗教权，主持全部落的祭礼。但他没有行政和立法的权力，既不统治一个有一定疆域的国家，也不能制定法律。所以恩格斯曾经说："古代希腊的 Basileus（军事首长——译者注）一词是跟现代意义的'国王'（King）一词完全不相适应的。"[1]在"巴昔琉斯"和人民群众之间还没有太大的距离。他和他的家属有时还参加生产劳动。奥德赛结婚时的喜床是他亲自做的，他的妻子蓓涅罗帕也纺纱刺绣。瑙昔卡是一个岛国的"公主"，但她到水边洗衣，她的"母后"在宫里纺线。可见军事民主制下的"巴昔琉斯"还不同于一个国家的最高统治者，他还没有成为一个高踞人民之上的国王。

---

[1] 恩格斯：《家庭、私有制和国家的起源》，人民出版社1954年版，103页。

然而荷马时代的氏族公社，如前文讲到的，已在走上分化的道路。"巴昔琉斯"虽还保有原始的性质，但这种原始性质已经在蜕化。他在公社中的超越常人的地位，使他有可能攫取生产的成果，获得"……广大的地产，美丽的葡萄园，和麦浪洋洋的耕地"[1]。在大片的田庄上，替他耕作的是那些勤苦的农夫。他成为不劳而食的主人，"手执权杖，默然站在中间，监督着农夫的劳动"[2]。他的宫里已经设有自己的作坊，各色各样的家奴为他生产日常的用品。他的生活也渐渐具备一般人所不能企及的排场，往往大张筵席，美酒佳肴，载歌载舞，款待满庭的宾客。当奥德赛漂流到斯克里亚岛的时候，就曾领受过当地"巴昔琉斯"的这样的盛宴。从荷马史诗的这些叙述看，"巴昔琉斯"虽还不是一个拥有最高权力的统治者，但已开始向这个方向迈步。围绕在他左右的有许多富裕的氏族贵族。他和这些人是后来国家统治者的前身。

荷马时代也已出现了奴隶。有的奴隶是因贫困而沦落的公社成员，有的则是来自掠夺和贩卖。在"巴昔琉斯"的宫廷、田地、果园和作坊里，到处都有奴隶。他们从事家务劳动，充当厨夫、马夫、酒侍或其他杂役。史诗里每当叙到

---

[1]《伊里亚特》，卷十二，313—314行。
[2]《伊里亚特》，卷十八，556—557行。

第一章 荷马时代的前后

"巴昔琉斯"的妻女出场,随身总有侍从的婢女。虽然主奴之间还保持着一种家奴制所特有的简朴和平易的关系,但是尊卑已分,阶级分野日益显著。奴隶的地位越来越和自由人的地位不同,他们有时受到极其残酷的虐杀。和奴隶地位相接近的,是破了产的公社成员。他们失去了份地,流离无告,过着困顿的生活。在荷马的两大史诗里,越是晚出的部分,越反映这种乞丐似的流浪汉人数的增加。他们被视为"卑下的"、"丑恶的"人,和出身高贵的"巴昔琉斯"、长老,恰恰成为鲜明的对照。这样,荷马时代的社会便开始两极的分化:一面是富裕的上层分子,一面是贫民和奴隶。原始平等的社会正在让位于阶级对立的社会。

紧接着荷马时代的是希西阿德时代。这个时代得名于中希腊彼阿提亚的诗人希西阿德,约当公元前第8世纪。希西阿德所写的农事诗称为《田功农时》,从这本诗里,不难看到这一时代希腊社会的进一步分化。诗中最引人注目的是关于土地兼并的反映。希西阿德劝人最好只养一个儿子,儿子多了,徒然因为争田打官司,白白把土地送给执法的人做贿赂。在希西阿德的时代,掌握执法大权的自然还是那些贵族长老。他们利用特殊的社会身份,把土地集中到自己的手里。希西阿德对他的同时代人所作的规劝,绝不是无病的呻吟。在荷马时代,虽然已经有了公社成员失地的现象,但还没有发生份地的买卖。到了希西阿德的时代,份地出卖的现象发生了,这就必然加剧了土地的兼并。土地兼并的结果,是阶级分化的加深。失去土地的穷人,很自然地会降身为奴隶。希西阿德曾经屡屡提到奴隶。他曾教人在播种的时候,"用一个年轻的奴隶跟在后面,拿一把鹤嘴锄,把种子盖上,好让鸟儿吃不着"[1]。对于阶级压迫的现象,希西阿德也是看到了的。他在长诗里写下一个鹰压迫夜莺的寓言,只寥寥的几行,已经画出人压迫人的社会现实。但是他完全不能了解阶级分化的原因,他把穷人的贫困归咎于他们的懒惰。因此在全诗的第一部分,他写了许多戒懒的教条。他不知当社会上出现拥有财富和权力的上层人物的时候,不管老百姓怎样终岁勤劳,也免不了被压迫的厄运。

所以到了希西阿德的时代,希腊社会已经很明显地形成阶级的对立。上层的贵族越来越富裕,他们所垄断的长老议事会也越来越加强。为了巩固贵族阶级的产权,保障贵族对平民和奴隶的统治地位,就有必要形成代表这一阶级利益的国家。恩格斯曾经说:"所缺少的只是这样一种机关,这种机关不仅可以保证各个私人所新得的财富,……不仅可以使正在开始的社会的划分为诸阶级永久化,而且可以使有产阶级

---

[1] G.W. 波次伏特:《古代史资料选》,22—23 页。

剥削无产阶级底权利及前者对后者的统治权永久化。"[1]希腊历史发展到公元前第 8 世纪,正当这种被称为国家的机关出现的前夕。

---

[1] 恩格斯:《家庭、私有制和国家的起源》,同前版,104 页。

第二章 雅典国家的形成和发展

一 由氏族到国家和国家形成后的社会变化

公元前8至前6世纪,是希腊史上城邦形成和海外大移民的时代。希腊人向海外移民,并不是从这个时代才开始的。远在公元前12、前11世纪,当多利安人南下的时期,较早到达希腊的阿卡亚人,就曾不断地渡过爱琴海,向小亚细亚的沿岸移徙。然而规模广泛的移民,却是公元前8世纪以后的事情。移民运动的发生,是以公社的分化、失地人数的增多、手工业和商业的发展以及伴随这些变化而产生的阶级斗争的加剧等等为背景的。较早的移民多半带有农业的性质,移殖的主要目的是为了寻觅新的土地。稍晚的移民却和海外的商业发展有关,起初是为了建立航运联系的商站,后来这些商业据点逐渐发展为独立的城邦。移民的范围已经远远超出爱琴海的世界,东北到黑海沿岸,西到意大利半岛、西西里岛、西班牙的东南岸,南到尼罗河口、利比亚,随处都有希腊人移民的足迹。从事移民活动的并不限于希腊本土的希

第二章 雅典国家的形成和发展

腊人,而且也不是由他们领先。在小亚细亚一带的希腊人,由于发展较快,是移民活动的前锋。许多新建立起来的殖民城邦,经过一段发展以后,又分出力量向别的地方移民。到了公元前8至前6世纪,希腊人在爱琴海、黑海和地中海沿岸以及海上的岛屿所建立的城市国家,数以百计。这些国家形成和发展的历史,我们知道得很少。我们知道比较多的是雅典。根据现有的文献,最好以雅典作为说明希腊古典城邦形成和发展的典型。

雅典位于希腊中部的一个半岛上,这个半岛称为阿提卡。在它的东面,是紧依海岸的长岛优卑亚,掩护着通向东北爱琴海的航路。在它的西面,有法勒伦和派里厄斯等良好的海港。从这些海港航出萨隆涅克湾,便可接上散布在爱琴海中的群岛,一直通到小亚细亚。航海条件的便利,对以后雅典工商业的发展起了一定的作用。但从公元前12世纪到前8世纪,在阿提卡占统治地位的是公社的农业。这个时期的社会组织,在许多方面和荷马史诗所反映的相同。住在阿提卡半岛上的人口,一共有四个部族,每一部族包含许多部落、胞族,胞族又分为许多氏族,氏族是这时的社会细胞。各部族中的首领建立小小的城堡,这些城堡到现在还残存着遗迹。氏族成员有的上升为富裕的贵族,有的沦落为穷苦的平民和奴隶。由于手工业和交换的发展，公元前8世纪的氏族公社也不再是经济上闭塞的单位。氏族、部落和部族之间的联系加深了。许多氏族、部落和部族的临时军事联盟，渐渐变为带有固定性的结合。这种结合的中心后来就成为国家统治机关的所在。这样的联合过程在阿提卡的历史上称为"联合运动"。氏族的上层分子支持这一"运动"，一面建立对平民和奴隶的统治，一面防范敌对部族的入侵。在阿提卡，联合运动的完成大概是在公元前8世纪，雅典是各部族的联合中心。根据雅典的传说，这个时期的国王提塞斯在联合运动中起了很大的作用。他在雅典设置中央管理机关，处理各个部族的共同事务。他又把居民分为三个阶级：贵族、农民和手工业者，其中只有贵族才有担任公职的权利。这些阶级的形成，当然有它长远的历史，绝不是由于提塞斯一手的制定。提塞斯的作用，在于把这些既成事实加以法律的认可。经过这一法律的认可，不但以前居民按血缘分为各个氏族或部族成员的传统开始打破了，而且正在形成中的社会阶级也巩固下来了。这样，按阶级、也就是按财产关系划分人口的原则，开始代替按氏族、也就是按血缘关系划分人口的原则。社会上从此出现了有法律为依据的特权阶级和非特权阶级。新成立的国家成为特权阶级进行统治的工具。

在雅典的新国家中，贵族占有优越的政治地位。他们组成贵族院，掌有刑审、监察和决定国家大事的权力。传统的所谓王权，在这时已经绝迹。代替"王"的地位的，是由贵族推荐并从贵族中选出的执政官。起初，执政官是终身职，后来任期规定十年，最后变为一年一任。执政官最先只有一人，到了公元前6世纪中叶，便增加到九人，分别担任宗教、军事和司法等职责。执政官的任期越来越短和人数的越来越多，正说明他的地位越来越不重要。这时雅典国家的真正权力机关是贵族院。贵族院不仅左右执政官，而且也为公民会议安排议程，在实际上控制了公民会议。

雅典国家的形成，巩固了贵族的地位。掌握政权的贵族，以他们的特殊地位为凭借，不断增殖自己的财富。在公元前7世纪，阿提卡的土地兼并达到空前严重的程度。据亚里士多德《雅典政体论》记载，这时的阿提卡到处竖着田产出押的标志。许多平民因为债务典田，田典尽了，就用自己的人身和妻儿作抵押。等到债期告满，不但土地成为债主的财产，而且连自己和妻儿也沦为债主的奴隶。有的失地平民成为所谓"六一农"。他们佃种贵族的土地，出产的六分之一留给自己，其余都归地主。土地兼并加深了贵族和平民之间的悬殊，阶级的矛盾越来越尖锐。

与此同时，雅典出现了新的富有阶层。公元前7到前6世纪，雅典的手工业和商业有了显著的发展。最出色的是制陶业，不但陶器的形制精美，而且绘陶术也达到前所未有的水平。过去的陶绘，只是一些刻板的图案。到这时，很多的陶绘都从神话和人间生活的情景取材，内容丰富多彩。商人为陶器开拓广泛的市场，南到尼罗河口，西到意大利半岛，东到小亚细亚，各地都行销雅典的陶器。制陶业之外，酿酒业和榨油业也在发展。阿提卡的土壤本来宜于种植橄榄和葡萄，许多贪利的地主往往把麦田改为培种橄榄和葡萄的果园，供应油酒业的原料。农业上的变化影响到原来就不很充足的粮食生产。于是商人一面经营陶器和油、酒的出口，一面又经营粮食的进口，形成很繁忙的海外贸易。和海外商业的发展相适应，造船业也有了进步。造船业的进步，又转而促进航海运输的发达。经济上的连锁似的变化，使雅典逐渐成为手工业和商业中心。雅典的卫城之下兴起了热闹的市区，城市里的作坊老板、商人和船主，成为新型的富有阶层。

这个新起的富有阶层和传统的贵族不同。传统贵族的经济利益附着于土地。他们所使用的奴隶主要是由平民沦落而来的债奴。这种奴隶有的是仆役，有的也从事生产，但生产的目的主要是为了贵族奴隶主的家内消费。新的富有阶层的经济利益附着于手工业和商业，所使用的奴隶，主要是从远方拐买来的人口。他们把奴隶用于生产，目的是为了牟利。就雅典的经济发展而论，前一种是奴隶制剥削的早期形态，后一种则是较发展的形态。所以伴随着雅典工商业的发展，它的奴隶制度也发生变化。这种变化的趋势，使传统贵族所凭借的奴隶制家内经济成为落后的东西。建立在家内奴隶制之上的传统自然经济，不断地遭受着在使用外籍奴隶基础之上发展起来的商品经济的侵蚀。

当雅典国家形成以后，氏族制度虽然已经受了打击，但并没有灭亡。古老的自然经济的延续，正是氏族秩序能够顽固存在的依据。握有国家政治权势的贵族，同时是过了时的氏族秩序的维护者，因为他们在国家机构中的地位，在很大程度上依靠他们在氏族中显赫的声望。他们的利益和新的经济发展相抵触。日益上升的商品经济对传统自然经济的侵蚀，也就是对顽固存在的氏族秩序和贵族权势的侵蚀。这一历史发展的经济意义在于奴隶制商品经济对奴隶制家内经济的矛盾，它的社会意义在于新起的富有阶层对旧有的贵族阶级的矛盾。雅典奴隶制国家的向前发展，要求打击固守氏族秩序的传统贵族。

在和传统贵族的斗争之中，新的工商富有阶层是并不孤立的。失去土地的和沦落为债奴的平民，是他们有力的盟军。这些平民要求摆脱债务和重获土地，他们的斗争对象也是贵族。在贵族之中，这时也已出现染指工商业的人物。这种人物的经济利益逐渐和新的富有阶层合流，因此他们的政治主张也反映新的富有阶层的要求。所有这些社会的力量都为了自己的利害渐渐汇合,形成一道要求改革的浪潮。落后的旧贵族不得不在它的冲击之下步步后退。这就是公元前6世纪前夕雅典国家在政治发展上的形势。

二 从梭伦改革到克利斯梯尼的改革

早在公元前7世纪的30年代,雅典已曾发生过反贵族政变。政变失败之后不久,贵族中的开明人物德拉古在公元前621年制定第一部成文法典。这部法典保留许多野蛮的刑罚,例如对偷窃蔬果这类微小的过失,竟规定判处死刑。但在有些方面,它却具有重大的进步意义。就它本身是一部成文法典说,对于执法的贵族,已经起了限制作用。从此执法者在重刑定罪的时候,就必须依据法律条文,而不是依据可以随心解释的习惯。同时,法典废除了氏族私斗,规定法律上的争讼必须由国家机关审理。这就使那些名门巨姓不得利用氏族力量恣意横行,国家又对传统氏族制度取得一次新的胜利。但是德拉古法典丝毫没有解决当时严重存在的社会问题。大约在法典制定后二十七年,即公元前594年,雅典又发生新的改革,即梭伦改革。

梭伦是一个破了产的贵族,后来又以经商起家。在他遗

晨曦中的雅典卫城

雅典卫城的阿蒂斯车剧场

科林斯古运河

科林斯的阿波罗神殿

留下来的短诗里,曾经这样写道:"财货唯吾愿,宁轻不义财。"[1]前一句是新兴工商富有阶层的本色,后一句却还带一点出身贵族的矜持。从梭伦当政后的改革措施来看,他的思想意识是和工商奴隶主的要求很合拍的。但是贵族的出身,依然影响他对于农民问题的态度。他一举废除了债务奴役制,禁止雅典公民订立以人身作抵的债务契约,这一改革对于在沦落中的自由农民自然是有利的。然而所谓"有利",仅仅是在于法律上恢复和保持若干雅典人公民的身份。在经济上,失地农民对于土地的要求却依然得不到满足。梭伦的出身使他很难采取触动贵族土地所有权的措施。

在满足新兴富有阶层的经济和政治要求上,梭伦的改革是考虑得很周详的。债务奴役制的废除,固然是有利于贫民,但从比较深远的一面看,这个措施更其符合雅典奴隶制经济从满足贵族家内消费到发展商品生产的历史要求。为了促进雅典的工商业,梭伦还采取一系列的措施。当时雅典还缺乏熟练的手艺工匠,手工业的发展赶不上商业。梭伦鼓励外邦的手艺工匠移入雅典,规定做父亲的必须教儿子学会手艺。他又限制谷物出口,因而降低了谷价。从一般的意义说,这一措施是为了减轻城市居民的粮食困难,但如深入一层看,

---

[1] 普鲁塔克:《传记集·梭伦传》,万人丛书本,98页。

其意义就不仅如此，它对经营工商业的奴隶主更为有利。因为对于工商业奴隶主，从市场上购买粮食来养活奴隶是一笔很大的开支，把粮食的价格降低了，就等于减轻他们的生产成本，使他们能得到更多的利润。梭伦又颁布培植林木和改善灌溉的法令，一方面有利于种植橄榄和葡萄等经济作物的农业经营，一方面也为榨油、酿酒等手工业保证原料的供应。他还规定个人有订立遗嘱自由处理产业的权力，这就巩固了个人的土地私有制，摧毁土地继承不得超越氏族范围的传统。这一措施的重要意义在于承认私有财产的无上权利，容许过去氏族世代相传的土地可以自由转让和分割。于是个人的经济自由从残存的氏族制度的束缚中获得进一步的解放，为奴隶制的经济繁荣提供了有利的条件。

在政治方面，梭伦改革也大大裁抑传统贵族的权势。他削弱了贵族院，把它的一部分职权分给新设的四百人会议和公民陪审法庭。四百人会议是由雅典所属的四个部族选举出来的，每个部族选举一百人。被选的议员只须具备一定的财产资格，不必出身于贵族。这个会议的主要职能是为公民会议准备议程，预审提交大会的重要议案，一向被贵族院操纵的对于公民会议的控制作用就转入四百人会议之手。新创立的公民陪审法庭也从贵族院分得重要的司法权力，成为全雅典的最高司法机关，凡是雅典的公民都可以按照一定的制度参加法庭陪审。这些新机构的建立，结合着对穷人公民权的肯定和被解放债奴公民权的恢复，为雅典奴隶制民主政治奠定了可靠的基础。

梭伦另一个有重大意义的政治改革是按法定财产资格划分公民等级的制度。根据这个制度，雅典公民被分为四个等级，每个等级的政治权利随财产资格的高下而有所不同。属于前三个等级的公民都有被选参加四百人会议的权利，但是只有第一或第二等级的公民可以被选担任国家最高的公职，第三等级只能被选担任次要公职。一般的贫穷公民列为第四等级。他们不能参加四百人会议，也不能担任公职；他们的政治权利只限于参加公民会议和陪审法庭。这个制度远没有达到公民之间的民主和平等，不过和改革以前的旧制度相比，它却含有进步的意义。在以前，雅典的政体是贵族政治。贵族在政治上的特权地位不仅依靠他们的财产，而且依靠他们世袭的贵族出身。梭伦改革对世袭贵族在政治上的垄断地位给以沉重的打击。根据他所创立的公民等级制度，政治上的统治地位就不再取决于贵族出身，而是取决于财产资格。这就为非贵族出身的新兴富有阶层开辟取得政治权力的途径。财产的特权代替了世袭的特权，富人的政治代替了贵族的政治。这对于凭借氏族秩序的传统贵族来说，无疑又是一次政治上的削弱。所以恩格斯在论梭伦改革时，曾经写道："这样,在宪法中便加入了一个全新的因素——私人所有制。国家公民的权利与义务,是按他们土地财产底多寡来规定的,有产阶级既开始获得了势力,于是旧的血缘亲族关系的集团就开始被排斥了;氏族制度又遭受新的失败。"[1]

梭伦改革所走的政治路线,基本上是新兴的工商富有阶层的路线,它不可能满足所有阶级的要求。在梭伦改革之后,雅典的阶级斗争仍然复杂而激烈,不同的阶级和阶层分别结成三个政治集团。一个称为平原派,代表在较肥美的平原地区拥有大地产的贵族,要求恢复传统的制度。一个称为海岸派,代表在沿海地区经营手工业和航海贸易的富有者,主张维持梭伦的改革。还有一个称为山地派,代表在山岭地区从事农耕和畜牧的贫苦居民。他们不满足于梭伦的措施,要求重分土地。在党派斗争之中,一个出身贵族的野心家庇昔特拉图做了山地派的领袖。庇昔特拉图的目的,并不在于树立贫苦人民的政权。他想利用不满于现状的社会力量,来达到个人的野心。在起初,只有山地派支持他。然而山地派并不代表新兴阶层的力量,庇昔特拉图不可能仅仅依靠这一派的支持就能建立巩固的统治。他在公元前560年和前550年所举行的两次政变都失败了。两次失败的教训,使他认识到必

---

[1] 恩格斯:《家庭、私有制和国家的起源》,同前版,111页。

第二章 雅典国家的形成和发展

须联合海岸派。有了海岸派的支持,他才在公元前541年所举行的政变获得了成功。在雅典历史上,庇昔特拉图是第一个"僭主"。所谓僭主,是说取得政权用了不合乎宪法的手段,因此含有贬斥的意思。但从他当政后所执行的政策来衡量,这位僭主的一切作为,倒在大体上能够沿袭梭伦改革的方向,把雅典的历史发展向前推进了一步。庇昔特拉图用非法的手段取得政权,称为"僭主"固然是分有应得,但就他在历史上所起的作用而论,这个恶谥未必恰当。有的人望文生义,以为僭主必然是暴君。其实庇昔特拉图并不是这样。说他"僭",还可以用正统派的法律观点做根据;说他"暴",就很不合乎历史事实。对于当时的雅典,庇昔特拉图建立的僭主政治有着积极的意义。

庇昔特拉图的政策,是和他取得政权的背景不可分的。为了对曾经支持他的山地派施恩示惠,他没收反对派贵族的土地,部分地满足了贫苦公民重分土地的要求。他又实施农贷制度,资助贫苦农民发展橄榄和葡萄种植。有的历史家还把他在农村中建立巡回法官和法庭的制度也列为有利于山地派的措施,认为这个制度可以使农民不必进城诉讼,节省了他们的精力和时间。这点分析虽也有理,但是没有说中它的主要意义。庇昔特拉图之所以采取这一措施,其主要作用应该看做是把国家的司法权力深入到一向为传统贵族所控制的农村，因此是国家的权力对于氏族贵族权力的打击。总的来说，庇昔特拉图为山地派所做的事情是不太多的。他的注意力主要集中在加强海岸派所要求的经济和政治力量的扩大。他已经是一个老练的政治野心家，知道足以决定他的成败的是哪一阶层的力量。为了巩固他的统治地位，他必须为海岸派服务。

庇昔特拉图当政时期，雅典的海外商业比以前有了更大的发展，怎样控制海上的商路成为雅典政治上头等重要的问题。庇昔特拉图大力推行海上政策。他发展造船业，建立了海军舰队。他占领赫沦斯滂的两岸，控制了通向黑海的咽喉。雅典的各种输出品既可顺利无阻地运销到黑海沿岸，黑海地区的粮食也可源源不绝地运到雅典。在爱琴海方面，他和一些岛上的城邦保持友好关系，防范海上的商路落到敌对力量的手里。在对内政策上，虽然雅典工商业主的财富水平已经不断提高了，但他依旧保持梭伦所制定的划分公民等级的财产资格。这就使海岸派中的富裕分子有更多的人可以列身为第一和第二等级，取得优越的政治地位。从这些事实看，庇昔特拉图已经从山地派的领袖变为海岸派的代理人。他的当政时代也就成为雅典工商业向上昂扬的时代。海岸派经济力量扩张的结果，不可避免地会引起国家制度方面的新的变革。

僭主政治的存在，取决于一个重要的条件：当僭主执行的政策有利于支持他的工商业奴隶主的时候,他的统治地位是很巩固的;一旦他违背了或者不能执行这样的政策,支持他的力量就可以变为覆灭他的力量。庇昔特拉图死后,继承他的两个儿子越来越不能满足富有阶层的要求。他们骄奢淫逸,成为名实相符的暴君。在对外政策上,他们不能限制波斯在小亚细亚的扩张,失去作为雅典海上生命线的赫沦斯滂两岸的控制。这些局势的变化,使僭主政治成为雅典公民不能容忍的东西。过去庇昔特拉图所曾享有的威名,在他儿子的手里化为乌有了。于是公元前514年,两个挟私仇而刺杀他的次子的青年,被人们奉为爱国的英雄;四年以后,他的长子又被逐出了雅典。经过一度的扰攘,代表新兴力量的克利斯梯尼登上了雅典的政治舞台。公元前508年,克利斯梯尼领导了雅典政治制度的进一步的改革。残存的氏族秩序被彻底摧毁了;从梭伦以来的新兴富有阶层所要求的奴隶制民主,在这次改革中得到充分的实现。

克利斯梯尼的政治活动,集中于雅典宪法的改造。他的第一步改革是重划选举区,把雅典国家分为十个区域,代替过去的四大部族。这些新的选区保持部族的名称,可是它们已经不再是血缘关系的部族,而是地域性的部族。每个选区之中又有三个分区。这些分区在地理上不相联属,一个在平原地带,一个在海岸地带,还有一个在山区地带。这种划分的方法在每一选举区中都一样，没有一个是例外。从表面上看，这种把选区割裂的方式好像很离奇。但是从雅典当时的政治看，却有它现实的意义。第一，因为选区是按地域划分的，以血缘为纽带的氏族部落的力量就被彻底打破。同一血缘部落的成员可以分散在好些选区，一向控制这些成员的氏族贵族，也就无从跨越选区来左右选举。第二，由于每一选区都包含平原、海岸和山区的公民，过去的三个集团的力量就很难集中在一起，因而减轻了自由公民之间的政治矛盾，有利于强大的奴隶主国家机构的发展。同时，在三个集团之中，平原派的传统贵族在没落，海岸派的工商势力在伸张，山地派的贫民又是海岸派反对贵族的同盟。把这样发展不平衡的三个集团的力量分到每一个选区，其实是为海岸派的势力扩大控制的范围，因此也符合新兴富有阶层的利益。克利斯梯尼又把各个分区分成许多自治的村社单位，赋予它各种政治和军事的职能，其中之一是登记本单位的公民。从此对于公民权的认可，就决定于一个人所居住的村社的机构，而不决定于他的氏族的族籍。许多已经失去族籍的人，可以在所住的村社登记而重新取得公民权，壮大了要求民主的队伍。所以克利斯梯尼重划选举区的最重要的结果，是彻底摧毁传统贵族所凭依的氏族秩序。

克利斯梯尼新设五百人会议，代替过去的四百人会议。

第二章　雅典国家的形成和发展

贝壳流放法陶片

五百人会议由新划的选举区选举，每区五十人，合为五百人。四百人会议则是由传统的四个血缘部族选举，每一部族一百人，合为四百人。从四百人会议过渡到五百人会议，绝不是一个简单的数字的改变，而是地域的原则代替血缘的原则，也就是在发展中的国家秩序进一步肃清残存的氏族秩序。为了防止反动贵族的政变和野心家复辟僭主政治的可能，克利斯梯尼又创立所谓"贝壳流放制"。这个制度的具体办法是在每年春季的公民大会上表决应行放逐的危害民主的分子。投票的时候，由参加会议的公民把将被放逐的人的名字划在贝壳或碎陶片上。如果得到大多数人的票决，这个人就被放逐十年,期满后才许回到雅典。这个办法一方面巩固了奴隶制的民主政治,一方面也避免奴隶主阶级内部的武力冲突,有利于奴隶制国家的稳定。

从上所论,克利斯梯尼的立法在雅典的历史上具有重大的作用。这一立法总结了雅典国家前期的发展。它把从梭伦改革以来的雅典社会、经济和政治的发展,归结于奴隶制民主国家的稳固形成,归结于残余氏族制度的彻底消灭。从这时起,雅典奴隶主国家将跨上一个新的阶段,财富日增的工商业奴隶主将成为国家的真正主人。所以恩格斯在论及克利斯梯尼的改革时说:"现在社会的及政治的制度建立于其上的阶级对抗,已经不是贵族与平民之间的对抗,而是奴隶与自由民之间的对抗,被保护民与公民之间的对抗了。"[1]

---

[1] 恩格斯:《家庭、私有制和国家的起源》,同前版,114页。

第三章 斯巴达

一 自足的经济

希腊各城邦的发展是很不平衡的。有的很快就兴起以役使外来奴隶为基础的工商业,奠立了奴隶制公民民主的基础。这种城邦的典型是雅典。有的奴役被征服的本地居民,长期地停滞在自给自足的农业上。社会上既没有兴起足以和传统贵族相抗衡的阶层,政权也始终操在保守的寡头贵族的手里。这种城邦的典型是斯巴达。在希腊历史上,斯巴达并不代表古典奴隶社会发展的特色。但是作为一个守旧的力量,它扮演着重要的角色。

斯巴达是多利安人后裔所建立的国家。它位于伯罗奔尼撒半岛南部拉哥尼亚平原,离海较远,土质也较肥沃,是希腊的少数农业区之一。关于斯巴达国家形成的过程,我们知道得很少。相传多利安人曾经征服拉哥尼亚,然后定居下来,建立斯巴达。在起初,斯巴达也和其他希腊人的早期城邦一样,分成几个血缘部族。后来渐渐出现地域性的行政区,称为"俄巴",意思是村社。在斯巴达,一共有五个"俄巴"。因此历史学家认为,斯巴达最初大概是由五个农村公社联合而成的。

斯巴达的经济发展很缓慢。根据传说中的来库古斯法,斯巴达公民从国家土地中分得份地。这种份地可以父子相承,但是不能出卖,也不能再分,所以土地私有制在斯巴达还很不发达。分得份地的公民,本身不从事劳动。在份地上耕作的是一种身份近于奴隶的农民,称为"希洛"人。希洛人用自己劳动的成果,养活份地的占有者,每年交给主人的实物约为份地收获的一半。曾经有人认为这是一种对分制;在这种制度之下,似乎希洛人的处境比阿提卡的保有自由身份的所谓"六一农"还要好。但实际的情形并不如此。根据有关斯巴达的人口资料,希洛人的人数和斯巴达公民人数的比例,估计为十五比一。在公民份地上,希洛人常被编成十到十五人一组,也就是约每七家依附于一块公民份地。因此希洛人所保留的份地收获的一半,应该是十五人或七家分有,而不是每人或每家都保有一半。如果是那样的话,他的经济收入将会和占有份地的公民相去不远。这在自由民和希洛人界限森严的斯巴达,将是不可理解的事情。由于希洛人所保留的多余产物很微薄,他们的生活是和一般奴隶相同的非人生活。关于这一点,可以引斯巴达诗人特尔太厄斯描写希洛人的诗

第三章 斯巴达

为证:

> 像驴子似地背着无可忍受的负担,
> 他们受着暴力的压迫;
> 从勤苦耕作中得来的果实,
> 一半要送进主人的仓屋[1]。

处于这样境地的希洛人,在法律上是属于国家所有。他们依附于份地,而不是属于份地占有者的个人。占有份地的公民,可以使用他们,剥削他们,但是不能把他们当私有财产来买卖,也不能私自把他们解放。因此,斯巴达的希洛人和土地一样,也不是公民私有财产。斯巴达人依据公法所赋予的公民身份,占有份地和支配希洛人的劳动力,并不占有希洛人的人身。这种剥削奴隶的方式和雅典不同。雅典奴隶主并不是只要有了公民权就必然占有土地和奴隶;他们对土地等生产资料和奴隶的占有,可以说是依据后世所谓民法上的产权。

斯巴达的手工业和商业不发达。它名为城邦,实际上却不是一个城市,没有城墙,没有街道。对于希洛人的残酷榨取,使扩大农业生产绝少可能,因此缺少可以提供交换的农

---

[1] J.B. 布莱:《希腊史》,近代丛书本,121 页。

业剩余产品。因为交换不发达,它的货币制度也很落后。它用一种笨重的铁币,数目稍微大一点,据说就要用车来装。在斯巴达买不到外来的商品。"商人不把货船停泊在拉哥尼亚的港口;……金银匠、刻工、珠宝匠,也不会插足在没有钱的国土。"[1]自足闭塞的经济同时也产生了对于商业和手工业的歧视。按照相传的古代立法,商业和手工业都是贱业,有身份的斯巴达公民是不许经营的。斯巴达人把商业和手工业委之于一种贱民。这种贱民称为"庞里阿西"。他们的经济活动一般都在沿海和沿边,"庞里阿西"就是外围居住者的意思。在法律上,他们属于自由人,不是奴隶;但是他们在政治上没有权利,在社会上也低人一等,不能和斯巴达公民通婚。像这样受贱视的小商人和手工业者,很难成为一个有力的社会阶层。他们的经济活动不但不能像雅典那样得到国家的支持,而且还要受到沉重的赋税和兵役的压迫。在斯巴达的历史上,商业和手工业始终得不到发展。

二 尚武的社会生活

明白了斯巴达经济发展的特点,可以帮助我们了解斯巴

---

[1] 普鲁塔克:《传记集·来库古斯传》,万人丛书本,56页。

第三章 斯巴达

达历史的其他方面。斯巴达的社会风习以朴素和尚武知名。每一个男子都要锻炼成为百折不挠的战士，每一个女子也要训练成为养育战士的母亲。从婴儿初生的日子起，这个锻炼就在开始。新生的婴儿必须经过国家长老的检查。长老认为健壮合格的，才准许父母养育，否则就命令抛弃到山峡里面去，免得长大了成为不能当兵的弱者。在别的国土里，母亲替婴儿洗澡只用水，斯巴达人的母亲却用酒来洗刚刚出世的婴儿。她们以为这样可以考验孩子的体格：病弱的任他在酒里晕死；强健的在经过考验之后就可以变得像铁一样地结实。对于孩子的养育，她们也有一套不同寻常的办法。她们不用襁褓和绷带，相信这样就可使孩子的四肢和形体自由发育。她们也不把好吃的食品给孩子，训练孩子不怕黑暗，不怕孤单，不急躁，不爱哭，如是等等。男孩长到七岁以后，就送到公共的少年团队里去受体育锻炼。随着孩子年龄的增长，团队的训练也越来越严。他们总是剃光头，赤脚，穿极粗朴的衣服。晚上睡在自己编织的芦席上；到了冬天，席子里就夹杂一些蓟花絮，据说这样可以取暖。为了锻炼青年忍受痛苦的能力，斯巴达有一种掩盖在宗教仪式之下的鞭打青年的制度。越是忍得住鞭打的，就越被认为有毅力。团队也注意训练青年的敏捷和机智，办法是叫他们去偷窃。凡在偷窃中被人捕捉的，就要受到责罚，理由是偷得太笨、太不机灵了。

所有这些不近人情的教育方法,都只为了一个目的,就是要训练青年成为耐苦的、守纪律的、勇敢的、机敏的战士,为斯巴达国家对内镇压希洛人,对外侵夺新的土地。

斯巴达的少年团队也给青年以语文方面的教育,要他们能读、能写。但在全部的教育过程中,语文教育只占很次要的地位。在实行民主政治的雅典,富有的父亲总想把儿子教育得文采斐然,能诵诗,能辩论,能够出言成章,在公共的场合可以语惊四座。在斯巴达,像这一种的教育,完全不受重视。斯巴达人沉默寡言,不好文饰,只要青年子弟出言简当,便算是达到了语文教育的目的。在斯巴达的历史上,曾经出现过不少的名人,却没有出现过一个雄辩家。流传后世的斯巴达人的谈吐,也绝没有像雅典伯里克利那样长篇大论的演说,他们的谈话多半是片言只语,很质朴,可是直截了当。鲍杉尼阿斯王的儿子,有一次听到雅典的一位演说家说,斯巴达人没有学问,他答道:"先生,你说得对,在希腊人中,只有我们一点也没有学到你那些坏的品质。"又有一次,德马拉特斯遇到一个冒失无礼的人,问他谁是斯巴达最好的人。他答道:"先生,他和你最不相像。"也有人问过国王卡里劳斯,为什么斯巴达的法律这样简单。他说,"寡言的人用不着太多的法律"[1]。的确,

---

[1] 普鲁塔克:《传记集·来库古斯传》,万人丛书本,65页。

第三章 斯巴达

斯巴达人是以讷讷寡言闻名的,他们也以这样的品德来教育子弟。"在斯巴达,从男孩那里比从石像还难得听到声音,……男孩比女孩还要娴静。"[1]斯巴达的奴隶主阶级没有分化为经济利益不同的阶层,把青年训练成为雅典式的能够左右公民会议的政论家,远没有把他们训练成为战士重要。

青年到了二十岁,开始军营生活,受正规的军事训练。斯巴达的战术和荷马时代的已经大有不同。在荷马时代,一般是以车战为主。两军对战的时候,总是由主将出场,驾着战车交锋。一次战役的胜败,常常决定于个别英雄的匹夫之勇。到了公元前第8世纪,这种人自为战的车战已经让位于队形严密的步兵战。斯巴达的战术,便是掌握步兵战的特点,把军队编成方阵,每一个方阵构成一个有机的整体。在这种新的战术之下,战斗的胜败,不仅依靠每个战士的勇敢,而且更重要的,是依靠全阵组织和纪律的严密。为了保证方阵在战斗中进退娴熟,接应机敏,长期的操练成为必不可少的条件。因此斯巴达青年战士的正规训练,向例定期十年。从二十岁起,直到三十岁,每个青年都必须在军中受训。三十岁后,虽然他们开始成家,也开始参加全民会议,但是军事生活并不因此中止。他们必须参加一种称为"斐迪提亚"的

---

[1] 塞尔格叶夫:《古希腊史》,高教出版社,1955,164页,转述色诺芬的话。

希腊士兵

公民社团,每团十五人,平时一起聚餐,一起扎营,在战时就构成一个共同作战的小队。他们还必须每日出操,直到六十岁,才结束这种军事生活。

斯巴达尚武的风气,也表现在对于妇女的教育上。结婚以前的青年女子,和男子同样受体育锻炼。根据普鲁塔克的记载,斯巴达的"少女必须练习格斗、赛跑、投铁环和掷标枪,目的是为了将来怀孕的婴儿可以在强健的母胎里长得更

第三章 斯巴达

结实，发育得更好，而她们自己也会因体格健壮更能经得起分娩的痛苦"[1]。这样教育出来的妇女是刚强的。照斯巴达人的想法，唯有刚强的母亲才能生育刚强的战士。在斯巴达，做母亲的并不怕看到儿子在战争中负伤。她们所怕的，是养出来的儿子太弱，在战场上丢了武器，身上没有一点伤痕，就退阵回到故里。

这种尚武的风气，不但符合奴隶主阶级利益的要求，而且也和斯巴达社会经济发展的特点有着密切的关联。斯巴达在国家形成之后，还保留着部落时代的长老会议、全民会议和其他制度。参加长老会议的必须是选举出来的年满六十岁的氏族贵族，他们掌握国家的最高权力。全民会议的成员包括斯巴达所有的成年公民。会议的主要职能是对国家的和战问题进行表决，表决时所采取的方式是一种很原始的欢呼鼓噪。国王有两人。这个很奇特的"二王制"大概是在斯巴达各部族联合成为国家的时候，不得不共戴两个地位匹敌的部族酋长的结果。国王的权力受着很大的限制，他们和荷马时代的"巴昔琉斯"差不多，只有一定的审判权、执行祭礼之权和作为军事首长的统帅权。他们经常受选举出来的监政官的监察，如有失职事件，还要受监政官审问。这些制度的存

---

[1] 普鲁塔克:《传记集·来库古斯传》，万人丛书本，59—60页。

在，都说明斯巴达国家还在利用军事民主制时代所遗留下来的机构。在军事民主制之下，一个部族的全体成年男子都必须是战士。斯巴达公民从小到老的军事训练，在日常生活中的独特的军事色彩，无疑地是这一原始制度在奴隶主阶级利益要求下的畸形发展。

斯巴达公民的军事生活，从统治者看来是符合社会现实需要的。斯巴达人曾经把大量被征服的人口夷为希洛人。希洛人对于自己所处的驴马一般的地位，自然不甘心，常常起义反抗。被征服的美塞尼亚人在沦为希洛人之后，曾经发动几次大起义。一次在公元前7世纪末，一次在公元前464年，两次斗争都很激烈。关于前一次起义，只有一些传说的零星资料。领导者据说是阿里斯托曼尼，利用阿哥斯等外援，进攻斯巴达；后来以山区要塞厄拉为中心，斗争一直延续了十几年。关于后一次，我们确知其长达十年之久。起义者乘斯巴达发生大地震的机会，发动大规模的反抗，兵锋直指斯巴达城下，受挫以后，退守伊托木山，屡次打败斯巴达和其他城邦来援的军队。公元前5世纪后期伯罗奔尼撒战争期间，希洛人又曾爆发起义。这些起义严重威胁斯巴达奴隶主的统治。为了镇压人数超过自己十几倍的希洛人，斯巴达人必须经常保持强大的军事力量。整个的斯巴达，好像是置身敌境的一座大兵营，随时防范着希洛人的暴动。斯巴达人还把青

第三章 斯巴达

年组成一种别动队,白天藏匿在僻静的地方,夜里出来袭击希洛人,杀害那些被认为有反抗嫌疑的强悍分子。但是这些残酷的活动,并不能消灭希洛人的起义。唯其如此,斯巴达人就越有保持野蛮军事统治的必要。顽强的部落生活的遗留和国家形成后的社会现实相结合,就形成一种畸形发展的军事社会生活。

斯巴达的独特的军事社会制度使它拥有其他城邦所不及的军事优势。到了公元前6世纪,它已经成为伯罗奔尼撒半岛上最强大的国家,并且组成伯罗奔尼撒同盟,自居首领的地位。它的步兵方阵享有常胜的威名,不仅称霸南希腊,而且对全希腊都有举足轻重之势。但它的工商业不发达,因此没有向海外发展的迫切要求,也没有强大的海军。它的社会上没有出现从事工商活动的新的富有阶层,因此它一直保持贵族的寡头专政,反对民主政治。在这些方面,它和雅典成为强烈的对照。除了因为应付共同的敌人而形成短期的联合而外,它和雅典总是处于矛盾的地位。斯巴达和雅典的矛盾,是希腊城邦社会经济发展不平衡的结果。必须了解这一点,才能了解以后在希腊各城邦间延续了几十年的伯罗奔尼撒战争。

第四章 雅典的强盛和繁荣

一 对波斯的战争

从公元前6世纪中叶起,雅典已经在走向海外扩张的道路。赫沦斯滂的两岸被它占领了;小亚细亚和爱琴海诸岛的许多希腊人的城邦,也已经和它发生密切的联系。为了发展海上贸易,它对任何一个足以影响爱琴海大局的变化都是很关心的。亚洲大陆上帝国的兴亡,对它说来已经不是远在天外的、无关痛痒的事情。它害怕在爱琴海的对岸兴起强大的国家,害怕这样的国家会伸手阻挠它在爱琴海上的商路。

但是亚洲大局的发展,并不符合雅典的愿望。也是在公元前第6世纪的中叶,东方崛起了强大的奴隶制帝国波斯。公元前546年,波斯消灭了小亚细亚的吕底亚;再过四年,又并吞了沿爱琴海东岸的希腊人的城邦。波斯皇帝大流士一世(公元前521—前485年)是一个野心勃勃的征服者。他向东把帝国的疆界一直推进到印度河边,回过头来又跨过博斯福罗海峡,攻打多瑙河下游、黑海沿岸的斯基泰人。在对

第四章　雅典的强盛和繁荣

斯基泰人的战争中，虽然大流士没有取得预期的胜利，但却夺取了爱琴海北岸的色雷斯，直接威胁雅典通向黑海的商路。在当时，黑海沿岸已经是雅典手工业品的市场，并且供应雅典的粮食。威胁这条商路，就等于威胁雅典的海上生命线。于是赫沦斯滂海峡成为亚洲和欧洲的两大势力向外扩张的接触点；雅典蓬勃上升的经济，正在面临着严重的问题。

大流士进攻斯基泰人的失利，曾经给力图挣脱波斯统治的小亚细亚的希腊城邦以可乘之机。公元前499年，以米勒都为首的反波斯的斗争在全部小亚细亚沿海爆发了。米勒都曾经派遣使者到希腊本土的两个强国去求援。对于海外发展毫无兴趣的斯巴达，一听到使者说波斯的都城离开爱琴海东岸还有三个多月的路程，就立刻谢绝来使。但是雅典的态度却和斯巴达不同。海外贸易的利益，迫使它关心小亚细亚沿海希腊城邦的命运。它派了二十艘兵船去支援米勒都，对威胁它的黑海商路的波斯，采取了敌对的行动。这次战争延续了五六年，最后希腊各起义城邦失败。从波斯和雅典的关系说，这却不是斗争的结束，而是斗争的开始。终夏晴朗的爱琴海，从此弥漫着密密的战云。

大流士有很多理由要进攻希腊。征服希腊，可以为他庞大的帝国增加一个新的行省，把爱琴海变为帝国的内湖；征服希腊，也可以榨取更多的贡赋，使他的财库里堆满更多的金银。此外,他还可报复雅典对米勒都起义的支援,迫使希腊人不敢再对他反抗。这位好大喜功的皇帝曾经自封为"万王之王","从日出处到日落处之王"。希腊正在他国土的西边,他认为波斯帝国必须包括这一块海外日落的地方。

从雅典这方面说,反抗波斯几乎是一场生死攸关的斗争。从公元前6世纪末年起,波斯的兵力已经迫近希腊的门户。雅典为了爱琴海的商路,为了通向黑海的生命线,必须和雄霸小亚细亚沿海并且扼住黑海咽喉的波斯决一死战。爱琴海、赫沦斯滂和黑海是雅典海上商业利益的锁钥,也是奴隶制经济发展的锁钥。不在这些海道上建立无敌的霸权,就不可能保持和扩大经济的繁盛。

因此,希波战争成为历史上不可避免的事件。

大流士第一次进攻希腊是在公元前492年。这次打败他的不是希腊各邦的军队,而是北部爱琴海上险恶的风涛。他的海军在阿所斯海角遭遇到飓风,被打得七零八落。因此他的海陆并进的战略流了产,不得不在半路上就退回。两年以后,他发动第二次进攻。这次他改变进兵的路线,由爱琴海的中路直扑雅典。出兵之前,他曾幻想可以不战而定,派使臣传檄希腊,要求各个城邦进贡当地的水和土,表示对他降服。然而雅典的回答是把使臣投进了洞坑,斯巴达的回答是把他们推下了水井。公元前490年9月,波斯军队在雅典东

第四章 雅典的强盛和繁荣

北马拉松登陆。这时雅典的将军是米提亚底斯，他通晓波斯战术。针对波斯军利于在平地作战并惯用中央突破的特点，他命令雅典军在马拉松山坡上扎营，并把重兵分布在左右两翼。过了几天，当波斯军分兵南去的时候，他立即乘机进攻。战斗一开始，雅典军较弱的中央一线且战且走。等波斯军已经尾追得很远，才以两翼已经得手的重兵包抄猛攻，把敌军打得首尾失援，一举就击溃了它的主力。分兵南去的敌军，原来想由法勒伦港攻入雅典，和马拉松登陆的敌军合围。但是在马拉松告捷的雅典军已经回师戒备，这个企图成为泡影。于是第二次的波斯进攻又宣告失败。在希腊史上，这一役称为马拉松之战。雅典军以寡胜多，以小胜大，第一次显示了在发展中的奴隶制城邦的战斗力量。大流士在这次失败后，不几年就死了。他把侵略希腊的野心遗留给他的儿子薛西斯（公元前485—前465年）。

在马拉松之战中，有一个在当时还不很知名的雅典人也在军中作战，他是出身于中人之家的地米托克利。在马拉松战后的年代里，地米托克利成为雅典向海外扩张派的领袖。关于雅典未来的发展，他不同意贵族派狭隘的看法。贵族派的经济利益附着于土地，眼光局限于阿提卡的小平原。他却认为雅典的前途在海外商业的扩张，眼光看遍整个爱琴海的天下。因此他在当政的时期，建立了强大的海军，开辟了可容巨舰出入的派里厄斯港,又发展了造船的事业。在这一方面,他的政策可以说是庇昔特拉图政策的发展。按他的想法,只有扩大海军的力量,才能把波斯排斥在爱琴海之外;有了爱琴海的霸权,才能保证雅典奴隶制经济的不断高涨。这个政策是代表工商奴隶主利益的。因为波斯在战争初期处于发动进攻的一方,地米托克利乃能以保卫希腊自由为号召,得到雅典公民和很多其他城邦的支持。

公元前480年,大流士的儿子薛西斯又沿着波斯第一次进兵的老路进攻希腊。薛西斯动员整个波斯帝国的兵力,据说有各色兵种共五百二十八万三千二百人,兵舰一千二百零七艘,其他附属船只三千艘。这些数字是由希罗多德记载下来的,大概有不小的夸张。但无论怎样,波斯在这次是志在必胜的,动员的规模必定远远超出过去的两次。当波斯在全力动员的时候,希腊的各城邦也在准备抵抗。它们在科林斯召开泛希腊的会议,决定以在军事上负有盛名的斯巴达做联军的领袖。联军的陆军以斯巴达为主,海军以雅典为主,分别在通向中部希腊的要道德摩比勒和附近的海面设防。在战争的第一阶段,波斯以迂回战术夺取了德摩比勒,然后直下雅典,烧毁了全城。但是雅典的海军没有受到多大的损伤,全力退守萨拉米岛海面。在这时,斯巴达和雅典在战略上的分歧暴露了。斯巴达主张把海陆军都撤到科林斯海腰,目的

第四章 雅典的强盛和繁荣

在于保全伯罗奔尼撒半岛。雅典反对这个主张，它的海军不愿未经一战就放弃自己的门户。地米托克利一面在联军会议上力争，一面遣人诈降薛西斯，佯称雅典的海军将要夺路撤走，引诱波斯把舰队调进阿提卡和萨拉米岛之间的海面上来拦截。从双方海军的特点说，波斯的船大、数量多，宜于在宽阔的海面上作战；雅典的船小、数量少，宜于在狭窄的海面上作战。但是急于求胜的薛西斯，来不及顾到选择阵地的问题，中了地米托克利的诱战之计。

9月20日的黎明，波斯海军开进萨拉米海峡，企图拦截雅典海军。在狭窄的海面上，波斯庞大的舰队调动不灵，互相碰撞，想象中的拦截变成了挨打。雅典的舰队却展布自如，不断打击全阵混乱的敌军。这场海上的决斗进行了一整天。到了垂暮的时候，坐在海岸上督战的薛西斯，知道胜利已经从他的手中溜走了，不得不考虑在外线作战的一切危险。他知道如果雅典的海军乘胜直取赫沦斯滂，除非他泅渡爱琴海，随便怎样也回不了老巢。而且时间已经是9月将尽了，地中海的雨季就要来临，那样漫长的给养线，也叫他无法维持。所以他只有走，只有退军。他自己先退回小亚细亚，他的军队也得离开雅典，只留一部分在北希腊过冬。经过了这一战，庞大的波斯帝国再度失败了。回到故土的雅典人，虽然看到的是遍城灰烬，却抱着极大的信心，准备夺取新的胜利。

到了第二年,波斯的陆军又在普拉提亚之役被打得一败涂地。统帅马杜尼阵亡了,残余的军队靠着骑兵的掩护才侥幸逃出希腊。在希波战史上,这是又一次决定性的战役。从此而后,波斯军就再也不能立足在欧洲的土地之上了。对于希腊来说,这一战役的意义自然是巨大的。但是对于这一意义的估计,斯巴达和雅典却很不相同。从斯巴达看来,普拉提亚的胜利等于是战争全部目的的完成。因为波斯的侵略军既已被逐出了希腊,斯巴达在伯罗奔尼撒的霸权也就稳如泰山,进一步的军事行动似乎再也没有必要了。狭隘的农业经济的观点,使斯巴达的目光跳不出伯罗奔尼撒半岛的范围,也看不清这次战争对于今后希腊奴隶制经济发展的意义。但是工商业正在向前跨进的雅典,却不能以普拉提亚的胜利为满足。如果斯巴达的眼光是局限于伯罗奔尼撒,雅典的眼光却已经横越爱琴海。半个世纪以来的波斯的扩张,曾经使雅典丧失了伊奥尼亚一带的友邦,也丧失了对黑海商路的控制。不恢复这些失去的优势,它就不可能走向工商业进一步发展的道路。地米托克利在萨拉米之役时因战略问题和斯巴达发生的争执,已经透露了雅典对战争意义的认识和斯巴达不同。正因这两个盟邦对战争的看法不同,所以它们对普拉提亚胜利意义的估计也很不一样。当斯巴达认为已经达到战争目的的时候,雅典却还要求扩大战争的成果。因此在普拉提亚战

希罗多德

役的同时，雅典的海军已经渡过了爱琴海。在起初，斯巴达所率领的海军还勉强追随着雅典。到了第二年，当雅典海军进攻赫沦斯滂海峡的时候，斯巴达就退出了战斗。从这时起，雅典对波斯作战就不再是防御的性质，它转入进攻，同样露出奴隶制国家对外扩张的面目。

公元前478年，雅典的海军独力攻占赫沦斯滂海峡的重镇塞斯托斯。经过这一战，雅典把丧失已久的通向黑海的要津重新收归自己掌握。在希腊历史上，塞斯托斯之役是远不如萨拉米之役那样著名的。但是对于雅典今后的发展，这一役的意义却不在萨拉米一役之下。从萨拉米到塞斯托斯，是雅典从防御转向进攻。没有塞斯托斯的胜利，雅典的海上扩张会依旧逃不了波斯的窒息。因此，从雅典来说，收到希波战争的最大成果的，不是普拉提亚的胜利，而是塞斯托斯的胜利。希罗多德以塞斯托斯之役作为他那有名战纪的煞尾，的确有他作为一个历史家的独到的见地。

波斯在三大战役中连续失败，是有原因的。波斯最初是处于侵略者的一方，军队从帝国境内各族中征集，被迫远道作战，士气始终不高；希腊人为反抗侵略而战，为保卫国家的独立和自由而战，所以大都能奋勇战斗。这对战争的胜败起了决定性的影响。但是全部希波战争并未从此结束。雅典利用胜利的形势，不断在爱琴海扩张势力，直到公元前448年，才和波斯订立和约。

二　雅典的海上霸权

自从打败了波斯的远征军，希腊各城邦在军事上所形成的领导权就在暗暗地易手。在战争中，斯巴达军人以英勇闻名。德摩比勒之役，李昂里达和他的三百壮士见危授命，曾经在希腊人中赢得普遍的推崇。但是斯巴达在战争中所取得的军事领导权，随着波斯的败走，很自然地从它手中消失。顽固保守的斯巴达统治者不懂得奴隶制城邦新兴工商业的要求,不懂得海,也不懂得把小亚细亚沿岸和爱琴海岛上各希腊城邦从波斯统治下夺取过来的真实意义。斯巴达的落后的经济,使统治它的寡头贵族看不见控制海权的作用。三十年前,斯巴达国王克利奥孟尼曾经拒绝米勒都的求援。三十年后,虽然它已经和雅典合力打败了波斯,但是在对海权的认识上,比过去仍然没有多大的改变。对于伊奥尼亚各城邦的前途,对于工商业经济发展的前途,斯巴达完全放在自己的度外。在经济上不懂得向海外发展的斯巴达,在政治上也就无从领导环绕着爱琴海的希腊人的世界。

但是海外商业正在向上昂扬的雅典,在这时却紧紧抓住了时机。雅典人一面收拾自己城市的烬余,一面迅速建立新的海防。奴隶主统治者毫不犹豫地把海上扩张看做是经济发展的关键。他们深切地知道,必须有不可攻拔的海港和掌握在自己手里的海上的通路,才能顺利无阻地用商品换取外来的粮食,依靠增长的利润来促进经济的繁荣。因此他们不以波斯退兵为满足,把战争推向希腊境外,一步一步地拔去波斯在色雷斯的残余据点,占领塞斯托斯,用全力担当起解救和保护伊奥尼亚希腊各城邦的责任。雅典的奴隶主把斯巴达人所不屑一顾的事情,看做是最迫切需要的事情。自从梭伦改革以来,一个多世纪的社会经济的发展,已经使他们不得不把海外扩张看做是国家的当务之急了。

这样，从普拉提亚一役以后，希腊的领导权就很快地从斯巴达转到雅典的手里。公元前478年，以雅典为首的提洛同盟组成了。这个同盟继续对波斯作战，后来包括将近二百个大大小小的城邦。它有联合的海军，有共同的金库。在形式上，一切盟邦的地位都是平等的。它们在同盟的会议上有同等的发言权；它们按力量的大小分担一定的军事和经济上的义务，用以配备全盟的联合海军。但是从同盟缔结的那天起，雅典在实际上就取得超越其他盟邦的地位。它拥有以三百艘三层座桨舰组成的海军舰队，这个巨大的舰队超过所有其他盟邦舰队的总和。海军的优势决定雅典在提洛同盟中的领导地位。它管理同盟的金库，统率同盟的海军。它在同盟会议上的发言具有最后裁决的效力。

雅典以提洛同盟为向海外扩张的工具，在短短十年的时间里，就树立了爱琴海上的霸权。到了公元前468年，雅典不仅已经控制黑海的咽喉，征服雄踞东北航线中心的斯库鲁斯岛，而且也已经击退了波斯在小亚细亚西南角上的势力，使卡里亚和利西亚一带的希腊城邦摆脱波斯的控制。幼里米屯河口一役，雅典的远征军又粉碎了波斯为再度进犯希腊所作的准备。从那时起，雅典在东方的海上就取得无可与抗的地位，整个的爱琴海区成为雅典宰割的天下。

雅典的日渐高涨的威力，不可避免地影响到它和提洛盟

索尼翁的波塞东神殿

迈锡尼的狮子门

马拉松战场纪念碑雕像局部

狮子门的局部

马拉松无名战士之墓

依瑞切迪昂神殿侧面的六贞女神雕像

雅典卫城上的依瑞切迪昂神殿

邦的关系。在它的压力之下，提洛同盟逐渐失去原有的自由组合的性质。未加盟的城邦，雅典可以用武力逼迫它加盟；已加盟的城邦，雅典也可以用武力制止它退盟[1]。到了伯里克利当权的时代（公元前461—前429年），同盟的金库已经由提洛岛搬到了雅典。盟邦向金库缴纳的盟金，事实上等于是对雅典的进贡。金库的开支权，也完全掌握在雅典的手里，没有一个盟邦能够过问。同盟的会议也不再召开了，盟邦之间的协商已经由雅典的发号施令来代替。在雅典和许多盟邦之间，又签订了一系列的不平等条约。根据这种条约，签约的盟邦必须接受雅典式的民主，让出最高的司法权，有的盟邦甚至接受了成年公民必须向雅典宣誓效忠的义务。雅典可以在盟邦的土地上设置军事殖民区，派驻"监察人"。为了便于征收盟金，雅典又把为数约二百个盟邦分成五个区。每隔四年，各邦缴纳盟金的数额调整一次。盟邦可以对自己所担负的数额提出异议，但最后的裁决之权属于雅典的公民法院。这些事实说明提洛同盟已经不再是什么独立城邦的"同盟"，而是雅典对它的所谓"盟邦"进行统治的工具。因此许

---

[1] 这类的实例很多。公元前472年，与阿提卡相隔一水的卡里特斯在雅典的武力进攻下被迫加盟；公元前469和前465年，提洛的盟邦纳克梭斯和萨所斯先后想退盟，都被雅典击败，被迫留在盟内，履行同盟义务。

多历史家认为公元前第 5 世纪中叶的雅典已经变成一个海上的"帝国",提洛同盟的盟邦不过是"帝国"内部被统治的附属地。希波战争之初,小亚细亚一带的希腊城邦曾经梦想雅典会帮助它们从波斯统治下"解放"出来。经过长期的希波战争,波斯的确是在一个时期内退出了爱琴海,但是代之而起的并不是各城邦的自由和独立,而是雅典的霸权。

就这样,蕞尔的雅典成为爱琴海上的无敌的霸国。工商业的发展,使雅典有建立海上霸权的必要;一旦建立了海上霸权,它的工商业又获得进一步的发展。古典奴隶制经济从来不是在和平中发展的。它和武力侵夺是一对形影不离的孪生子。不了解雅典的海上霸权,就无从了解雅典奴隶制经济的高涨。

三 雅典奴隶制经济的繁荣

雅典的海上霸权不仅解决了制成品的市场问题和粮食原料供应问题,而且也解决了外籍奴隶输入的问题。由于雅典海权的扩张,围绕着爱琴海的经济落后地区都受到雅典的控制。有了对于这些地区的控制,雅典就可直接间接地从中获得大量的奴隶。古典奴隶制经济的发展要求大量外籍奴隶的输入。外籍奴隶不但价廉,而且离乡很远,不容易逃亡。有了这样的奴隶,雅典的奴隶主就可得到便宜的和易于控制的劳动力,从而促进奴隶制经济的发展。在雅典和其他城邦的市场上,经常进行着奴隶交易。这些奴隶多半来自落后的地区。从奴隶主对他们的称谓上,可以看出奴隶多半是辗转拐卖而来的斯基泰人、吕底亚人、阿拉伯人、埃及人和色雷斯人等等。他们构成雅典居民中的绝大部分。根据公元3世纪的文献,雅典的奴隶曾经达到四十万人。虽然近代历史学者对这个数字表示过怀疑,但是即使用比较严密的计算方法重新估算,依然不能推翻奴隶是雅典的基本劳动人口这一铁的事实。个别奴隶主所拥有的奴隶,可以多到几百人至一千人,一般的奴隶主也往往拥有十个以上的奴隶。公元前413年,由于斯巴达的入侵,乘机逃亡的阿提卡奴隶就多到两万人。这些具有数字的材料已经足够说明奴隶是雅典的基本劳动群众。创造雅典全盛时期的经济繁荣的,正是这些大量存在的外籍奴隶。

在希波战争之后,奴隶劳动的使用成为各个生产部门的普遍现象。在手工业方面,这时出现了使用多数奴隶的作坊。有的作坊使用二三十个奴隶。有的规模很大,使用的奴隶多到一百人。这类作坊属于各种不同的行业,如制盾、冶金、制革、制灯、乐器、制陶、裁缝以及其他等等。奴隶作坊的技术设备虽然很简陋,但是已经有了一定的技术分工。在金属器作坊里，锻工、铸工、看炉子的、管风箱的，都各有不同的人手。裁缝作坊里有专司剪裁和专司缝纫的，陶器作坊里也有专司制陶和专司绘陶的。有了技术上的分工，劳动的熟练程度提高了，生产的数量也提高了。这就使雅典经常有大量精美的成品运销到海外各地。爱琴海、黑海、地中海的沿岸各区，几乎到处都发现过从雅典输出的陶器。凡是看过陈列在世界各大城市博物馆里的雅典陶器的人，无论是专门的鉴赏家也好，或是一般的观众也好，对于它形式的雅致和绘图的精美，谁都会给予很高的评价。古代雅典陶器之所以到处风行，是和它的制作精巧分不开的。

在采矿业方面，奴隶劳动更加大量使用。属于雅典国家的劳里厄模银矿就有成千上万的奴隶。古代奴隶制剥削的残酷性，也是在采矿业中表现得最突出。矿坑里的劳动条件极端恶劣。奴隶匍匐在狭小的、空气污浊的坑道里，日日夜夜从事不能忍受的劳动。这里还使用童奴和女奴，非人的劳动环境造成经常的高度死亡率。然而奴隶主的国家却从染遍血汗的劳里厄模获得巨大的财源。地米托克利在当政时期建立强大海军的经费，就是取自这个银矿的利润。

此外，在农场、采石场、公共建筑的工地、商业和运输部门，以及奴隶主的家庭，也使用各种奴隶。有的奴隶主本身不从事企业经营，却将所有的奴隶出租，坐取租息。在出

第四章　雅典的强盛和繁荣

租的奴隶中，有一种乐奴和歌舞奴，专为奴隶主喜庆宴饮装排场。雅典国家也拥有很多的奴隶，用于贱役。所以在古代雅典，奴隶制几乎侵入社会生活的每一个毛孔。没有奴隶制，就没有雅典的社会。

廉价的外籍奴隶应用于生产各个部门的结果，带来了高度的经济繁荣。手工业、矿冶业、农业和商业相互影响、相互刺激，越来越走向高峰。从公元前第5世纪起，雅典就已成为当时"国际性"的商港。在输入方面，有黑海沿岸、埃及和西西里的谷物，色雷斯和马其顿的木材，斯基泰、意大利半岛和希腊落后地区的牲畜、皮毛和鱼类，伊特拉里亚的青铜，埃及的纸草和亚麻织物，以及东方的贵重毛毯和香料。在输出方面，有雅典的著名产品橄榄油、葡萄酒、蜂蜜、陶器、金属制品、织物、铅、银和大理石等等。新建不久的派里厄斯港由三个海港构成。其中两个是海军港，西部的一个又用海堤分为两半，南半是造船厂的船坞，北半是真正的商港。商港中帆樯林立，往来于爱琴海、黑海和地中海各处的商船云集于此。岸上有各种建筑物，如商品陈列所、货仓、粮仓、银钱兑换所以及商店等等。全港居民稠密，有很多的外籍商人和奴隶，在市场上可以听到不同种族的语言。从克里特灭亡以后，爱琴海上从未出现过像这样繁荣的城市。不用说，这个城市的经济发展水平，已经远远超过了那曾盛极一时的克里特。

我们已经说过,雅典创造物质繁荣的是盈千累万的奴隶劳动者。虽然部分的雅典自由民也从事生产劳动,但是构成社会主要生产劳动力的还是奴隶。奴隶创造了雅典的财富,却无权享受这些财富。他们在法律上被剥夺了人格,被认为是财产的一种,可以买卖、出租、转让或赠送。雅典的法律虽然给奴隶以人身保障,但在事实上这种保障往往流为具文。例如雅典法律承认受虐待的奴隶可以行使"逃匿权",凡逃匿到神坛里去的奴隶,不能用暴力强制他离开,因为据说他受着神坛的"庇护"。对于这种逃匿的奴隶,法律也准许他不归原主,应由原主出卖给别人。然而奴隶主却可以用各种奸狡的办法绕过法律的条款。对逃匿到神坛里去的奴隶,虽然不能施以暴力,但可以用火熏的方法,用围困使之饥饿难忍的方法,逼迫他离开神坛。一当他离开了神坛,神的"庇护"就对他失效。未经用上述方法被迫离开神坛的逃奴,也绝无决定自己命运的权力。决定他应否归于原主的权力,操之于神坛的祭司。祭司是代表统治阶级利益的人物,他会不会"庇护"奴隶,不问可知。所以在雅典,法律给奴隶的人身保障是没有多大实际意义的。在喜剧家阿里斯多芬的作品里,就反映了奴隶所受的各式各样的苦刑。雅典的法律也曾禁止奴隶主杀害奴隶。可是在苦刑、虐待和无休止的劳动重压下折磨而死的奴隶,每年不知有多少人,而法律对于这样的现象是从来也不过问的。

因此,在雅典的一片繁荣景象的背后,隐藏着尖锐的阶级矛盾。奴隶为了摆脱自己的厄运,经常进行各种方式的斗争。他们有时逃亡、有时暴动。由于时代条件的限制,他们的斗争一般带有盲目性和分散性。但是尽管如此,雅典的阶级关系总是紧张的。柏拉图曾经劝人尽可能蓄养彼此语言不通的、不同种族的奴隶,以免串通一气,起来暴动[1]。可见奴隶主是怎样地提心吊胆,怎样地想尽各种方法来防止奴隶的反抗。然而语言的隔阂不可能永远阻断同一阶级的共同命运的联系。在有利的条件下,雅典的奴隶还是可以进行集体的斗争。前文所提到的公元前413年将近两万奴隶的集体逃亡,就曾经沉重地打击了雅典的经济。

四　奴隶制民主的政治生活

在奴隶制经济高度繁荣的基础上,雅典的公民民主制度发展成熟了。在伯里克利时代,传统贵族院已经解除了残余的权力,降为一个专门受理杀人罪案的法院。当选执政官的

---

[1] 柏拉图:《论法律》, vi, 777c。

财产限制由放宽而实际取消，国家一切公职，除十将军委员会委员而外，都已改用抽签选举，任何公民都可当选。为了保证非富有的公民也能在实际上担任国家公职，这时又制定公职受酬制。只有十将军委员会仍由公民投票选举。这个委员会是国家最重要的军政机构，首席将军的权力已经远远超过传统的执政官。先后经由梭伦和克利斯梯尼改革而奠定的公民民主制度，成为雅典奴隶制城邦最鲜明的特点。在所有希腊奴隶制城邦中，雅典发展了当时最民主的政治秩序。

雅典的最高权力机关是公民会议。公民会议的开会地点在雅典卫城以西的一片空场上。大约在每三十六天中，公民会议循例要在这里开四次会议。开会的通知一般在会前的五天就公布在市场上。将要在会议上讨论的提案，也在同时公布。遇到非常紧急的临时会议，这些形式上的手续都可以不必拘守。只要派几名传令吏在街上大声喊叫，或是在市场上烧起一炷狼烟，人们就知道公民会议是在召唤有公民权的人去讨论紧急问题了。

公民会议的场所没有座位，参加会议的人都坐在向着讲台微微倾斜的地面上。因为会场的地面有着这样一个微微的坡度，所以即使坐在最后面的人，也可以看到讲台上的发言人。讲台是由一块巨石凿成的，两面都有台阶。在讲台的前面，有一个小小的祭坛。每逢会议开始，祭坛上就宰一头乳猪。一个宗教执事拿着乳猪在会场上绕行一圈，据说这就可以祛除不洁。在讲台偏后，平放着几块木板，那就是主席团的座位。讲台上还有一张精致的椅子，是专为主持会议的人设置的。此外，会场上没有其他的陈设。人们抬起头，可以看到澄蓝的天幕，一边是卫城上的壮丽的庙宇，一边是远远的卷起银色浪花的海岸。就在这样简朴的会场上，雅典的奴隶主以及与奴隶主利害相连的一般公民经常来倾听政客的辩论和演说，表决由五百人会议预备好了的提案，选举国家的官吏，制定法律，决定战争与和平。

会议一开始，照例由传令吏宣读经过五百人会议审核过的提案。雅典的官员和演说家一般都有过在广大会场上发言的训练，他们响亮的嗓音可以清楚地传到会场的每一个角落。提案宣读以后，会场上顿时沉静了下来，人们在等候一场剧烈的辩论。

这时传令吏又扯开了喉咙，问："谁要发言？"接着一个支持提案的人走上讲台了。他多半是群众所熟悉的人物，同情他的为他鼓掌，反对他的发出嘲弄的声音。当他登上讲台，主席传给他一个月桂花冠，这个花冠等于是大会的发言许可证。他接了花冠，戴在头上，然后就滔滔不绝地雄辩起来了。当他讲到紧要的关头，台下的同情者就报以欢呼，反对者则高声怪叫。他的结束语往往是一个庄严的宣誓，表白他的一切理由都是为了雅典的幸福："皇天后土，实鉴此心！"等他走下了讲台，传令吏又高呼："有谁发言？"这时，反对提案的人出场了。他也走上讲台，戴上花冠，跟着又是一篇动人的演说。如此正反两方可以轮番争辩下去，会场上也起伏着听众的喧嚣。但是在同一提案的辩论中，任何人不得作两次发言。等双方的意见说完了，主席就宣布表决。估计会遭到失败的一方，这时往往会以"听见打雷了，天要下雨了"这类不吉之兆为借口，要求休会，希望在休会后重新组合力量，准备再来一次辩论。如果真的听见了雷声，有了雨意，这个要求休会的理由就可能被接受。但是害怕表决的人并没有呼风唤雨的神通，主席看看晴朗的天，可以拒绝休会的要求，照样进行表决。一般提案的表决多半是用举手的方式，有关个人的选举或放逐，则多用投石或其他票决的方式。从讨论到表决，常常要费去一个早上的时间。表决以后，传令吏在主席的示意下宣布散会。人们拿起垫地而坐的外袍，议论纷纷地退出了会场。这样，雅典人就算行使了一次公民的政治权利。

在这里，我们不能一一分析雅典的政治机构。但从上面关于公民会议的叙述，已可约略看出一般雅典公民的政治生活。从当时的历史条件看，雅典人的政治生活是比较民主的。公民会议的讲台向每一个公民开放着，一切有关国家大政的

第四章 雅典的强盛和繁荣

法案必须听候会议的表决。这一制度在当时无疑是进步的，它对雅典经济和文化的发展都起了促进的作用。然而在这个制度的背后，还隐藏着奴隶主统治艺术的秘密。首先，具有公民权的人数是很有限的。不但占全雅典居民大多数的奴隶没有公民权，即使累世居住在雅典的外邦人，按照伯里克利时代的法律，也绝难取得公民权。在雅典本邦的自由人中，妇女也没有公民权。这样，具有公民权利的人就仅仅限于少数籍隶雅典的成年男子。其次，在为数不多的雅典公民中，实际上能够参加公民会议的又只占一个很小的数目。公民会议开会的时间照例在早晨。对于城居的公民，参加会议是没有多大困难的。但是散居在阿提卡各个村社的公民，就很难按时赶到开会。因此，虽然全雅典的公民约有二三万人，公民会议的通常到会人数却往往只有二三千。这就是说，在号称全民民主的政治制度之下，实际上只有约十分之一的公民能够在公民会议中行使他们的政治权利。这个经常只有少数人参加的公民会议，在实际上行使的立法权力也是很有限的。每个公民在会议中虽然都有权提出新的法案或建议撤销现行的法令，但是由公民会议通过的任何法案，如果经过公民法院判决与雅典基本法相抵触，不但法案本身要被宣布为违法，而且原提案人还要负法律上的责任，受到严重的处罚。这种办法，在名义上是为了保护雅典的宪法，而实际上却是限制民主，保护奴隶主的既得利益。所以雅典的国家制度尽管挂着民主的美名，但实质上只是为少数的统治者服务。不用说，雅典的公民会议是从部落时代的全体成年男子会议发展而来的，会议中的神秘仪式以及迷信等等，说明它还保留着原始时代的残余。

五 雅典全盛时期的文化生活

雅典在全盛时期奴隶制经济的繁荣，富有的社会阶层的兴起，以及公民民主政治的发展，为古典希腊世界带来新的思想、意识和感情。这种新的思想、意识和感情倾注于全部雅典的公民文化生活之中，使它比过去具有较广泛的民主性质。在过去，希腊的文化可以说是一种贵族式的文化。荷马史诗曾经是行吟诗人为贵族娱乐而奏唱的诗歌，它所反映的是一直可以追溯到迈锡尼时代的贵族战争和冒险的生活。传统神话中以宙斯为首的希腊诸神，也无异于一个贵族式的大家族。他们饮酒击剑，和所谓英雄时代的人间贵族有着类似的思想和感情。在公元前第5世纪的雅典，这些文化遗产在人们生活中的意义却有了显著的变化。荷马史诗成为公民教育中共同的读物；传统神话中的故事，则已成为大众剧作家借以表达当时一般人的思想感情纠纷的题材。这类变化说明

第四章　雅典的强盛和繁荣

早期希腊文化在全盛时期的雅典得到了新的发展。这一发展代表着古典希腊文化的高峰。

雅典全盛时期文化生活的民主性，表现在各个方面。最显著的是有广泛自由公民群众参与的祀神庆典和戏剧活动。在希腊，不论是什么神，没有一个像古代东方的神那样具有高不可仰的地位。希腊在政治上不曾出现过君临一切的专制皇帝，在宗教上也不曾出现过代表最高道义的宇宙主宰。传统希腊的神，距离世上的凡人是并不太远的。他们和凡人一样地有喜怒爱恶的感情，有时很豪阔大度，有时也褊狭多疑。名为天神的宙斯，甚至常常钟情人间的美女，犯凡人所犯的过失。由于希腊神具有这种人性化的特征，在雅典的工商富有阶层兴起以后，祀神的庆典就很容易和城市自由民的世俗娱乐活动联系在一起。四年一度的雅典娜女神祀祝大节，全雅典的公民都可以参加。在庆祝游行的行列里，有成队的骑士和马车，有各种的乐师，有盛服的少男和少女。每逢这个盛大的庆节，一连几天都要举行赛车、竞走、合唱、舞蹈、音乐比赛和朗诵比赛。从庆典的这些节目来看，与其说它是一个庄严的宗教仪式，不如说它是一种世俗性的自由公民群众的娱乐。这种娱乐和荷马史诗所描写的贵族宫廷的宴饮已经大不相同。在社会意义上，它是雅典国家的一种全民的活动。当雅典盛时，参加这一庆典的还有数以百计的"盟邦"

来使,因此它也具有泛希腊的性质。

次于雅典娜女神庆典的是每年春季举行的酒神庆典。酒神庆典原是盛产葡萄的希腊农村的节日。但是在雅典,这个节日在农业生产上的意义也已被城市公民的娱乐活动所掩没了。每当春季的酒神节,雅典的剧场上照例演出悲剧和喜剧。在公元前5世纪繁荣的年代,雅典已经在它卫城的斜坡上建筑可容数万观众的剧场。剧场是随着山势的高下砌成的,观众的座位形成一片扇形的阶梯。面对着观众的座位,划出一块大圆圈,前半是供合唱队之用的乐池,后半是高出平地的供演员上演的舞台。因为剧场是露天的,所以雅典卫城一带的自然风物,成为它的秀丽的背景。坐在高层座上的观众,可以一面看戏,一面眺望浮现在南方海面上的爱琴那岛和远处阿哥里淡淡的山岚。每当演剧的日子,这里就有无数的观众陶醉在自然美景和舞台艺术的融会之中。为了使贫穷的公民也能看戏,雅典政府还发给一种观剧津贴。因此酒神节的戏剧演出,也成为雅典的广大自由民群众的娱乐活动。只有在演喜剧的时候,由于那些关心"风教"的统治者害怕剧中的谑浪流为猥亵,才不让妇女去观看。奴隶主阶级给自己妻女的自由是有很大的限制的。

公元前第5世纪作品经常在雅典上演的三大悲剧家,是享有世界性声誉的作者。他们是爱斯寇勒(公元前525—前

雅典娜头像

456年)、索福克利(公元前496? —前406年)和幼里披底(公元前480—前406年)。三大悲剧家都善于从传统的神话中寻取戏剧的题材。他们并不是要演述神话中的荒诞不稽的故事,而是要从观众所熟悉的故事之中,体现存在于现实生活里面的思想感情上的激烈矛盾,以及由于这些矛盾而导致的不幸的遭遇。从历史的角度来说,这些悲剧家笔下的矛盾,正是人们处于一个急遽社会变化中的内心矛盾的反映。当时的雅典是刚从传统制度之中蜕化而出的一个新的社会。在这个蜕化的过程之中,人们不可能不想到个人的自由意志和社

索福克利

会伦理、信念、意识以及一切构成客观障碍的传统正在发生激烈的冲突。这种冲突以及由此而产生的结果不是当时的人们所能理解的。当时科学上的幼稚使人们不可能解决这种疑问。因此悲剧家只能把阻遏人的自由意志的客观障碍看做是一种不可抗拒的力量，名之为"命运"。在三大悲剧家遗留下来的作品之中，"命运"总是贯串全局的主题。但是悲剧家用以写述"命运"的那些有名的剧作，在观众的内心中唤起来的却不是一种人生应当俯首听命的感想，而是一种对那敢于抗拒命运者的不可抑制的同情和无比激动的赞叹。盗取神火的巨人普洛密修，并不因在高加索的峭壁之上受宙斯的毒刑而使人怯弱；恰恰相反，他激励人们的刚强不屈的胆力[1]。因此，悲剧家在当时历史上所起的作用是巨大的。他们深刻地反映了公元前5世纪雅典人解放个人自由意志的要求，同时也使这个要求更加激化。希腊悲剧之所以具有群众性和民主性，其原因就在于此。

在雅典上演的许多泼辣的喜剧，也同样地吸引了广大的观众。著名的喜剧家阿里斯多芬（公元前450—前388年）曾经把雅典的政客、党派纷争、以教育家自居的哲人和现实生活中的种种问题搬到他那善于讽刺的笔下，用冷隽的手法加以刻画。当他创作活动最旺盛的年代，波及全希腊的伯罗奔尼撒战争正在给雅典人带来无穷的灾难。他在剧作中斥责主战派，从而反映一般人对于和平生活的向往。他也看到雅典妇女在社会上的不平等地位，时常在作品中提出妇女政治权利的问题。正因他对这些自由民群众所关心的现象作了剖析和嘲讽，所以尽管他的思想有着保守的一面，他的许多喜剧都能引起观众感情的共鸣[2]。在雅典自由人的文化生活中，

---

[1]《普洛密修》是爱斯寇勒的悲剧之一，内容是普洛密修盗取宙斯的神火，赐予世人，因而受难的故事。
[2] 阿里斯多芬虽然嘲讽雅典党派的纷争，但他对当时政治问题的态度也是有党派性的。他同情雅典的寡头党，但这并没有妨碍他在剧作中表达了许多人民性的思想。

喜剧和悲剧同样地起着启发群众的作用。

除了祀神和演剧而外，雅典人民还经常参与其他方面的公共娱乐和文化活动。在雅典城外，有两处著名的运动场，一个名阿加得米，一个名卢基厄模。雅典政府在这里开辟幽雅的风景区，到处是碧树成林，绿茵布地。每当晴和的日子，这里常常有赛跑、跳远、投铁饼和其他体育活动；准备参加泛希腊奥林匹亚竞技大会的选手，也时常在这里锻炼。在林荫之下，还可以看到三五成群、无须为衣食操劳的人们，有的在讨论本年上演戏剧的评选，有的围绕着须发斑白的学者，在倾听哲学问题的辩论。公元前第5世纪的雅典，正是处于一个学术思想发皇的时代。许多哲学家以及四方游学之士都荟萃在这个新的文化中心。他们有的承受伊奥尼亚学派朴素的唯物论者和朴素辩证论者的影响，例如伯里克利的密友阿纳克萨哥拉（公元前500—前428年）；有的是对知识抱极端怀疑态度的诡辩论者，例如普鲁塔哥拉（公元前481？—前411年）；有的是追寻绝对道德价值的唯心论者，例如苏格拉底（公元前469—前399年）。苏格拉底在当时是有巨大影响的哲学家，多才的客观唯心论者柏拉图（公元前427—前347年）出于他的门下，以博学著称的古代伟大科学奠基者亚里士多德（公元前384—前322年）则是他的再传弟子。关于这些思想家的师承，他们和其他还未提到的许多哲学家的关

亚里士多德

系以及他们学说的内容,在这里都不能细论。这里所要指出的,是当雅典全盛的时代,这些不同学派的代表人物,往往拥有很多的门徒,在公民群众经常聚集的运动场附近,举行各种哲学、社会和人生问题的讨论。这种风气流衍的结果,竟使原来是运动场的阿加得米成为柏拉图讲坛的所在,卢基厄模也成为后来为亚里士多德所领导的逍遥学派的中心。因此在西方文字中,阿加得米和卢基厄模这两个词就都取得"学院"的意义。希腊人的教育理想是在美的体格中培育所谓"美"的灵魂。雅典公民群众锻炼身体的运动场和他们增益智慧的学院合而为一,不妨看做是这一教育理想的象征。当然,他们心目中的"美"的灵魂,是按奴隶主阶级的标准。

掷铁饼者

在艺术方面，雅典的建筑雕刻等也在这一时期达到高峰。雅典人从不建筑像埃及那样的象征宗教和政治上无限权力的巨大神庙和金字塔，也不雕刻高达几十丈的体现统治者威严的帝王巨像。伯里克利时代兴建的祀奉雅典娜女神的帕德嫩宫，虽然是一座神庙，但它的朴素的柱廊，停匀的腰线以及等称的廊庑，留在人心的并不是一种宗教的、凛然不可黩犯的感受，而是一种属于人世的、心悦神怡的和谐的美感。雕刻家斐迪亚、迈伦、波卢克利托等人的杰作也具有同样的特征。不管他们采取的是哪一种题材，他们所体现的总是一种属人的美感。斐迪亚的雅典娜像，塑造了女性的静谧之美；

第四章 雅典的强盛和繁荣

迈伦的掷铁饼者,体现了一个青年运动家肢体动作的韵律。因此这些古典艺术大师的创作,才能和群众的欣赏呼吸相通。同样地,雅典的画家也把自己的艺术才能贡献给群众观赏。许多画师为日常应用的陶器作画。著名的波力诺特也为雅典人人可到的街市长廊画下美丽的壁画。

雅典人对于自己的文化生活和这种生活的广泛民主性质,是十分自负的。伯里克利曾经说:"我们没有忘记使疲敝了的精神获得舒息。我们的生活方式是优雅的。我们日常在这些方面所感到的欢乐,帮助我们排遣了忧郁。"他又曾说:"我们是爱美的人。"[1]是的,伯里克利的这些充满自豪感的话,并不是空无所指的。在奴隶制民主政治下的雅典人,的确曾经创造了而且也享受了很高的文化生活。但有一点伯里克利忘记了说明,或者毋宁说是有意识地加以隐讳,这就是所有这些"优雅的生活方式",只有富裕有闲的雅典公民才能享受。矿坑里的、作坊里的以及其他终日劳苦的奴隶是不用说了,就连这些公民自己的妻女,也是一生被关在灶下和织机之旁,她们连喜剧都不能去看。没有雅典国籍的自由人,一般也受着歧视。例如阿加得米和卢基厄模这两处运动场,凡非雅典妇女所生、没有全部公民权利的人都不得入内。对于

---

[1] 修昔底德:《伯罗奔尼撒战史》,ii,38—39。

这种人,只有叫做库诺沙格的第三运动场才准许自由出入。所以雅典文化生活的群众性和民主性,是有严重的局限性的。在古典奴隶制的社会里,即使是在奴隶制民主高度发展的雅典,也不可能有真正的群众性和民主性的文化生活。伯里克利所夸耀的"优雅的生活方式",是建立在对广大奴隶的剥削和对外邦的掠夺之上的。在雅典,一面是宏丽的卫城建筑,一面是人间地狱的劳里厄模矿坑;少数人的文化享受,正是多数人被剥夺了一切人生之趣的结果。

第五章　从希腊霸权的更迭到亚历山大东侵

一　伯罗奔尼撒战争和旋起旋仆的霸权

希波战争以后，希腊存在着两大集团：一个是以斯巴达为首的伯罗奔尼撒同盟，一个是以雅典为首的提洛同盟。提洛同盟虽然新兴不久，但它的盟主雅典拥有雄厚的经济力量和强大的海军，骎骎乎有压倒伯罗奔尼撒同盟的趋势。在伯里克利当政以前，雅典的贵族派政府对斯巴达的态度是友好的。贵族派的领袖客蒙对于整个希腊的局势就曾抱有一种可以称为均衡论的看法。他认为希腊的海权应该属于雅典，陆权应该归于斯巴达；雅典和斯巴达在希腊世界中的地位，可以秋色平分，两不相悖。然而这种均衡论，并不切合实际局势的发展。对于雅典在扩张中的霸权，谁也不能按照客蒙的心意，用一条地理上的界线把它禁锢在爱琴海的水面上。它迟早会和伯罗奔尼撒的势力圈在许多接触点上发生冲突。在政治制度上，雅典是实行民主的国家，并且到处扶植民主的势力，这一基本的政策就正好和斯巴达针锋相对。斯巴达不

伯里克利

仅在国内保持贵族政治，而且也在其他国家里支持贵族，它甚至以恢复希腊各邦的独立自主为口号，企图拆散提洛同盟，对雅典的扩张完全采取敌视的态度。公元前461年，客蒙曾经调派雅典的军队到斯巴达去帮助镇压希洛人起义，但是斯巴达的寡头统治者却全不领情，怀疑雅典军中藏有民主派分子，要求客蒙退军。因此客蒙的斯巴达政策遭遇了失败，他的均衡论的主张也就跟着破产。当民主派的伯里克利登上雅典政治舞台的时候，斯巴达和雅典之间的矛盾，就不得不日趋尖锐化了。

第五章　从希腊霸权的更迭到亚历山大东侵

希腊两大同盟争夺霸权的另一重要背景是雅典和科林斯、迈加那在海外商业上的矛盾。比起雅典来,科林斯和迈加那是较早就向海外发展的城邦。在爱琴海北岸卡尔克底半岛,在西西里岛,它们都有殖民和商业利益。提洛同盟成立以后,科林斯在卡尔克底的殖民城市成为雅典的盟邦,整个东北爱琴海的航线几乎完全受雅典的支配。对于科林斯,这已经是一个难忍的威胁。但是雅典的海上霸权,并不以控制着爱琴海就引为满足了。西西里的谷物贸易,中部地中海区的广大市场,正在吸引雅典大船主和大商人的注意。雅典张开西进的眼睛,觊觎科林斯海腰上的西部港口。有了这样的港口,它才可以取得通向中部地中海的捷径,不用绕航伯罗奔尼撒半岛就能直达西西里和南意大利。然而这条路线一直是科林斯、迈加那海上商业的命脉。雅典向这一方面的扩张,不可避免地要侵犯科林斯和迈加那的最主要的利益。迈加那和科林斯在保卫西方航路这一点上是利害相连的。两者又都是斯巴达的盟邦,侵犯了科林斯和迈加那,就等于侵犯了斯巴达。在雅典和科林斯、迈加那的矛盾之中,斯巴达虽无海外贸易利益,但也不可能置身事外。

雅典和斯巴达两大集团的争霸战,断断续续地大约有半个世纪之久。导致这个长期战争的基本原因是雅典和斯巴达、科林斯、迈加那之间的矛盾。但在战争期间,还有不少其他的因素使战争的过程变得复杂而曲折。雅典和它的盟邦并不是一个很和谐的集团。许多盟邦对它的强制政策感到极端不满。在伯罗奔尼撒这一面，它的重要成员之一科林斯，也和自己的殖民城邦哥萨拉不睦。同时，在很多城邦的内部，都有民主派和贵族派的斗争。民主派依靠雅典，贵族派依靠斯巴达。一个城邦的某一党派的得失，往往影响整个希腊大局中力量的对比。这些错综复杂的关系，使对立的两大集团随处都可授人以隙，也随处都存在着战争的爆发点。伯罗奔尼撒战争是以科林斯和哥萨拉的冲突开始的。在战争的过程中，提洛同盟的盟邦常常起来背叛雅典。这种背叛几乎都和背叛国家的内部政争纠缠在一起，只要贵族派一得势，它就勾结斯巴达来反抗雅典。伯罗奔尼撒战史之所以头绪纷繁，便是这许多矛盾交相错杂的结果。

我们在这里没有详细叙述伯罗奔尼撒战争经过的必要。虽然这次战争是从公元前431年开始的，但两大集团的争霸远在公元前459年就已经爆发了。公元前431年开始的战争，不过是前一次没有能解决希腊霸权问题的战争的恢复。从这一年起，战争也不是一气进行到底的。双方在互有胜负的形势下，曾在公元前421年订过一次和约。这次和约规定保持和平五十年。但由于和约本身没有解决引起战争的任何问题，仅仅过了六年的工夫，战争又以雅典远征西西里而再度爆发

第五章 从希腊霸权的更迭到亚历山大东侵

了。这一次再起的战争一直打到公元前404年,以雅典的全部失败、斯巴达代取霸权而结束。当战争在公元前431年开始的时候,雅典仗着它的财力和优势的海军,以为必操胜算。伯里克利的战略,在陆上是坚壁清野,必要时放弃农村,以全力守住雅典城;在海上是维持航路畅通,保证海外的粮源,同时以海军攻袭伯罗奔尼撒沿岸,封锁它的重要港口,使敌人不堪消耗,疲敝求降。这个战略完全没有顾到农业的利益,潜藏着招致农村公民不满的危机。一旦农村受到敌军破坏,就必然会使寡头派获得攻击伯里克利的借口。但是雅典的陆军一向处于劣势,伯里克利计难两全,不得不如此。何况他所代表的是工商奴隶主的利益,因此在他想来,用牺牲农村来换取战争的胜利,当然是没有什么不可的了。

战争爆发不久,一个无法估计的因素袭击雅典,使伯里克利战略中预伏的危机加速迸发。公元前430年,正当全阿提卡的农村人口都避入雅典城内的时候,由海外传来的鼠疫在密集的居民中传布开来了。当时的医药技术无法遏止猖狂的病疫。从公元前430年至前429年,雅典的人口大量死亡。在修昔底德的《伯罗奔尼撒战史》里,至今还可读到当时尸骸遍地、无人收葬的可怖的景象。这一意外的灾害,触发了雅典内部寡头派和民主派之间的党争。寡头派煽动农村的不满公民,把一切灾难都归于伯里克利。伯里克利在反对派的攻击下倒而又起,但不久他本人也死于鼠疫。在内部不宁的情势中,雅典和它的盟邦的矛盾也暴露了。莱斯堡和哥萨拉的贵族派在斯巴达的支持下背叛雅典,迫使它不得不分散作战的力量。这样,伯里克利的胜算落了空,战争拖成一个相持不下的局面。公元前415年战争再起之后,由于雅典的党派纷争,又影响到西西里远征的失败。后来斯巴达兵临阿提卡,数达两万人的奴隶逃亡,更给雅典经济以不可估计的打击。在走向失败的道路上,雅典的内部纷争愈演愈烈。寡头贵族派在公元前411年发动政变。到第二年,民主派又以政变推翻了寡头派。可是雅典的敌人却在形成广泛的联合。斯巴达得到波斯的帮助,建立了海军。从此,伯里克利战略所依据的海军优势也不可靠了。公元前404年,雅典在失去海权、粮源断绝的情况下投降斯巴达。奴隶制城邦发展的内在矛盾,加上敌人的联合进攻,埋葬了曾经不可一世的雅典海上的霸权。

伯罗奔尼撒战争以后,斯巴达代雅典而取得希腊霸主的地位。但是斯巴达的霸权是不能持久的。不论在经济、政治和文化上,它都不能领导希腊。它把已经过了时的寡头贵族政治强加在许多希腊城邦的头上。为了打击雅典,它勾结波斯,使几十年来不敢问津爱琴海的波斯皇帝,重来干预希腊世界的大局。斯巴达所执行的高压政策,也引起许多城邦的

修昔底德

不满。经过一番休整的雅典,虽然重取霸权是无望了,但是和不满斯巴达的城邦相结合,使斯巴达霸权不能安枕的力量还是绰绰有余。在短促的斯巴达称霸期间,雅典曾不断和科林斯、阿哥斯、底比斯等结为盟国,向斯巴达进攻。到了公元前378年,雅典居然又联合了七十个城邦,组成第二次海上同盟。这个同盟的性质虽然不能和提洛同盟相比,雅典也没有因此恢复霸权,但它却已聚集足够的力量,用战争迫使斯巴达承认它的存在。

在同一时期,底比斯也成为中希腊诸城邦的首领,并且加入反斯巴达的联盟。公元前379年,底比斯的民主派从寡头贵族的手中夺得政权,赶走斯巴达的驻军。公元前371年,它的民主派领袖伊巴密浓达以新组织的、锐势很盛的方阵军，在中希腊的留克特拉城大败斯巴达。次年，底比斯军深入伯罗奔尼撒半岛。在敌军压境之下，斯巴达的弱点完全暴露了。它的盟邦纷纷背离，久被征服的美塞尼亚宣布独立，希洛人和没落的公民也遍处起义。自始就不稳固的斯巴达霸权，宣告全部崩溃。

继起的底比斯霸权比斯巴达的还要短促。底比斯根本不是一个经济发展的城邦。它的民主派没有像雅典那样的富有的工商阶层做支柱。伊巴密浓达之所以能够推翻寡头贵族派，一半是由于雅典的援助，一半是由于农民对受外国支持的贵族的反抗。在社会基础上，伊巴密浓达所领导的民主派是薄弱的。虽然在初起的时候，它有一支由农民组织的斗志旺盛的陆军，但这个军事力量并不能持久。当底比斯挫败斯巴达之后，国际上发生了不利于底比斯的变化。雅典因为害怕底比斯强大，转而和斯巴达结盟。公元前362年，孤立的底比斯以全力进攻斯巴达。曼提尼亚之战，虽然战场上的胜利属于底比斯，但伊巴密浓达战死，全军受到重大的杀伤。不可补救的军力消耗使一个依靠军事力量建立起来的霸权不得不随之消逝。

希腊的旋起旋仆的霸权，说明各自独立的城邦制度正在酝酿着重大的变化。奴隶制经济的发展早已超越了城邦的范围。哲学家所奉为理想的自给自足式的城邦，再也不符合于现实经济的发展。因之，一个超城邦的新局面正在处于呼之欲出的时候。更迭不已的霸权不过是新局面在酝酿中的波折。同时，长期的争霸战又加速了社会的变化。公元前4世纪的雅典，出现了前所未有的垄断商人和大奴隶主。财富的集中，使许多公民贫困化。奴隶劳动对自由劳动的排斥，也使流浪无业的公民人数在不断增加。到公元前5世纪末期，雅典能够自备武器服兵役的公民人数只有五千。公民军的制度不能维持，城邦也已无法保障公民的切身利益。类似的情形也出现在科林斯和阿哥斯。伴随着这些变化的是社会矛盾的加速和加深。雅典的演说家伊索克拉底慨叹国内乞丐人数的增多。科林斯和阿哥斯又都曾发生过贫民击杀富人的暴动。就连长久保持公民份地制度的斯巴达，这时也已出现土地集中的现象。领有完全份地的公民人数减少了，拥护现有制度的社会基础正在一天一天地削弱。所有这类的变化都在说明希腊的城邦制度正在遭遇着危机，奴隶主的既得利益正在面临着威胁。这就使不少奴隶主要求有一个能稳定当时社会的政治力量。他们宁可放弃城邦的自主，欢迎新的、足以巩固既成秩序的超城邦的政权。然而各大城邦之间的长期战争已经消耗了彼此的力量。连过去比较具有条件的雅典，这时也只想保持各大邦之间势力的均衡，再也没有重建霸权的能力。城邦的内部已经衰朽，结束城邦制的新力量只有从希腊各邦之外产生。从这时起，我们应该把目光转向崛起于北方的马其顿王国。

二 马其顿霸权和亚历山大东侵

当希腊各邦在霸权的争夺中打得精疲力竭的时候，僻处一隅的马其顿却迅速地强大起来。

马其顿一向是一个落后的山国。它的迅速强大是和希腊先进城邦的影响分不开的。从公元前5世纪起，它已经加入希腊诸国的贸易圈，接受先进的生产技术和文化。国内奴隶制经济发展起来，奴隶主统治者有了对外扩张的要求。到了前4世纪，国王腓力二世（公元前359—前336年在位）锐意变法。他以底比斯的方阵为蓝本，进行了军事改革。他把素来骄横难制的贵族编入受国王统率的骑兵，同时平定境内不服的部落，大大扩充了王权。在经济方面，他实行金银并用的币制，开采金矿，发展商业。在初期的扩张中，他又夺取色雷斯海岸和卡尔克底半岛的若干商业城市，从这些城市的税收中获得新的财源。所以到了腓力二世当政的时期，马其顿已经由一个落后的国家一跃而为威临全希腊的强国。这时的希腊各邦，已经没有一个能够阻止马其顿的南下。

第五章 从希腊霸权的更迭到亚历山大东侵

从公元前355年起,马其顿已经开始干预希腊各邦的争执。腓力的扩张活动,在希腊的主要城邦雅典是得到内应的。雅典在这时分裂为亲马其顿党和反马其顿党。反马其顿党代表某些商人和平民的要求:商人害怕马其顿割断黑海的商路,平民害怕马其顿推翻民主,镇压他们的改革活动。这一派的代言人是演说家德摩斯提尼。但是很多的奴隶主欢迎马其顿南下。他们指望腓力能够稳定动荡的社会,把雅典从"流浪分子"的骚动中拯救出来。他们也指望腓力能够领导全希腊去攻打波斯,用掠夺东方来解救奴隶制城邦的危机。这一派的代言人是另一演说家伊索克拉底。公元前338年,马其顿在克罗尼亚之战粉碎了雅典的抵抗。在科林斯召开的泛希腊会议上,腓力果然不曾辜负亲马其顿党大奴隶主们的期望。他宣布保护私有财产和现存秩序,严禁任何以革命为目的的重分土地、取消旧债和解放奴隶的活动。他又组织全希腊的东侵波斯的联军,被推为全军的统帅。马其顿的扩张和希腊奴隶主的利益紧紧结合了起来。以腓力为首的军事王国的统治,正在取代过时的各自独立的城邦。

两年以后,腓力在他女儿的婚宴上被刺死了。但是使马其顿王成为全希腊的最高统治者并向东方扩张的客观形势却依然存在。承袭马其顿王位的人也承袭了这一客观形势。这一承袭者是腓力二世的刚满二十岁的儿子亚历山大。

亚历山大

在旧史家的笔下,亚历山大曾经被描写为创造时势的英雄,一手建立大帝国的超凡的人物。亚历山大作为一个军事统帅的杰出的才能是谁也不可否认的。他勇敢、明智、有谋略,在紧要的关头,能保持坚强的自信。但他不是超人,大帝国的建立也不取决于他个人的才智。当他继承王位的时候,马其顿已经是一个蓬勃发展的国家,全希腊的形势也有利于马其顿霸权的树立。至于东方的波斯,在这时已经不是大流士一世盛时的情景。帝国的皇权衰微了,地方上的总督时时反抗中央。波斯军的战斗力也已远不如前,许多被征服的国家正在伺机而起。这些客观的形势说明亚历山大所凭借的是方兴未艾的力量,而他所遇到的却是正在衰弱中的敌手。他

第五章 从希腊霸权的更迭到亚历山大东侵

的个人的才能使他具有利用这些形势的条件,但是决定大帝国的形成的还是这些客观形势,而不是他自己。

亚历山大在公元前334年率军渡过赫沦斯滂海峡。他的军队是不多的,合计不足五万人。但是这个军队的战斗力很强,包括步兵和骑兵的各色兵种,还附有当时技术水平所许可的最好的攻城装备。当亚历山大刚出师的时候,他的目的大概只在征服小亚细亚。可是随着军事形势的发展,他看出大流士三世政治和军事上的脆弱,这才决定囊括整个的波斯帝国。公元前333年伊苏斯之役获胜以后,他拒绝大流士三世求和,以稳重的战略来实现他的决定。他在那时并没有穷追败走的大流士,却先把腓尼基一带波斯的海军根据地扫清了,然后不战而定埃及,在埃及建立和本土统治力量相结合的政权。这样,他后顾无忧,才在公元前331年率军深入波斯腹地,以必胜之算来寻求最后的决战。高伽墨拉之役,波斯全军溃败,帝国的名都大邑从此匍匐在马其顿军的脚下。亚历山大一面掠夺东方的财富,一面成为波斯皇统的实际继承人。公元前330年以后,他曾攻掠阿母河和锡尔河一带的游牧部落,最后穿过兴都库什山,在公元前327年侵入印度河流域。亚历山大在这些地区的军事活动是不很成功的。当地人民的反抗使他只能占有一些临时性的据点。公元前326年,他由印度循海陆两路退军,沿途受困于饥饿和恶劣的气候，军中死尸枕藉，到第二年才回到新帝国的中心巴比伦。公元前323年的夏天，当他正在盘算进攻阿拉伯的前夕，因为染上恶性疟疾死去，那时他三十三岁。

亚历山大所建立的帝国，在许多方面都沿袭波斯帝国的旧规。他继承波斯的专制政体，采用波斯的服饰和朝仪。他保留波斯行省的制度，起用不少波斯旧臣担任行省的总督。他也保留埃及的宗教习惯，并且自居为神，要臣民把他当做神来崇拜。他在军事上征服了波斯，在政治上却为波斯的制度所溶化。从这一点说，他的帝国应当视为波斯帝国历史的继续。亚历山大死后，他的帝国很快就崩溃了。经过长期的纷争，他的几名旧将在帝国的废墟上建立好几个国家，其中有在古代东方旧壤上托勒密王朝统治下的埃及和塞琉古王朝统治下的叙利亚。它们在社会和政治制度方面根本上还是沿袭埃及和波斯的传统，不属希腊历史的范围。希腊式的城邦和奴隶制民主的制度，不曾随着亚历山大的马蹄在东方留下任何重要的影响。就连在马其顿王朝控制下的希腊，这些制度也多半在变为历史上的陈迹。后期希腊的雅典和斯巴达虽然都曾力图保持城邦的旧制度，然而种种复兴和改革的企图都成为泡影，古典希腊城邦的制度终于一去不复返了。

亚历山大的东侵和他的某些措施，在后来的历史上起了他所未能预计到的作用。东侵的经济结果是开拓了比以前远

第五章 从希腊霸权的更迭到亚历山大东侵

为宽广的东西贸易的通路。希腊的商人和殖民者紧紧追随着马其顿军人的足印,活跃在亚非的各个城市里经营贸易。亚历山大在亚非各地曾经建立好几十个城市,虽然这些城市在初建时多半是军事据点,但其中有一部分在后来发展为商业中心。亚历山大在尼罗河口建立的以他自己名字命名的新城,在托勒密王朝时期成为地中海上的最大的商港。那里有良好的港口,矗立云霄的灯塔,四方商船辐辏,连中国和印度的商品都辗转运往。其他如叙利亚的安条克城,帕加马王国的帕加马城,也有希腊和东方的商人进行繁密的交易。这种日益发展的东西方经济的交流,一直可以追溯到亚历山大东侵时所带来的影响。

亚历山大的东侵也促进东西方文化的交流。在他的军队中,有不少随军的学者。他们有的搜集标本,有的记载地方形势风习。这些活动丰富了古代科学研究的资料,扩大了人们知识的范围。东西交通和商业发达的结果,又使东西方的艺术、思想、智慧合炉而冶,孕育了公元前4至前2世纪东部地中海各地文化和科学技术的昌盛。在西亚和北非有长久传统的天文学和数学知识,无疑地培育了希腊人在这一方面的发展。希腊的优美的建筑和雕刻,也传布到亚非,特别集中于亚非各国由希腊人所建立的外族王朝的宫廷。在帕加马、安条克等城市中,可以看到希腊式的造型艺术,影响不但及于靠近地中海的亚非城市，而且也远播到黑海的北岸诸国和咸海以东的大夏，后来又由大夏而伸展到印度的西北角。在思想方面，由于东西知识的融会，哲学家的胸襟眼界都大大地比前开阔了。我们姑且不去细论在这个时期兴起的斯多葛和伊壁鸠鲁两派哲学的内容，但有一点是可以指出的，即这两派哲学家所说的人已经不是属于狭隘的城邦的人，而是属于复载之间的世界的人。他们已经泯除了亚里士多德的希腊人和"蛮人"之间的界限，认为凡是人都可以用理性追求人生的幸福。这种超越种族和国界的对人的看法，无疑是亚历山大帝国以后欧、亚、非诸方交互渗透的历史现实在思想上的反映。

希腊和古代亚非在经济和文化上的接触，不是从亚历山大建立帝国后才有的。但从亚历山大帝国的时期开始，特别是在亚历山大帝国以后，这种接触就更为频繁和广泛。在近代西方史学上，把从亚历山大帝国以后的一个历史时期称为"希腊化时期"，起于公元前4世纪末，终于公元前1世纪。"希腊化"这个名词是有问题的，因为它只标示影响这个时期的希腊因素，抹煞了埃及、西亚因素。亚历山大帝国在亚洲和非洲的属土，不论在社会、经济和政治上都是基本上承袭波斯和埃及的传统；托勒密埃及和塞琉古叙利亚都不过是在希腊外族王朝统治下的非希腊国家，绝非"希腊化"一词所可概括。称它们为"希腊化国家"或把它们的历史称为"希腊化时期"的历史都是不恰当的。

　　古典希腊城邦的历史,结束于亚历山大的东侵,后期希腊的历史,结束于罗马的东侵。在以上的叙述中,我们还不曾有一个字涉及罗马。但是到公元前2世纪,罗马早已由一个台伯河上的城邦发展为地中海上的强大的霸国。在后期希腊各邦为自己的存在进行挣扎的时期,东地中海已经不断地听到罗马军团鼓噪而进的声音。

第六章　台伯河上的小城邦

一　罗马国家的形成

当希腊人在阿提卡形成雅典城邦的时期，地中海中部亚平宁半岛上的古代意大利人，也在拉丁平原形成另一个城邦，它就是历史上有名的罗马。古代意大利人在种族上是和希腊人同出一源的。大概在希腊人最初南移的时期，他们也已从阿尔卑斯山北进入亚平宁半岛，并且分布在许多山地和平原上。他们和希腊人一样，包含不少的部族，其中之一是定居在拉丁平原的拉丁人。根据公元前1世纪罗马作家瓦罗所记的传说，早在公元前8世纪的中叶，拉丁平原距海不远的七个山冈之间已经建立了罗马城。后来历史上所称的罗马人，就因这个城而得名。

罗马所在的拉丁平原是一个土质肥美的地区。流经这片平原的台伯河含有足够的水量，灌溉着两岸的土地。从整个的亚平宁半岛说，土壤膏腴的地方还不只一个拉丁平原。稍北的波河流域和塔斯干尼盆地，稍南的坎佩尼亚和萨姆奈，

第六章 台伯河上的小城邦

都宜于农业发展。和希腊相比,意大利本土的粮源是比较充足的。长久以来,它的居民就依靠农业生活。在罗马向外扩张以前,商业和手工业一直处于微不足道的地位。在这一点上,罗马和希腊的先进城邦雅典、科林斯等不同,它没有很早就跨上经营海外贸易的道路。

但是罗马以至全部亚平宁半岛在地理上并不是闭塞的。台伯河的下游自古就可以通航,它的河口又是一个良好的海港。从远古的时候起,这条河道一直是内地居民到海边取盐的要道,罗马的城址便恰好坐落在这条河上的最便捷的渡口。在亚平宁半岛上,虽然到处都有绵亘不断的丘陵,但它和希腊不同,山脉并没有把它隔成许多不相连属的原谷。半岛的西岸和南岸有不少可供停船的港湾,西西里岛是它通向北非的桥梁。当罗马本身还未建立的时候,这些海岸和岛屿已经有了外来移殖的人口。大概在公元前10世纪,从小亚细亚来的伊特拉里亚人,就已浮海到了意大利西岸。后来他们逐渐深入塔斯干尼盆地,建立了很多的城市。伊特拉里亚人的文化发展远远走在古代意大利人的前面。他们很早就会制造精美的青铜器和陶器,有很好的石雕,善于筑城,在建筑中知道利用拱形结构,并且在公元前1000年代中叶就已经有了文字。希腊人向西南意大利和西西里岛的移殖,也早在公元前8世纪前半叶就开始了。这一带的许多名城,如那不勒斯、可马、里吉模、麦塞那、他林敦和叙拉古等等，都是希腊殖民者所建立的城邦。希腊人不仅带来本土的社会和政治制度，而且也带来他们的文化。因此这些城市完全是希腊式的，总称为"大希腊"。此外，公元前9世纪在北非建立起来的迦太基，也在西西里岛进行殖民，并且和意大利沿海发生贸易关系。所有这些外来的力量虽然在不同时期都曾做过罗马的敌人，但也为罗马带来先进文化的影响。和希腊人一样，罗马人的历史发展并不是无所依承的。

我们对于罗马建国以前的历史，只有很贫乏的知识。罗马人没有遗留下像荷马史诗那样的文献。关于他们在前国家时期的社会状况，我们只能从后人所记载的传说中得知一个空泛的轮廓。根据传说，罗马从公元前8世纪中叶就已经有了"国王"。"国王"在当初还不是世袭的，而是出于全民会议的选举。像这样的"王"，大概近似荷马时代希腊人的"巴昔琉斯"。他在事实上是军事民主制下的部落酋长，还没有具备真正国王的权力。以他为首的罗马，最初只是联合好几个村落的公社。公社的居民按血缘关系分属于若干氏族集团。氏族的首领称为"巴特里"。所谓"巴特里"，按字义说，就是父权制的族长。和一般父权制的族长一样，"巴特里"对于族中的成员行使很大的权力。他可以把族中的成员出卖为奴，并可按习惯法把成员处死。这种父权制氏族是最早的罗马社会的组织细胞。按照传说，每十个这样的氏族组成胞族，称为"库里亚"。十个胞族又组成部族，称为"特里布"。整个罗马公社包含三个部族，所以一共就有三百个氏族。事实上，构成胞族或部族的各级单位的数字，是不会这样整齐的。大概是由于后人把传说中的东西加以理想化，因而很自然的社会组织被排成了机械的公式。在当时，由几个部族组成的罗马已经有了共同的管理机构。最有权力的是所谓元老院，它的成员是各氏族的族长。族长以外的成年男子参加按库里亚召开的全民会议，称为库里亚会议。所有参加会议的成员同时也是战士，凡是有关作战或媾和的问题都由战士在会议中决定。这个会议也选举首领，即传说中所称的"国王"。

这时罗马已经有了阶级的分化。凡是有权做战士并参加库里亚会议的都是贵族。除了他们而外，社会上还有称为平民的自由人。关于平民的来历，我们知道得还不够清楚。但是不论怎样，平民是不属于贵族氏族中的人。他们不是奴隶，却又没有像贵族氏族成员那样的政治权利。他们不能参加全民会议，也不能和贵族通婚。在经济上，他们的地位也远远不如贵族。他们不能分得公有的土地，常常因负债被债主拘禁，有时沦落为奴隶。许多显贵的人物还拥有被保护人。被保护人对这些显贵必须尽一定的义务，用屈身侍奉他们来取得对自己的"庇护"。从这些情况看，传说中的罗马已经步入阶级分化的时期。所谓"王政"时代正是国家形成的前夕。

关于罗马"王政"时代的传说，多半是很难征信的。大概伊特拉里亚人曾经在王政时代后期入据过罗马，在那里树立了"王权"[1]。公元前第6世纪，约当雅典的梭伦改革后不久，出身微贱的塞尔维·图里阿（公元前578—前534年在位）做了罗马国王。这位国王和梭伦一样，也进行了一次意义重大的改革。他允许平民当兵，从而赋予他们以参与全民会议的权利。他把罗马原有的三个以血缘关系相结合的部族改为四个地域性部族。又把隶属这些"部族"的人民按财产的多寡分为五级，每级提供数目不同的军队单位，这种单位称为百人队。五级以下的贫民列为无产者，他们只出极少数的百人队。这样，成年的男子就和军队的编制发生不可分的关系，而全民会议也就按百人队来召集了。自从有了百人队会议，原来的库里亚会议虽仍存在，但逐渐丧失它在政治上的重要性。在百人队会议中，表决是按百人队来进行的，每队只有一个表决权。由于最富有的几级提供的队数最多，所以富人总是掌握着会议的多数。经过这次改革，罗马才由一个部族

---

[1] 罗马的"王政时代"共有七王。第五王和第七王的名字中都有"塔克尼"一词。这个字可能是伊特拉里亚文"塔康"一词的拉丁化，意思大概是"王"。

结合的公社变为一个真正的具有一定疆域的国家。过去的血缘关系被财产关系代替了。从此决定一个人的政治地位的，主要是他的财产而不是他的氏族出身。因此塞尔维·图里阿的改革破坏了旧的氏族制度，奠定了富有者统治穷人和奴隶的国家的基础。从这一点说，这次改革和雅典的梭伦改革具有类似的历史意义。

二 贵族共和国的内部斗争

根据后世的传说，罗马的"王政"是在公元前509年废除的。贵族领导了这一反对"王政"的斗争，把伊特拉里亚人的最后一个统治者赶出罗马。"王政"废除之后，贵族建立了共和政体。共和国有两个权力相等的执政官，由全民大会选举，任期一年。执政官必须出身于贵族，平民无权充任这个最高的职位。由于执政官的任期短，权力有限，彼此牵制，他们在实际上并不是最高的统治者。真正掌握国家权力的是由贵族垄断的元老院。元老院有广泛的行政和立法权力，并有权监督执政官；全民会议的选举案和决议案，也都必须经过它批准。从塞尔维·图里阿改革之后，全民会议虽然已经准许平民参加，但是由于表决权的限制，会议的多数总是操在富人的手里。所谓全民会议的立法权，事实上是一个空洞的形式。会议没有创制权,它只能对交议的法案表示是或否,既不讨论,也不补充。在元老院的控制和富有者多数表决权的操纵之下,会议不可避免地成为贵族维护本身利益的工具。罗马共和国从诞生的日子起,便是贵族专政的一种方式。

共和国的政权既然掌握在贵族的手里,平民的地位是不问可知的。从"王政"时期就已存在的平民和贵族的矛盾,到这时是更加深刻化了。这时的罗马还没有很多的奴隶,分散性的家内奴隶也还没有形成一种足以和贵族抗争的社会力量。当时最突出的社会矛盾是平民对贵族的矛盾。虽然一小部分的平民可以成为富有者,并且上升为奴隶主,但是多数的平民遭受贫困和债务的压迫,随时可以沦为债务奴隶。他们对贵族的斗争是一种反奴役、反压迫的斗争,其性质决定于奴隶社会的根本矛盾,即奴隶对奴隶主的矛盾。少数富有的平民也反对贵族,因为他们不满于贵族在政治上的垄断地位。他们希望敞开政权的大门,好让自己也挤进门去。

在共和国成立后的最初两个世纪里,罗马的内政史主要是平民对贵族斗争的历史。早在公元前494年,离共和国成立还不久,平民为了反抗债务压迫,相率离开罗马,以团结一致的办法对付贵族。贵族在平民的反抗之下不得不让步,他们承认平民大会中所选出的保民官。如果政府的长官对任何平民采取危害的行动,保民官就有权干预,后来这种权力

第六章 台伯河上的小城邦

发展为对政府法令的否决权。不过保民官在当时的作用，还只限于根据已有的法律，保障平民不受非法的迫害。当时的法律还是习惯法，不但那些不利于平民的陈规依然存在，而且法律本身也因为没有成文法典做依据，往往任凭贵族法官的曲断。这样，要求订立成文法就成为平民下一步斗争的目标。公元前450年，这一目标也在平民的长期奋斗中达到了。罗马在这时公布了成文法，刻在十二个铜表上。成文法的内容虽然还是十分保守的，但是法典的公布毕竟为平民带来很大的好处。因为法律有了明文，贵族法官们就不能随意援用不明确的习惯法，公然对平民强加非法的义务。法典虽然没有给平民规定新的权利，但它多少可以限制贵族无法无天的行为。在这一意义上，十二铜表法和雅典德拉古法典的作用是相仿佛的。

平民在法律上既已获得了一定的保障，便进一步为取得新的权利和改善自己的地位而斗争。公元前445年，平民得到和贵族通婚的权利。不久以后，一向为贵族垄断的高级长官的职位也有一部分允许平民担任。到了公元前367年，著名的李锡尼和塞克斯特法案也被通过了。这个法案不仅限制私人占有国家土地的数额，而且也规定在两个执政官中应有一人由平民担任。过了十几年，一个平民出身的执政官规定凡部族会议的议决案只要在事后得到元老院的同意就可取得法律的效力。于是部族会议也得到有限制的立法权，逐渐代替了百人队会议的职能。到公元前287年，霍腾西阿法案规定元老院对部族会议的议决案必须在事先同意，这就赋予部族会议以较完整的立法权力。在平民获得各种新的政治权利的过程中，他们在法律上的自由人的身份也大大地巩固了。公元前326年，波提里阿法案规定债权人不得因债务私自拘禁负债人。这一法案的作用等于废除债奴制。从此罗马的公民就不致因为负债而沦落为奴，自由人和奴隶之间的界限也就更加分明了。

经过一个多世纪的斗争，平民所取得的胜利是很显著的。然而由于平民的经济地位不同，胜利对平民的实际意义也是极不一致。从平民有权担任国家最高公职这点说，对于大多数的平民，这只是一条空洞的具文。早期的罗马官职和早期的雅典官职一样，都是无给职。在实际上能够享受担任公职权利的，只限于那些有足够财产的人。衣食无告的平民，即使被选上了，谁也不能够枵腹从公。因此所谓一切公职都向平民开门的制度，其实只是在法理上如此。在财产不平等的社会里，法理和现实还隔着一座不可逾越的大山。少数富于资财的平民，固然从此可以挤进上层统治圈里去，但是一般平民却依旧撇在圈子的外面。按法律说，人人都有当选为官的机会，可是这个机会从来不向穷苦的人家去敲门。

第六章 台伯河上的小城邦

在一系列政治改革中挤进上层统治圈的富有的平民，成为罗马的新贵。他们不但可以爬上高级的职位，而且还可和传统的贵族一样，在任满以后，列为元老院的议员。元老院的权力是一直没有改变的。议员都是终身职，而且多半是退了任的高官。他们的政治经验比一年一任的执政官远为丰富，一般的执政官只能算做他们的代理人。元老院又有控制立法的实权，全民会议通过的法案往往是由它授意。在权倾一切的元老院中，新旧贵族联袂而坐，两者合流而为罗马的上层统治者。这些统治者在罗马形成有数的豪门巨姓，国家的高级公职一直落在他们的手里。所以尽管经过一个多世纪的政治上的变革，罗马在实质上依旧是一个贵族共和国。政权并没有真正移到平民的手中，仅仅是少数的平民，高攀成为当权的贵族。

对于一般的平民，上述各种政治斗争的果实是另有意义的。他们既已成为全权的公民，在社会上自然有其不可抹煞的地位。自从罗马废除了债奴制，他们已经摆脱了被奴役的厄运，不再是奴隶出身的源泉。在他们和奴隶之间，已经有了一条不可逾越的鸿沟。虽然他们和贵族仍然彼此矛盾，但在很多方面，他们已经是贵族统治者实现政治意图的工具。他们有当兵的权利，统治者利用他们对外掠夺土地和奴隶。他们有投票的权利，统治者利用他们把许多措施合法化。同时，他们也依靠这些权利从贵族手中分润到经济上的利益。他们可以分得一份掠夺而来的土地，虽则是很小也是不大牢靠的一份。对于掠夺而来的奴隶，他们虽无力占有和进行直接的剥削，但是作为全权的公民，他们可以通过获得廉价粮食的方式，从国家的手中分得大奴隶主统治者剥削而来的果实。到了共和国的后期，这种现象越来越显著。虽然许多公民到后来已经沦落为无产的游民，但是他们的公民权有它现实的经济价值。上层统治者的党派纷争需要利用他们的投票权，他们也凭此可以换来奴隶主国家无偿给予的"面包和马戏"，用不着劳动就可以分到大量外来奴隶生产的成果。因此我们在这里可以看到罗马奴隶社会的一个秘窍，那就是在公民权的背后隐藏着一种对于奴隶的间接的剥削。从这一点来说，罗马共和国前期平民对贵族的斗争是有其深刻意义的。这个意义不在于平民从贵族手中取得多少民主的权利，而是在于平民取得了全权的自由公民的身份，和奴隶的命运分了手，或多或少地成为罗马奴隶制国家的潜在的奴隶主。正是由于这个潜在的奴隶主的身份，才使哪怕是无产的平民也能通过国家机构分润到奴隶劳动的生产成果。这就是当时的平民为什么拥护罗马共和国的原因。

然而这只是问题的一面，固然也是重要的一面。问题的另一面是平民在和贵族的早期斗争中并没有取得决定性的经济上的胜利。富有的平民已经和传统贵族合流了,这且暂置不论。一般的平民经济地位还只是小土地所有者和小独立生产者,这种经济地位最不稳固。在贵族大土地所有者的蚕食鲸吞之下,许多平民失去了土地。国家施予的"面包和马戏",不能遍及大量的破了产的平民;破产的平民也不是人人安于这样的施予。尽管这时平民的法律地位已经和奴隶泾渭分明,他们的经济地位却仍然和奴隶相接近。所以他们也就有可能和奴隶携手,在历次大规模的奴隶起义中,都有一部分这种破产平民,特别是农村的破产平民参与。只有明白了这一点,对于罗马平民社会、政治、经济地位的了解才不会流为片面。

讲到这里,我们已经涉及罗马由一个小城邦向外扩张以后的一些社会变化了。我们应该看看罗马怎样向外扩张,在扩张期间,它的社会经济又怎样起了急遽的变化。

第七章 罗马的扩张和社会变化

一 罗马的军团

罗马早期向外扩张的目的是掠夺土地、财富和奴隶。它用以达到这个目的的工具是组织完密的军队。在对外关系上,罗马最初是采取守势的。那时它还是一个微弱的小国,北方有近在咫尺的伊特拉里亚人。在伊特拉里亚人衰微以后,它又受过从北方侵入的高卢人的蹂躏。直到公元前4世纪后叶,罗马才转守为攻,开始跨上扩张的道路。这时内部的平民和贵族的关系已经大体上得到调整,平民已经取得了新的政治权利。尽管平民和贵族还存在着矛盾,但是罗马共和国在一定程度上也代表着平民的利益。对于罗马的向外扩张,要求最迫切的自然是那些力图攫取更多土地和奴隶的新旧贵族,然而平民对此也非毫无兴趣。随着政治和社会地位的提高,平民和奴隶的距离已经越来越远。他们既可分得一小部分国家掠夺而来的土地,也可从奴隶主的手中得到一些小惠,因之支持贵族统治者所领导的向外扩张。在向外扩张期间,社

第七章 罗马的扩张和社会变化

会经济的变化虽然曾经使无数的平民沦于破产,但是这是后来的事情,平民在当时无论怎样是见不及此的。他们只知道可以从上层统治者的手中分得一杯羹,因而愿意做罗马向外侵略的工具。在长时期的对外战争中,平民是罗马军团的中坚力量。

从塞尔维·图里阿改革的时候起,罗马的平民就已经有权当兵了。至少在共和国的早期,当兵还是被作为一种权利来看待的。当兵的公民必须具备合乎规定的财产资格。军人的武器装备是由本人自理的,或者由他所属的部族代置。装备的规格也按各个财产的等级而有所不同,越是富有的公民,就越能置备更好的武器。这种制度推行的结果,使当兵的权利成为一种社会荣誉的标志。这样,在罗马军团中服役的军人就都是各种等级的有产者。作为奴隶社会的有产者,他们在不同程度上有利益的一致。当兵、保护财产和获得更多的财产,在他们的思想意识中形成互相联系的概念。这就是为什么他们愿意追随罗马统治者的扩张。

罗马的军团是以组织完密闻名的,它有很强的战斗力。在塞尔维·图里阿时期,全军据说共有四个军团,每个军团有属于不同财产等级的四十二个百人队,共约四千二百人,另附骑兵三百人。在作战的时候,每个军团前三级的百人队是以一个完整的方阵而出动的。阵面一线例为五百人,纵深

罗马士兵甲胄

六排，又配以线后二级的轻装百人队和骑兵，在进攻中形成雄厚的冲击力量。但是这种整整齐齐的方阵，在运用上很不灵活。经过以后几个世纪的军事实践，它才逐渐改变，在军团中出现各自独立但又互相接应的分队。大概到了公元前第2世纪，军团的组织已经和塞尔维·图里阿时代的大不相同了。每一军团分为三十个分队，包括轻装兵、长矛兵和精锐的前锋兵各一千二百人，另有富于战斗经验的后备兵六百人。战斗开始的时候，轻装兵首先从各分队中临前投掷飞具。等两军迫近，长矛兵就投掷标枪，然后用短剑白刃相接。前锋兵也以标枪为武器。由于军团组织的不断演变，这个兵种在

第七章　罗马的扩张和社会变化

战斗中的实际地位已经和它的名称不相符合了。在实际战斗中，前锋兵列为第二线，在长矛兵受挫时才接上前线。至于后备兵，非至形势紧迫绝不上阵。军团里除这些分为三线的步兵分队外，还有骑兵。骑兵的人数还是三百人，分成十个分队。他们总是配备在步兵的两翼，进攻时以纵队三排的队形密集冲锋，有时也散开作战。

从当时的军事水平看，罗马军团的组织和配备都是先进的。它的长处在于有恰好的兵种的配合和前线后备的配合。当罗马向外扩张的时期，它借以克敌制胜的就是这样的军队。后来在和迦太基人的斗争中，它又建立了海军。一旦有了海军，它的军事威力就如虎添翼了。

二　地中海上新霸权的出现

罗马人的扩张是逐步进行的。在北方的伊特拉里亚人和高卢人都已不足为患之后，它在公元前338年统一拉丁平原；又以大约半个世纪的时间，和在它东南的山地部落萨姆奈人不断战争，最后在公元前290年取得中部意大利的统治权。从这时起，它就面临着南意大利的希腊人的殖民城邦。

在罗马和"大希腊"各殖民城邦的斗争中，足以左右战局的是迦太基。迦太基和希腊各殖民城邦的商业竞争是素来剧烈的,它在那时还没有把罗马看做是和自己竞争的敌手。从迦太基看来,罗马是农业国,在商业和殖民利益上和它没有矛盾。但是它和"大希腊"的殖民城邦却势不两立。不消灭这些城邦,它就不能自由自在地在西西里和南意大利扩充自己的势力。因此它把力量投到罗马这一边。这时在南意大利最强大的希腊殖民城邦是他林敦。他林敦在亚德里亚海的对岸也找到自己的同盟,那就是希腊西海岸的伊庇鲁斯。公元前3世纪初,罗马与希腊诸殖民城邦的战争爆发了。伊庇鲁斯的国王皮洛士是一个梦想追踪亚历山大的人物。他率领步、骑和战象来援助他林敦。公元前280年,皮洛士初战获胜。第二年,他在奥斯古伦之役又获得胜利。但是这次胜利是以惨重的损失换来的。皮洛士看到自己损失的重大,不禁失声叹道:"再来一次这样的胜利,我们就垮光了。"因此西方就传下来一句谚语,把得不偿失的事叫做"皮洛士的胜利"。这以后,皮洛士又打进了西西里,并且几乎征服了全岛。但是罗马拒不议和。眼看到形势紧迫的迦太基,便趁机把支援罗马的舰队一直开到台伯河口。罗马的气势更壮,新征集的兵力终于击败了皮洛士。公元前275年,皮洛士被迫退回希腊。再过几年,罗马逐一消灭了希腊人在意大利的城邦。从此,全部亚平宁半岛就都并入罗马的版图。

自从罗马统一了意大利,西地中海的形势便大为改观。

皮洛士王

在过去,这里是群雄角逐的场所。但是一次又一次的战争把伊特拉里亚人、萨姆奈人和希腊人的力量都淘汰了,剩下来的只有隔海相望的罗马和迦太基。在对希腊殖民城邦的战争中,两者曾经是协力作战的盟邦。那时迦太基以为只要打败希腊人,就可探囊而得西西里。它还指望以农立国的罗马不会有海外发展的兴趣,意大利的全境可以满足罗马的要求。然而势力正在蒸蒸日上的罗马统治者,侵占土地和掠夺奴隶的胃口是越来越大的。逐渐繁荣起来的商业,也要求向海外扩张。于是迦太基的如意算盘不能不落空,原来是很合算的决策也不能不伏下不利的因素。罗马和迦太基,不可能长期地一个靠农业、一个靠商业,一个霸陆、一个霸海。形势发展到一定的程度，旧日的盟邦终要成为互不相容的敌手。

罗马和迦太基之间的斗争，延续了一百一十多年。因为罗马人称迦太基为布匿，所以把对迦太基人的战争称为布匿战争。第一次布匿战争起于公元前264年，到公元前241年以罗马的胜利结束。在这次战争中，罗马新建了海军，因此能够沉重地打击迦太基的海上霸权。根据这次战争的和约，罗马取得了大宗赔款和西西里。西西里不但商业发达，而且是地中海上的著名谷仓。罗马人在这里建立第一个行省，它的富源在罗马今后的经济发展上将要产生重要的影响。第一次布匿战争结束以后，罗马人的扩张一直没有停止。在不到几年的时间里，科西嘉、撒丁尼亚、波河流域，以及隔着亚德里亚海的伊利里亚和希腊西岸都先后归于它的掌握。然而战败的迦太基也不甘雌伏。它把势力伸入西班牙，在那里经营反击罗马的基地。公元前219年，迦太基的军事准备成熟了，主将汉尼拔以挑战的行动攻毁罗马在西班牙的同盟萨根敦城。于是战端再起，汉尼拔冒着极大的困难，率领大军越过了阿尔卑斯山，突入意大利的本土。这就是第二次布匿战争的开始。

汉尼拔的将才在古代军事史上是可以和马其顿的亚历山大以及后来罗马的恺撒并称的。他以少量的军队，在敌国的土地上纵横驰逐了十几年，屡屡给罗马以惨重的打击。公元

汉尼拔将军

前217年,他以迂回的战术取得特拉西美诺湖一役的胜利,并且击毙罗马的主帅执政官佛拉米尼。这一战震动了罗马。继起的执政官费边不敢和汉尼拔正面交锋,希望用回避大决战的办法,使敌方旷日持久,最后陷于疲敝。费边的战略有其合理的一面,但久拖则贻误战机,因而不为罗马人所欢迎。人们批评他迟疑不决,给他一个绰号叫做"踌躇者"。可是近代英国的某些改良主义者倒很推重费边。他们以为费边的战略可以适用于社会改革的事业,什么都可以慢慢地来,用不着斗争,到头来总归会胜利。这种不痛不痒的、实际上是放过敌人的改良派就把他们的组织自号为费边社。到如今,费边社是一事无成；在当年，费边的拖延也触动不了汉尼拔的一根毫发。但是操切求战也制伏不了汉尼拔。公元前216年坎尼之战，罗马人集中兵力，渴求一胜，结果又大败于汉尼拔军。指挥这次战役的是新任执政官瓦罗，他的兵力超出汉尼拔的两倍。按双方兵力的对比说，瓦罗原该采取延翼战术，使兵力不足的对方因拉长两翼而陷于全面单薄的形势，然后寻隙突入，击溃敌军。可是瓦罗却把兵力集中在中央，企图用对拼的办法来压倒汉尼拔。针对瓦罗的战术，汉尼拔把精锐的骑兵和大部的重装步兵布置在两翼。两军对阵以后，汉尼拔先以骑兵扫清了瓦罗两翼较薄弱的兵力，接着就出动重装步兵，由两侧包抄瓦罗的中央。这一役的结果，是罗马军的全部覆亡。

汉尼拔虽然连战皆捷，但是他逃不了外线作战的困难。他孤悬敌境，兵源和粮源都不能及时得到补充。在罗马方面，情形就恰恰和他的相反。罗马虽然一再失利，但随时可以补充新兵，只要拒不议和，汉尼拔的军事胜利就不能收到政治上的效果。公元前207年，迦太基由西班牙派来的援军在中途被罗马邀击，全军覆没。汉尼拔的处境日趋穷蹙，攻下罗马的希望是越来越小了。公元前203年，罗马不顾费边的反对，撇下汉尼拔，遣军直入北非。迦太基因敌兵压境，不得不召回汉尼拔。这时北非的军事主动权已经掌握在罗马人的

第七章 罗马的扩张和社会变化

手里,即使像汉尼拔这样的将才也无能为力了。公元前202年的撒马之战,罗马人以决定性的胜利结束了第二次布匿战争。次年,新的和约订立了。迦太基赔款,交出海军,放弃非洲以外的全部属土,并且承认以后不得罗马的许可,不能对外进行战争。这个和约肯定了罗马在西地中海上的霸权。

五十二年以后,罗马人嫉视迦太基的恢复,借口迦太基违背前约,蛮横地攻入北非,点燃了第三次布匿战争的战火。在这次战争中,迦太基人痛恨罗马人的不义,全城的居民都动员起来,作了很好的准备,决心长期抗战。罗马军队花了很大的力量进击两年,没有得到什么成就。一直打到第三年,迦太基城中发生饥荒和疫病,罗马才消灭迦太基的抵抗力量。结束这次战争的已经不是什么和约了,而是罗马对迦太基城的彻底毁灭。劫余的迦太基人全部被俘为奴,城市被夷为平地。有过六个多世纪历史的迦太基城,到这时竟完全被罗马的军团踏平了。罗马在它的旧墟上设置一个新的行省,称为阿非里加。从第二次布匿战争以后,罗马的兵锋开始指向东方。从公元前2世纪初年起的六七十年间,罗马征服了马其顿、希腊和小亚细亚,并且威临埃及。它在东方也设置行省,整个地中海变成了它的内湖。亚历山大建立奴隶制大帝国的事业,由台伯河上的一个小城邦担承起来了。

三 扩张期间的社会经济变化

我们在前文叙述罗马的对外扩张中，曾说迫切要求扩张的是贵族，因为他们企图掠夺更多的土地和奴隶；为扩张效命的是平民，因为他们可以从贵族手中分得一杯羹。在罗马扩张初期，它的社会经济图景的确是比较简单的。贵族和富有者拥有较多的土地和财富，一般平民是占有小土地的生产者。奴隶虽然早就出现了，但人数不多，也不是社会生产的主要劳动者。然而这些只是扩张初期的社会情景。罗马共和国的对外扩张，前后绵延了两个多世纪。在这样长的时间里，特别是由于对外扩张带来的巨大影响，罗马的社会经济不可能不发生变化。因为社会经济有了变化，扩张的目的也有了新的内容。在起初，扩张的主要目的是为了农业利益；到后来，商业利益的要求越来越成为向外扩张的动力。

现在我们要问：罗马在扩张期间发生了哪些重要的社会经济变化呢？

首先，土地是大量集中了，大田庄的制度也在形成了。在共和国初期，早就有了土地不均的现象。由于扩张期间对大量土地的掠夺，这些现象就变得格外严重。罗马对于新夺获的土地，往往是一部分用以安置军事性的农业移民，一部分划为国家的公地。这种日益增多的国家公地，可以廉价让

第七章　罗马的扩张和社会变化

于私人。这就为贵族和富人打开土地集中的方便之门，只有他们才有足够的财力去获得这些出让的公地。同时，长期出征的平民，往往因荒废农时而成为贵族的债务人。因债为奴的现象虽然已经被法律禁止了，因债破产的现象却仍旧存在。一旦平民对贵族负了债，他的土地迟早会转到贵族的手里。许多出任行省总督的贵族，每当任满归乡，又往往尽倾赃囊，占田置产。于是兼并之风盛行，大量的土地被集中在豪宗巨姓的门下。大土地所有者开始改变经营土地的方式，大田庄、大果园和大牧场不断地在意大利半岛上出现。李锡尼和塞克斯特的限田法案，早已变成一张废纸。

其次，奴隶制是大大发展了。在罗马的扩张过程中，被征服地区的军民俘虏成为供应奴隶的大量来源。据史家李维记载，早在公元前396年罗马攻陷台伯河以北的维也城时，执政官加米耳就曾把当地的自由居民发卖为奴。在第一次布匿战争中，罗马曾在北非获俘二万人，成批地卖为奴隶。迦太基最后陷落的时候，全城的男女老幼也无一不沦为奴隶。在东方，当罗马的势力侵入以后，希腊、小亚细亚和地中海东岸的居民，或遭俘虏，或被拐卖，变成奴隶的人更数不胜数。爱琴海上的提洛岛，在罗马统治时期成为大规模的奴隶市场，每天有上万的奴隶成交。从罗马人给奴隶起的名字上，如以弗所仔、吕底亚仔、叙利亚佬或狄萨利佬等等，也可看出东方是奴隶的重要来源。奴隶的来源既很充沛,卖价自然低廉。当罗马人占领撒丁尼亚岛的时候,大批廉价的撒丁俘虏被投进奴隶市场,因此罗马流行一句谚语,见到不值钱的东西,就说它"便宜得和撒丁人一样"。大量廉价奴隶的输入,不可避免地会改变罗马各个生产部门的面貌。不论是大田庄、大果园、大牧场,以及矿坑等等,应用廉价的外来奴隶成为最合算的事情。奴隶制急遽发展,各种生产部门的经营规模也比前扩大。过去的仅仅满足消费的小土地生产,现在已经变得黯然无色了。应用奴隶劳动的大田庄,在许多地方都蓬勃成长。当然,外来的奴隶并不是全部都应用在生产上。许多奴隶被用为家庭仆役,有的被用为角斗士,有的被用为教师、乐人等等。但对社会经济最有影响的是大量奴隶在农业、矿业等生产方面的应用。

在土地兼并、农业上大量应用奴隶和其他的影响之下,罗马的自由农民没落了。随军出征的农民,仗打得越来越长,离开本土越来越远。在他们长期离家期间,生产怠废了,土地荒芜了,拿田抵债是常见的事情。汉尼拔入侵意大利时期,农村受到很大的破坏。后来战争停息了,回到自己家园的农民,已经无力恢复独立的经济。即有能够勉强恢复的人,也敌不过应用廉价奴隶的大田庄经济。同时,西西里和北非成为罗马的行省之后,这些地方的廉价谷物源源输入。意大

奥古斯都雕像

巴拉蒂诺山丘古建筑遗址

垂死的高卢人

巴特农神殿

第七章 罗马的扩张和社会变化

利本土生产的谷物,因为成本较高,不得不受到排挤。大田庄的主人可以改营橄榄园和葡萄园,但是已经贫困的农民却无力作这种长期投资。农民在种种不可抗拒的压力之下纷告破产,他们的土地不断转移到贵族的手里。失去土地的农民,连想做佣工都很困难。奴隶市场上有取之不尽的廉价劳动力,不论城市和农村,奴隶的劳动都在排斥着自由的劳动。所以随着罗马的扩张,社会上出现了大量的无业可守的平民。在罗马扩张之初,平民曾经指望分润贵族所掠夺的土地。可是到后来,连他们自己的土地也填了贵族的欲壑。他们剩下来的是自由民的身份和一份公民权。在依靠剥削奴隶的社会里,这个身份也还有它的用处。他们享受国家供给的"面包和马戏",而"面包和马戏"归根结底还是从奴隶身上剥削而来的。

罗马在扩张期间还兴起了新型的富有阶层,属于这一阶层的人称为"骑士"。所谓"骑士"原来是指具有在骑兵中服役的高级财产资格的人,到后来,这个名词渐渐演为贵族以外的富人的称号。这些人虽然号称"骑士",但他们的职业已经和在战场上冲锋陷阵无关了。他们把才能用在另外一种战斗上,那就是财富的猎取。在罗马对外扩张时期,发财致富有了新的途径。有的经营供应出征大军的各种给养;有的承包公共工程;有的专做海上运输业,贩运商品和奴隶;有的巴结行省总督，包揽地方税收；还有的经营高利贷，兼做银钱兑换的生意。总之，这些人的兴起，是和罗马的商业发展有关的。在贵族的眼中，他们是些暴发户，他们的职业也被认为是不高贵的职业。但是他们很富有，社会地位比普通平民又要高一头。由于切身的经济利益的驱策，他们是罗马向外扩张的积极推动者。在这一点上，他们和贵族是一致的。但他们和贵族也有矛盾，越来越不满元老院的独揽大权。在罗马共和国晚期的政治史上，"骑士"和贵族的斗争是一个重要的问题。

经过上述社会经济的变化，罗马的阶级关系比以前复杂得多了。在共和国早期，社会的突出矛盾是平民对贵族的矛盾。在罗马向外扩张以后，奴隶广泛应用，人数激增，剥削残酷，奴隶制社会的根本矛盾即奴隶和奴隶主的矛盾日趋激化，发生好几次规模浩大的奴隶起义。与此同时，没落的自由农民，城市中的无产者，富有的"骑士"，都在各种社会斗争中成为重要的力量。面临着新的社会动荡的贵族奴隶主，也因利害不一和解决问题的方法不同而起了分化。比较开明的希望通过笼络"骑士"和平民来巩固奴隶主的统治，顽固的一派却死抱着元老院专权的旧秩序。只有从这些复杂的阶级关系入手，才能很好地了解罗马共和国后期的历史。

第八章 社会矛盾激化的一个世纪

一 奴隶的处境和奴隶起义

自从有了外籍奴隶输入,罗马的奴隶人数迅速增加。公元前8年,一个叫做伊息杜尔的大畜牧主,在身后就留下四千一百一十六个奴隶。公元1世纪的史家塔西佗,不止一次地提到罗马的自由民因为人口中奴隶人数的庞大而感到惴惴不安。在近代的历史家中,也有好些人对罗马的奴隶人数作过估计。有的说在罗马一城之中,奴隶人数约占自由人口的半数,大概有二十八万。有的说罗马全城的人口共约一百六十万,奴隶占其中的九十万[1]。这些估计是以公历纪元前后的史料作根据的,估计的差异是因为对史料的解释不同。在这里,我们虽然很难探究这种专门性的问题,但从这些估计来看,罗马奴隶人数的巨大,则是无可怀疑的。从公历纪元前后的情况,我们可以上溯到一个多世纪以前的情况,因

---

[1] 贝洛契主前说,马夸特主后说。

为远在公元前 2 世纪的后半叶，罗马已经控制了许多大量供应奴隶的地区。从罗马一个城市的情况，我们也可推知其他地区的情况，因为远在罗马的奴隶制发展以前，地中海沿岸的许多地方都已有了高度发展的奴隶制了。例如南意大利和西西里，过去有过希腊人的殖民城邦，奴隶制的发展早就走在罗马的前面。

罗马把这样大量的奴隶应用在许多方面。大体上，奴隶可以分为三种。一种是乡村奴隶，用在大田庄、大果园和大牧场上。一种是城市奴隶，用于各种家庭服役，包括私人的教师、书记和医生。也有人把这种奴隶用于经商，获取巨额利润，所谓"前三雄"之一的大奴隶主克拉苏（公元前112—前53年）就是一个很显著的例子。也有一些人把奴隶用于制陶、纺织、开矿以及角斗等等。此外，还有一种可以称为公用奴隶，用于公共劳役，如筑路和敷设水管，也有用于警察职务和寺庙杂差等等。公用奴隶往往能从奴隶主国家得到一些特别的恩惠。他们可以有个人财产，并且对于个人财产的半数有在遗嘱中自由处理之权。城市奴隶中的家奴和不从事体力劳动的奴隶，一般也可得到较好的待遇。那些直接伺候贵族奴隶主日常生活的侍从仆役，往往因受宠赎身，脱离奴籍。然而所有这些都只是奴隶处境问题的一个方面，而且是非主要的一面。大多数奴隶所受的待遇是非人的，特

第八章 社会矛盾激化的一个世纪

别是乡村奴隶和角斗奴。角斗奴被迫以自己的生命供奴隶主取乐。他们像野兽一样被驱进角斗场,有的人与人斗,有的人与兽斗;而那些高踞座上腐化堕落的奴隶主和自由民,就在角斗奴的生死挣扎之中恣情哄笑。大田庄上奴隶所受的待遇也极端残酷。他们白天戴着镣铐劳动,夜晚关在像地牢一样的屋子里,只要稍一不如主人的意,就要受到各种非刑。除了少数的管家奴以外,他们都无权结婚,因而也没有养育子女的权利。他们之中的死亡率很高。可是因为奴价很低,不消几年工夫就可赚回买奴的成本。奴隶主对他们的高死亡率毫不关心,病废死亡的奴隶好像破旧的工具一样,被抛弃在一旁。奴隶受尽饥寒、鞭笞和迫害之苦,在内心燃烧着剧烈的要求自由的火焰。奴隶主的压迫越是加强,他们的反抗也就越来越采取公开暴动的方式。从公元前 2 世纪后叶起,罗马历史上就不断掀起了波澜壮阔的奴隶武装起义。

最早的一次大规模奴隶起义是在西西里岛爆发的。早在希腊殖民者统治西西里各城邦的时期,岛上已经广泛使用奴隶。公元前 135 年,奴隶大众以汉那城为中心,发动声势浩大的起义。与此同时,西西里的西南部也发生奴隶武装暴动。两支起义力量汇合,形成强大的队伍。起义者推举叙利亚人攸纳为王,号安条克,在汉那建都,设置人民会议和法庭。岛上的主要城镇多被起义者占领。罗马人派去很多的军队,血战几年，才把起义镇压下去。起义失败后，领袖攸纳被囚禁而死，许多参加起义的人受到残酷杀害。但是只要奴隶制存在着，奴隶反抗的火种是不会熄灭的。攸纳失败后约三十年，第二次奴隶起义又在西西里爆发了。这次起义的领袖是撒尔维阿和阿塞尼昂。仅仅在中部起义的一支，就拥有四万余众，许多因被大田庄排挤而破产的贫民也加入了起义。起义者在岛上建立国家，推撒尔维阿为王，号特里丰，设置会议和正规军，并且在短期内占领全岛大部地区。罗马虽然有装备优良的军团，但先后费了四五年的时间，直到公元前99年，才在全岛恢复统治。

在两次西西里奴隶起义期间，地中海沿岸各地的奴隶暴动和反罗马斗争此伏彼起，连绵不断。罗马、阿提卡、提洛岛等都先后爆发规模不等的奴隶武装起义。规模最大的一次是在帕加马发生的阿里斯托尼克起义。这次起义兼有阶级斗争和民族斗争的性质，起义者要求建立平等的"太阳国"，第一次为古代的奴隶斗争订出鲜明的纲领。这些起义都遭到罗马和各地奴隶主统治者的镇压。

在西西里第二次奴隶起义后约二十五年，意大利本土发生伟大的斯巴达克起义。斯巴达克是色雷斯人，因被俘而沦为罗马的角斗奴。公元前74年，他逃出角斗奴训练所，和其他逃奴在维苏威山建立根据地，不断袭击附近的大田庄和城市。罗

第八章　社会矛盾激化的一个世纪

马军队本想用围困的方法迫使起义奴隶投降，但是斯巴达克以巧妙的战略击败罗马军，占领南意大利的大部地区。在取得初步胜利以后，起义者内部因为成分不一，产生分歧。斯巴达克率领的奴隶要求离开意大利，重返故籍，获得自由；由克里克斯领导的贫民则不愿离开自己的乡土，他们另成一军，单独行动。这一战略上的分歧削弱了起义者的力量。克里克斯因脱离主力，不久就被罗马军所击溃。斯巴达克先率军北攻，直抵阿尔卑斯山麓，沿途屡败敌军，获得大量武器。然后回师南指，一度进逼罗马。罗马在这时宣布国家处于紧急状态，任大奴隶主克拉苏为"狄克推多"，以全力应付斯巴达克。斯巴达克粉碎罗马军的包围计划，南进至麦撒那海峡。但是渡海未成，冒大雪突围至半岛东南角。其时起义军内部再次发生分裂，敌军克拉苏和庞培（公元前106—前48年）则已形成两路夹攻的形势。公元前71年，斯巴达克与克拉苏相遇于鲁卡尼亚北境，作最后一战。这时双方兵力已经悬殊很大，但斯巴达克坚定不拔，负伤力战，随从的部下人人作殊死斗，直至与敌同尽而后已。转战南北约有三年之久的大起义，终于在奴隶主优势兵力的镇压下失败。在历次奴隶起义中，斯巴达克是最杰出的领袖。他没有称王称帝的意图，在军中禁止收集金银，严防部属受物质财富的腐化。但是由于时代的限制，他的斗争目标还只限于为奴隶恢复自由，没有一个消灭奴隶制的纲领。

几次奴隶起义在罗马历史上留下深远的影响。起义以奴隶为主力，有部分贫苦自由民参加，虽然还不能形成稳固的联盟，但是已为此后一切劳苦大众起来推翻奴隶制秩序树立先声。起义最直接的影响是震撼了罗马共和国的秩序，特别是斯巴达克起义一直威胁到奴隶主的统治中心，这就迫使奴隶主不得不面临这一严重的问题。奴隶主对必须加强统治这一点是完全一致的，但是在怎样加强统治的问题上，却因彼此利害不同，存在着很大的分歧。贵族和"骑士"素有矛盾；在贵族之中，又有开明派和顽固派的对立。开明派主张满足某些"骑士"和平民的要求，借以缓和自由民之间的矛盾；顽固派则既想镇压奴隶，又想排斥"骑士"和平民，以此保持贵族在政治上的垄断地位。奴隶主的分化常常演为党派的流血斗争，其后果是促成共和国制度的崩溃。

奴隶起义也产生积极的经济影响。奴隶主为缓和矛盾，适应劳动力的供应条件，不得不对生产关系作某些调整。他们开始利用隶农，在小块土地上耕作。隶农的处境略优于奴隶，对生产有较大的兴趣，因而有利于经济发展。

二　挽不回的兵农合一制

第一次西西里奴隶起义已经使某些头脑清醒的贵族看出

第八章　社会矛盾激化的一个世纪

共和国的危机。起义的规模是空前巨大的，时间又延续了几年之久，这不能不使他们为罗马的前途担忧。在这次起义爆发的时候，西班牙各部落反抗罗马征服者的斗争还没有结束。罗马虽然有装备较好的军队，但要同时在两处用兵，它的兵源就很成问题。在过去，罗马兵源充沛，自耕农几乎都具备服兵役的财产资格。然而经过两个世纪以来社会经济的变化，许多自耕农都丧失了土地。不但符合兵役财产资格并愿意服兵役的公民越来越少，而且失地农民本身也成为一个不安的因素。那些勉强能保住自己土地的农民，也不知道他们的土地究竟能保持多久。大田庄的兼并随时都可临到他们的头上；对于国家的公地，他们在事实上是无权分享的。因此共和国的存亡，对他们已经不是什么切肤之痛了。面对着这样的形势，除了顽梗不化的守旧派，一部分头脑清醒的贵族不能不想到一些改变现状的办法。他们认为要巩固罗马的统治，一面必须加强足以应付一切事变的兵力，一面也要釜底抽薪，使不安的农民重获土地，恢复服兵役的财产资格，成为社会上的稳定力量。要达到这个目的，就必须限制土地兼并，规定土地的最高占有额，把多余的土地分配给失去土地的平民。只有这样，才能恢复过去的兵农合一制，也才能使罗马的统治秩序稳定。平民恢复土地的斗争，也迫使他们不得不考虑改革。格拉古兄弟的改革，就是在这样的背景之下产生的。

格拉古兄弟

格拉古兄弟出身于贵族家庭，父系和母系都很显贵。提比略·格拉古（公元前162？—前133年）参加过北非和西班牙战争，对兵力问题格外敏感。但是格拉古一家和传统的旧贵族毕竟不同，他们是由平民的地位而致身显贵的。他们的思想和平民比较接近，也能够理解平民的要求。格拉古兄弟又都受过当时认为很好的教育。自从罗马的势力伸入南意大利和东方以后，希腊文化已逐渐成为上层社会教养的一部分。所以格拉古兄弟所受的教育，包含希腊人的"民主"思想和斯多葛派的"平等"思想。在他们的改革活动中，主要的动机自然是为巩固罗马的统治秩序想办法，但是他们家庭

第八章 社会矛盾激化的一个世纪

和平民阶层的关系,希腊文化对他们的影响,也都起了一定的作用。

格拉古兄弟没有等到第二次奴隶起义就提出改革的纲领。公元前133年,提比略·格拉古当选为保民官。他向全民会议提出有名的土地法案。根据这个法案,任何人占有的公地不得超过五百犹格,有子嗣者每子可加占二百五十犹格,但以两子为限,总数不得超过一千犹格[1]。凡是超过这个限额的土地,法案规定由国家收回,划为每块三十犹格的份地,分给无地的公民。为了杜绝今后土地的再兼并,法案又规定公民分得的份地必须世袭使用,不得出卖或转让。提比略在提出法案以后,以富于鼓动性的演说,争取平民的支持。他说:"在意大利,野兽都有藏身的洞穴,但是那些拿起武装,用生命来捍卫国家的人却只能享受空气和阳光。他们没有自己的住所,携妻挈子,到处过着流浪的生活。"他又说:"当司令官号召军中的士卒为祖宗庐墓而战时,他们的说法是荒谬无耻的,因为在这么多的罗马人中,谁也树不起祭坛和墓碑了,谁也没有自己的房屋和祖宗传下的家园需要自己来保卫了。士兵们打了仗,而且战死了,但这是白白为了保卫别人的奢侈和财富。他们被称为世界的主人,可是没有寸土尺地可以

---

[1]"犹格"是罗马用以计算土地面积的单位。一千犹格约合二百五十公顷。

说是属于他们的。"[1]在平民的支持之下,这个重要的法案终于战胜顽固贵族的重重阻挠,在全民会议中获得通过。会议还选出一个三人委员会,以提比略和他的兄弟、岳父为委员。委员会的职责是实施法案中的一切规定。

提比略法案的不彻底性是很显然的。限田的办法只适用于被占有的公地,所定的限额仍然很高。过去的李锡尼和塞克斯特法案曾经把公地占有额限制为五百犹格,提比略除了重复这点而外,还为占用者的子嗣留下加占的余地。然而尽管如此,大土地所有者还是不甘心的。他们用各种方法来破坏法案的实施,使三人委员会不能顺利地进行工作。眼看一年过去了,土地的再分配并没有完成。提比略为了贯彻他的主张,破例提出自己为下一届保民官的候选人。他的政敌乘机反扑,指摘他违法,甚至诬蔑他想称王。在公元前133年的选举中,元老院的顽固贵族派和提比略的所谓民主派发生混战。结果提比略和他的几百个同党被打死,元老院占了上风。

提比略死后不久,小亚细亚的帕加马掀起了反罗马的起义。参加起义的有奴隶,也有自由的贫民。虽然起义被镇压了,但是怎样加强罗马统治的问题仍然存在。和提比略同一

---

[1] 普鲁塔克:《传记集》,近代丛书本,999页。

第八章 社会矛盾激化的一个世纪

政见的盖约·格拉古（公元前153？—前121年）继承了他哥哥的遗志。他在公元前123年当选为保民官，重新提出提比略的土地法案。在政治手腕上，盖约胜过乃兄。他估计到新兴"骑士"的力量，用赋予特别的司法权利以及让他们承包帕加马税收等等方法来争取他们的支持。为了鼓舞平民在政治上的斗志，他又提出供应贫民廉价粮食的法案和设置移民地区的法案。此外，他还提出授予意大利人以罗马公民权的法案。这一法案的作用是为了消除罗马公民和一般意大利自由民在政治上的区别，借以缓和自由民之间的矛盾，对巩固罗马奴隶主国家的统治也是有好处的。但是在这个问题上，他是过于走在前面了，连一般平民也不支持他这样的做法。元老院借机破坏盖约的威信。在公元前121年，罗马城内的混战再度发生。盖约和他的哥哥一样，在混战中失败了，最后被反对派追迫而死。这以后，元老院用一系列的措施来取消格拉古土地法案的作用。到了公元前111年，新的农业法不但停止土地分配，而且承认已分的份地可以转让。格拉古兄弟的改革完全落了空，土地兼并又盛行无阻了。

在格拉古的改革活动中，土地法案一直是处于中心的地位。他们兄弟在贵族中比较有清醒的头脑，看出平民失地问题的严重后果。盖约的眼光似乎更广阔一些，他还看出"骑士"是必须依靠的新力量，也看出意大利人的公民权问题必须解决。当时抱着这样见解的贵族,并不只他们兄弟二人,但他们是这一派的代表人物。从土地法案的表面看,这一派的主张是很"民主"的,法案的每一条都是为了平民,限制贵族。然而在法案的背后,还隐藏着巩固贵族共和国统治秩序的目的。法案的创议者企图通过限制占田和分配土地的办法来恢复在没落中的独立自耕农,使自耕农能和过去一样,把当兵看做是一种和保卫自己乡土田庐的感情结合在一起的公民权利。这样也就可以恢复自古以来的兵农合一制,共和国的统治秩序也就可以高枕无忧了。可是历史发展的大势否定了格拉古兄弟的这些复古的想法。如我们在前一节中所分析过的,奴隶制的发展,大田庄的形成以及外来廉价谷物的压力,使自由农民的沦落成为不可避免的现象。在当时的罗马社会里,大量使用奴隶的大田庄和保有少量土地的小农制已经是两不相容的东西。除非消灭农业生产中的奴隶制,广泛的小农制是不可能存在的;任何法律的力量也不能改变这一经济的规律。而格拉古兄弟却想以恢复小农制为手段,来巩固高度发展的奴隶制社会秩序,同时还允许高达一千犹格的大土地所有制存在,这就使他们陷于不可解救的矛盾。对手格拉古的改革,历史本身已经作了评价。他们的改革是彻底失败了,大田庄的发展并没有被阻止,失地的自由民还是只能"享受空气和阳光";那已经被剥夺了自己经济基础的兵

马 立

农合一制,也只能在一些抚今追昔的人们的心中,成为一场缭绕不尽的残梦。

格拉古的改革路线虽然走不通,可是加强罗马统治力量的问题还是迫切地需要解决。在盖约·格拉古失败后的十几年,罗马的政治舞台上出现了一个由"骑士"出身的将军,他的名字叫马立(公元前157? —前86年)。公元前107年,马立不顾元老院顽固派的反对,放弃早已难于实行的兵役财产资格的规定,把征兵制改为募兵制。应募的人的唯一资格是具有自由人的身份,入伍后完全受国家给养。从此广大的无产游民成为雇佣军取之不竭的兵源,军队的性质也随之改变。在过去，军队是按地域性的部族征集的，士兵在战时应征，战后归田，平时籍隶部族，只有在战时才和将领发生关系。募兵制打破军队和地域部族的联系，士兵多是无产者，他们无田可归，成为长期追随将领的职业军，将领是他们服从和效命的对象。这时的军团司令也已由统帅委任，统帅对各军司令的委任权保证全军可以任听他指挥。同时，由于士兵常在军中，由国家配备的武器也规格一致，因之军队可以得到长期的正规训练，作战效能也提高了。这些改变的结果，为罗马统治者解决了格拉古所不能解决的兵力问题。解决的方式固然没有包括格拉古兄弟所想望的社会经济的改革，但是兵农合一制既不可复生，这是当时的历史条件下最现实、也是最可能的解决方式。从马立以后，拥兵的将领常常在战后把征服的土地分配给兵士，这一方面是将领收买军心的钓饵，另一方面也部分地满足士兵对土地的要求。自从有了这样的职业军，罗马统治者的兵力增强了。西西里的第二次奴隶起义和斯巴达克起义都是被这样久经战阵的职业军镇压下去的。在斯巴达克起义以后，大规模的奴隶起义在很长时期里不再发生了。罗马的奴隶制国家越来越走上依靠军事统治的道路。

职业军的形成，对共和国后期的党派纷争产生巨大的影响。职业军和将领的密切关系，滋植了专擅兵权的军阀。一旦军阀和党派互相勾结,他们统率的军队也就成为政争的工具。在格拉古兄弟的时期,政治争执虽也不免流为街头混斗,但争执的主要场所是在全民会议中的合法讲坛。到了共和国末期,党派的政治纷争却要取决于双方拥有的军事力量,会议中的斗争逐渐变为战场上的斗争。

三 军事独裁的形成和共和国的崩溃

强大的职业军固然使罗马奴隶主的统治力量加强了,但是当时罗马共和国所面临的问题还很多,镇压了奴隶起义并不是全部问题的解决。扩张以后的罗马,已经在事实上变为一个大帝国。苏拉(公元前138—前78年)、克拉苏、庞培向东方的进攻以及恺撒对高卢的征服,虽然都在公元前1世纪,也不断扩大罗马的版图,但罗马朝着帝国方向的发展,并不是直到公元前1世纪才开始的。

早在第三次布匿战争前后,事实上的罗马帝国已经在稳步形成。当时它的属地已经遍及地中海的沿岸,它已经设置了许多海外的行省。然而统治这个事实上的帝国的,却还是成立在几个世纪以前的城邦共和国。这个共和国的公民权还只限于罗马城内的自由民,领导这个共和国的还是那陈旧的、眼光狭隘的元老院。我们姑且放开海外的属地和行省不论,就连在意大利本土的许多城市和地区,尽管早就以同盟的地位向罗马提供军事义务,参加了罗马的扩张,但是所有这些地方的奴隶主和自由民都不享有罗马公民权。社会经济的发展,在罗马统治的大部分意大利地区,已经和罗马一样,形成两大对立的力量,一边是剥削者奴隶主和自由民,一边是被剥削者奴隶。但是死守城邦共和国制度的元老院,却总是紧紧地抓住罗马和非罗马的区别。作为奴隶主,元老贵族要统治奴隶;作为罗马的专政者,他们还要骑在罗马以外的奴隶主的头上。元老院的顽固态度,对于共和国制度固然是维护备至了,但却不能适应罗马扩张以后的发展。结果是使罗马的统治阶级狭小化和孤立化,在可以引为自己同盟的力量中树立敌人,最后削弱自己。罗马以外的自由民也不甘心长期处于受歧视的无权地位,意大利人就曾经以战争来要求公民权利。这个问题不解决,罗马的统治地位是无法巩固的。

从罗马的内部说,"骑士"已经成为政治上强大的力量。失去土地的平民是他们天然的盟友。他们号为"民主派",竭力要求打破贵族垄断政权的局面,在共和国所面临的许多重要问题上采取和贵族对抗的立场。贵族力守元老院专权的制度,他们却主张削弱元老院的权力。贵族主张把公民权限制在罗马,他们却支持扩大公民权。贵族对罗马以外的地区实行掠夺式的统治,他们却希望建立比较合理的地方行政制度。

第八章　社会矛盾激化的一个世纪

总之,"骑士"派的主张和元老贵族针锋相对。这个内部的问题关系到整个罗马发展的趋向。不解决这个问题,罗马奴隶主的统治也不可能得到巩固。

这些问题的发生,说明由元老院控制的罗马城邦共和国已经不能适合现实的发展。罗马以外的自由民,反对城邦公民权的制度;罗马以内的"骑士"和平民,反对元老院的专政。从马立时期就已经形成起来的职业军,固然已经成为一柄镇压奴隶和继续向外扩张的利器,但这柄利器能不能长久掌握在元老贵族的手里,却成为当前历史的疑问。元老贵族的地位如果站不稳,他们所竭力维护的城邦共和国的制度也必然要跟着崩溃。在公元前1世纪的前半期,这个问题是当时斗争的焦点。

面临着这一问题的元老贵族是不会不战而退的。公元前91年,保民官德鲁苏为了缓和矛盾,在全民会议中提出一系列的改革法案,其中有土地分配、减低粮价的问题,也有授予意大利人公民权的问题。全民会议曾经通过这些法案,但是元老院以立法手续上的理由,宣布全部法案无效,并且暗杀了德鲁苏[1]。元老院的蛮横措施,立刻引起意大利人的武装

---

[1] 德鲁苏的几个法案是并为一次在全民会议中通过的。元老院根据公元前98年禁止并案通过的法律,宣布这些法案非法。

暴动。参加暴动者遍及意大利的大部地区，他们组织独立的国家，和罗马对抗。元老院对暴动者的答复是一面用军事镇压，一面以狡猾的条件，允许授予公民权，借以分化暴动者的力量。这场战争延续了三年，结果是暴动被全部镇压了。在元老院规定的条件下取得公民权的意大利人，只有进了罗马城才能行使这种公民权，因此在实际上等于没有收获。意大利人暴动的失败，说明元老贵族专政的制度是他们取得政治地位的绊脚石。要搬走这块僵硬的绊脚石，必须经过更激烈的斗争。

最后摧毁元老贵族专政的是"骑士"派和它所领导的平民。但是斗争经历了曲折的过程，在罗马共和国的后期，"骑士"和元老贵族的斗争占了好几十年的时间。在双方斗争之中，军权谁属是一个重大的关键。不论"骑士"派或元老贵族派，都得依靠拥有强大职业军的将领。拥兵的军阀在政治上举足轻重，这就为形成军事独裁提供了条件。

在共和国后期出现的第一个军事独裁者是苏拉，支持这位将军的是元老贵族派。公元前88年，黑海南岸的本都国王起兵反抗罗马。在派遣东征将领的人选问题上，元老贵族和"骑士"派发生争执。前者属意贵族出身的苏拉，后者属意"骑士"出身的马立。在这个看起来仅仅是人选问题的背后，隐藏着双方对于军权的争夺。苏拉在贵族的支持下当选

苏　拉

为执政官，取得军队的统帅权。但全民会议却选举马立为将军。当马立还没有集合适当兵力的时候，苏拉已经率军由南方直下罗马。苏拉进入罗马以后，用兵力迫使全民会议通过反动的宪法改革案。根据这个法案，不得元老院同意，全民会议不得通过任何法律。在罗马共和国的历史上，执政官用武力劫持全民会议更改立法程序，这是破题儿第一次。在这一次，贵族派取得了胜利，但是同时也为利用军力达到政治目的创了先例。贵族派既然可以用军力击败反对派，反对派也就可以用其人之道，还治其人之身。于是贵族和"骑士"之间的斗争，到了图穷匕见的阶段。今后罗马的政治斗争已经不再是什么宪法改革的问题了，军事力量成为左右政局的枢纽。哪一派掌握了军权，哪一派就取得政治的优势。

当苏拉领兵出征的时候，"骑士"派立刻乘机而起。马立在这时扑回罗马，宣布所谓"公敌"名单。元老贵族有的被杀，有的被放逐，财产也被没收。马立在不久以后死去，他的同党继续控制着罗马，全部推翻了苏拉的反动改革。但是"骑士"派的这次胜利也是不能持久的。公元前83年，苏拉在出征本都获胜以后，班师回到意大利。次年，他打败"骑士"派，用几年前马立对待贵族的办法报复"骑士"。他成为无限期的"狄克推多"——独裁者。在他的独裁之下，公元前88年的反动宪法改革案恢复了，保民官的否决权和提案权受到严格的限制，元老院的权力则完全复辟。苏拉死后，他的旧属克拉苏和庞培仍旧拥护元老院。元老院利用他们镇压西班牙的再度反抗和斯巴达克的起义，同时也培植了这两名将领的声望。到这时，元老院的贵族真可说是踌躇满志。他们既赶走了"骑士"派，又镇压了大规模的奴隶起义。看样子，元老院专政的制度似乎还可以坐稳江山。然而新兴的"骑士"力量终究是压不平的，抱有政治野心的军阀也不尽可靠。在斯巴达克起义被镇压的后一年，罗马又卷起了新的政治风云。

当苏拉独裁的时期，"骑士"和平民虽然遭到了挫折，但他们的力量并没有涣散。斯巴达克的起义曾经使"骑士"和

第八章　社会矛盾激化的一个世纪

贵族的斗争得到暂时的缓和，一旦起义平息，"骑士"派就又跃跃欲动。这时克拉苏和庞培乘机转到"骑士"这边来，"骑士"派支持他们当选了公元前70年的执政官。为了报答"骑士"派，他们取缔苏拉对于保民官职权的限制。三年以后，庞培先后受命为地中海沿岸和出征东方的司令官。他剿灭地中海的海盗，维护了与"骑士"利益密切相关的海上运输。他又战胜本都国王，把在亚洲征服的地区组成四个行省，扩大了"骑士"东方商业活动的范围。几年前元老贵族不可向迩的声势，现在却不得不稍稍敛迹了。

与此同时，罗马出现了一个新的人物，名叫恺撒（公元前102—前44年）。恺撒出身于破落的贵族，和许多"骑士"民主派的首领有密切的社会和姻戚上的关系。他的姑母嫁给马立，他的妻子是民主派秦纳的女儿。在苏拉当权的时候，他因为和秦纳的关系受到很大的迫害。在政治立场上，他属于"骑士"派。他曾控诉两个贵族总督在马其顿和希腊行省中的暴敛，鼓动波河北岸人民争取政治权利的斗争。他又推重马立，曾经把苏拉的三名刑吏提付审问，追究过杀害平民领袖萨吐尼的凶手。这些反贵族的活动，大大提高他在平民群众中的声望。然而恺撒绝非一个纯正无私的人民领袖。他酷爱权力，接近平民是他用以爬上更高权力的阶梯。到了公元前60年，他的政治准备成熟了。他和庞培、克拉苏结成了

恺 撒

同盟，历史上习称这个同盟为"三雄政治"。根据三人的约定，恺撒在次年出任执政官。他打破贵族的阻挠，承认庞培在东方的措施，并且允许把土地分配给庞培的旧部。在执政官任满以后，恺撒破例取得为期五年的高卢和伊利里亚的总督职位。那时罗马的高卢省只限于南部沿海地区，全高卢还有大部分没有征服。恺撒选中这个省份是成竹在胸的。他知道要推翻元老贵族的专政，抬高自己的地位，还必须从军事上树立权势。东方的征服已经为庞培造成不可一世的威名；他把目光转向西方，以征服高卢来作为掌握兵权和获得更高权力的跳板。

在过去，恺撒在东方和西班牙都曾经带过兵。他的将才

第八章 社会矛盾激化的一个世纪

十分出色。到了高卢,他独当一面,杰出的军事才能找到了大显身手的场所。从公元前58年起,在仅仅三四年的时间里,他不仅征服高卢的全部土地,而且击退日耳曼人的入侵,把罗马的西北边境一直推到莱茵河岸。他的军事威名是树立起来了,这个威名是以奴役高卢的人民换来的。

当恺撒转战高卢的期间,罗马的元老贵族又活动起来。为了应付贵族反对力量的再起,"三雄"在公元前56年又作出新的决定:庞培和克拉苏出任公元前55年的执政官,任期告满后一个出任西班牙总督,一个出任叙利亚总督;恺撒在高卢的任期则延长五年。后来克拉苏如约到了东方,在和安息作战中被俘而死。庞培却别有所图,留在罗马遥领西班牙总督。至于恺撒,第二个五年高卢总督的任期对他是大有作用的。他巩固了在高卢的统治,并且一度跨海进占不列颠。莱茵河的边界也越发稳定了,在他的威慑之下,日耳曼人只好裹足在莱茵河的右岸。恺撒曾经用流畅的散文写成《高卢战纪》。这本小书是他自撰的纪功碑。他在罗马的威名已经盖过了庞培。

自从克拉苏战死以后,所谓"三雄政治"变成二雄并立的局面。恺撒越来越高的威名,对庞培的地位是一个莫大的威胁。在以前,庞培和元老贵族曾经有过密切的关系。为了对付恺撒,现在他们重温旧好,再度结合起来。公元前52年,元老院违例任命庞培为唯一的执政官,并立的二雄公开决裂。到了这时,罗马的政治棋局已经十分明朗化了。从个人说,是恺撒对庞培;从党派说,是"骑士"民主派对元老贵族派。双方抓住的棋子都是兵力,要解决的问题是:保全共和国的制度呢,还是否定它?

公元前49年,政局急转直下。元老院先发制人,命令恺撒解散军队,否则以罗马的"公敌"论罪。恺撒对于这道命令的答复是用迅雷不及掩耳的手段进兵罗马。恺撒会拒不受命,这点元老院是应该估计到的。但是恺撒在刹那之间就决定进兵,这显然出乎元老院的意料之外。元老贵族们的想法毕竟是渐归陈腐了,他们虽然准备对恺撒用兵,但总以为传统的法律还会有一定的约束作用。然而新的形势正在孕育着新的政治人品和作风,恺撒是不会和元老贵族去咀嚼法律上的字眼的。元老院发布那道命令是在公元前49年的1月7日。在同月10日的夜里,恺撒的军团已经越出自己的防区,渡过泸泌涧,直向罗马中心进逼。按照法律,罗马的将军是不许带兵越出自己防区的。可是在元老院心目中还可以发生力量的法律,在恺撒看来已经是无用的废纸,他毫不犹豫地渡过泸泌涧。从此"恺撒渡过泸泌涧"成为一句谚语,意思就是不顾一切,下了决心。对于这样坚决的行动,元老贵族们是估计不足的。他们慌了手脚,军事靠山庞培也认为仓促

第八章　社会矛盾激化的一个世纪

间抵不住恺撒。在恺撒的步步进逼之下,他们逃出了罗马,逃出了意大利,最后到了希腊。这时恺撒成为罗马的主人,很快地被选为执政官。他的政变披上了一件合法的外衣,而元老贵族和庞培倒成了罗马的叛逆。

恺撒是初步胜利了,但是庞培在东方有很大的潜在力,西班牙也属于他的管辖。恺撒在当时处于东西受敌的局面,他必须乘对方喘息未定的时机,扩大胜利的成果。在军事上,恺撒是从不放松兵贵神速这个原则的。在他平定意大利后不久,立即击败庞培留在西班牙的部属;到了公元前48年,当对方还来不及利用海上的武力反扑意大利,他已经登上希腊的西岸。法塞勒之战,他以少量兵力击败了庞培。庞培逃往埃及,不久被谋杀。但是恺撒并不因此而停止进攻,他跟踪赶到埃及。在亚历山大城,他干预托勒密王朝的王位纷争。他支持以绝色闻名的女王克利奥帕特拉,在埃及的深宫里流连了有大半年之久。公元前47年夏季,他突入小亚细亚,迅速击溃本都王子的军队。他给罗马的战报说:"吾到,吾见,吾胜。"从这个简劲的战报里,至今还可看出他用兵如电的特点。再过两年,恺撒已经取得全部罗马的属地。

恺撒的胜利,就他个人而言,是登上了权位的极峰,就整个的罗马而言,却是一个多世纪以来社会力量激荡的结果。他的胜利意味着贵族专政的溃亡,使罗马的发展越出那故步自封的共和国制度。

他当权的日子并不多,但他已经作出有决定意义的政治变革。他首先改革元老院,把议员的人数增加到九百。这当中自然包括他的同党,也就是反对顽固贵族派的人物,有的是军人出身,有的是来自行省的上层人士。经过这样的改革,元老院的实质起了变化。它不再是一个狭隘的、仅仅代表罗马贵族的机构了。不论从地域或从社会阶层来说,它所代表的范围都比以前扩大。

其次,他扩大了公民权。从各个行省来参加他的军队的自由民,居住罗马的外来医师和教师,以及波河北岸、西班牙、高卢、西西里各省的许多城市自由民,都先后从他的手里取得公民的资格。这些公民权的授予并非空无其实的。来自高卢省的公民曾被列入元老院,来自西班牙省的公民也曾被列为保民官。这就扩大了罗马统治的基础。

恺撒还改进地方市政制度和行省吏治。地方的城市取得较多的自治权,行省长官的贪黩行为受到限制。从这些改革上,不仅可以看到"骑士"派打击元老院的主张得到实现,而且也可看到罗马和罗马以外的区别在开始消除。恺撒的政权不仅是为了罗马一城的发展,而且也为了罗马以外各个地区的发展;不仅代表罗马城的奴隶主,而且也在开始代表各个行省和各个地方城市的奴隶主。共和国时代的那种狭隘的

第八章 社会矛盾激化的一个世纪

元老贵族的统治是被推翻了,代之而起的是基础比较广泛的奴隶主的政权。从此罗马就不再是一个骑在行省头上的城邦共和国,它开始成为行省所环绕的帝国的中央。几十年来"骑士"、平民和贵族的斗争,终于为事实上早在形成的罗马帝国找到了适合于现实发展的统治制度。恺撒的改革,可以看做是走向这个途径的第一步。

这个新起的政权采取军事独裁的形式。公元前49年法塞勒之战以后,罗马每年都赋予恺撒以独裁的权力。公元前46年,恺撒的独裁权力延长为十年。再过两年,恺撒成为终身的独裁者。但是奴隶主的军事独裁,并不是从恺撒才有的。远在公元前82年,苏拉已经是一个军事独裁者。在奴隶起义的不断威胁之下,军事独裁早就是奴隶主必须采取的统治形式。在"骑士"和贵族的斗争中,要解决的问题并不是要不要军事独裁,而是谁来掌握这个独裁的权力。恺撒军事独裁的出现,不过是宣告这个权力不再属于元老贵族而已。从此罗马的"骑士"派就取得决定性的胜利。在"骑士"派进行斗争的过程中,他们曾经和一般的平民结成反贵族联盟。一旦他们得到了胜利,却把一般平民的利益搁置一旁。在以前,罗马享受免费粮食的无产平民,定额共三十万人。恺撒把这个定额减为十五万。可见恺撒的军事独裁还是代表奴隶主的利益,一般的平民并没有得到胜利的果实。

和任何一个重大变革的时代一样,垂死的力量总是不甘失败的。恺撒的政权虽然结束了共和国的贵族专政,但是元老贵族的余党并没有连根拔除。这些余党已经没有军事力量来反对恺撒了,他们唯一挣扎的办法是利用阴谋。公元前44年3月,以贵族布鲁多为首的阴谋者利用集会时机,以乱剑刺死恺撒。他们以为只要杀死恺撒就可以使共和国复活,但后来的历史证明他们这种想法的愚蠢。共和国制度之所以溃亡,不是因为有了恺撒,而是因为它的本身已经不符合客观形势的发展。恺撒固然是一个野心独裁者,但是他的所为,是长期以来罗马社会政治演变的必然结局。布鲁多可以刺死恺撒,却不能刺杀产生恺撒的客观历史。一个恺撒被杀了,另一个恺撒会跟随而起。至于共和国元老贵族专政的制度,无论怎样也复活不起来了。

第九章　奴隶制大帝国的全盛

一　渥大维——新的恺撒

恺撒死后,他的尸骨未寒,一个踏着他脚印的人已经从东方遄返罗马。这人是一个十九岁的青年,名字叫做盖约·渥大维(公元前63—公元14年)。他是恺撒的甥孙,后来为恺撒收做义子。

渥大维

当渥大维回到罗马的时候，恺撒的部将安东尼已经赶走布鲁多阴谋集团。安东尼害怕渥大维成为竞争者，因此阻挠他取得对恺撒的继承权。这时渥大维手里无兵，只有用钱来招买恺撒的旧部。如果按照罗马的法律，私人是不许招兵的。但是法律不曾限制住恺撒，也就限制不了渥大维。渥大维很快招集了一支军队，趁安东尼在北方和布鲁多余党作战的时候，在公元前43年7月带兵闯进罗马。他胁迫元老院举行特别选举，把他选为执政官。元老院以为可以利用他对付安东尼，也就将计就计。但是事隔不久，安东尼和属于恺撒派的高卢总督雷比达结合，并和渥大维释嫌修好，形成历史上的所谓"后三雄"。"三雄"既已得势，便在罗马大肆搜杀政敌，并没收他们的财产。以演说和散文著称的共和主义者西塞禄，虽曾得到恺撒的宽容，但在"后三雄"的手里，却还是不能免于一死。这时布鲁多和他的部分余党已经逃到希腊。和六年前的庞培一样，他们还想为共和制度作最后的挣扎。然而历史留给他们的日子已经不多了。公元前42年，他们被安东尼和渥大维击败于希腊境内的腓力比。两年前用乱剑刺死恺撒的人，这时轮到自己饮剑而死。可是在恺撒的后面，兴起了开创帝国统治的渥大维；在布鲁多的后面，连一个有实力的共和主义者的影子也看不见了。

这以后，"三雄"划分了彼此之间军政势力的范围。渥大

梵蒂冈的圣彼得大教堂远眺

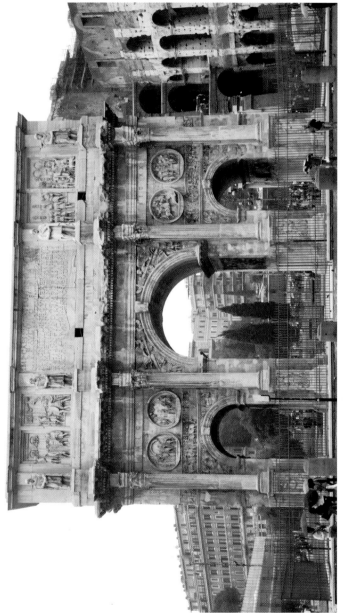

君士坦丁凯旋门

圣天使堡

克罗西奥圆形剧场

第九章　奴隶制大帝国的全盛

维和雷比达取得西方,安东尼取得东方。十年之内,渥大维树立了在西方的绝对优势。在东方的安东尼,初则见挫于安息,后来竟沉迷在埃及女王克利奥帕特拉的宫中,公然和她并位而治。他又把罗马的东方各省赐给克利奥帕特拉的子女,把他们列为治下的附庸。这种破坏罗马属土的行为,给渥大维以向东方进攻的口实。公元前31年,双方决战于希腊的西岸阿克丁,安东尼大败。次年,安东尼自杀于埃及。当渥大维进入亚历山大城的时候,克利奥帕特拉也因求宠不得而自杀。于是渥大维最后击败他的竞争者,托勒密王朝也结束了它在埃及的统治。从地中海的西岸到东岸,全部归入渥大维的掌握。在恺撒死后仅仅十几年,罗马又崛起了新的恺撒。

在总的方向上,渥大维的活动是承袭恺撒的。但是新、旧恺撒所处的客观形势却有所不同。在恺撒的时期,元老贵族的势力虽然已经削弱了,可是根株未绝,隐患犹存,像布鲁多这样的人,还可以奋臂发难,把恺撒刺死。到了渥大维的时期,经过内战和各种方式的清除,元老贵族的地位已经支离破碎。共和国遗留下来的元老院,这时也已面目全非。布鲁多和西塞禄这一派人,死的死了,散的散了。坐在元老院里的,已经多半不是旧时的元老。他们是所谓"新人"。"新人"之所以进入元老院,正是由于新起政权的提携。因此他们是新政权的支持者,不会成为顽抗的力量。对于渥大维,这是一个有利的形势。在这种形势下，渥大维不用采取激烈的手段，就可达到政治上的目的。他个人所具备的善于权变的特点，也就易于发挥作用。在法理上，他尽量尊重元老院的地位，使人感到共和国的制度好像并没有受到损伤。但在实际上，他把大权集中于一身，元老院徒有虚名，不过是一个驯顺的工具。他是第一个罗马皇帝，但却没有皇帝的称号。他双手埋葬了共和国，但他所行使的各种权力，一一都戴上共和国的职衔。在军事才能上，渥大维比恺撒是要稍逊一筹的。在政治手腕上，他却比恺撒高明。他善于利用旧制度的躯壳，而同时改变了它的实质。

渥大维究竟拥有哪些权力呢？在军事上，他是最高元帅。军权是他一切权力的基础。在政治上，他不仅从公元前27年起曾经连续担任四年执政官，而且早就取得终身保民官的职权。他可以召集元老院会议，向全民会议提出法案，又取得在元老院中优先讨论他的提议的特权。在对外关系上，和战问题由他最后决定。他和外邦订立的条约，可以不经元老院和全民会议同意。在地方行政上，渥大维采取和元老院分权的办法。他把所有行省分为两类。凡是秩序未定，边境不安，需要驻军防守的，归他治理。这个权力称为"总督权"，由他派人代理。其余的省份，则划归元老院，由元老院任命总督。但在事实上，他不仅在他自己治理的各省中保有终身的总督

第九章 奴隶制大帝国的全盛

权,而且对划归元老院的各省也行使一种所谓"高级权力",对这类省份一样有权颁布法令。此外,他还有权控制元老院的名单,授予非贵族出身的人以贵族的地位,以及推荐或实际指派罗马各种职位的候选人。总之,他的权力是数不清的。在他的压倒一切的权力之下,元老院俯首帖耳,全民会议也起不了实际作用。所谓公民权,名存实亡,在实际政治上已经没有多大意义了。

渥大维开始建立帝国的文官制度。不论中央或地方的文官,到这时皆是有给职。他们的职位出于任命,任期较长,享受官俸,成为职业化的奉命唯谨的官吏。这些官吏都是从贵族和"骑士"中征拔而来的。这时贵族和"骑士"的界限已经不比从前了。经过几次的清除,贵族中固然还有一些罗马残余的世家,但同时包括不少的"新人"。这些"新人"有的来自意大利的各个城市,有的来自高卢和西班牙。许多本非贵族的富裕人物,都被提升为贵族。在长期的斗争之后,传统的贵族已经失势,新的贵族和"骑士"形成政治上的联盟。渥大维的政权正是新贵族和"骑士"的联合政权,他必然要从这两个富裕的社会阶层中征拔各级官吏。在这个政权中,一般平民是没有地位的,它只代表奴隶社会的上层分子,加强对奴隶和人民群众的统治。

把大权集于一身的渥大维,在政治上的身份是"元首",

意即"公民之首",在军事上的身份是"元帅"。公元前27年1月16日,元老院给他上了一个称号,叫做"奥格斯都",意为"崇高"或"庄严"。在表面上,他并没有称王称帝。他所拥有的权力,大都可以援引共和国的制度做依据。有些地方固然不合旧制,但是作俑者另有其人,他总可推卸破坏共和国制度的责任。例如连任执政官,马立早就如此;改变元老院议员的人数,苏拉早已如此;委任代理者行使总督的职权,庞培早已如此;同时兼制数省,恺撒也早已如此了。所以他不但不说自己推翻共和,而且还要宣称恢复了共和。仿佛那被他击败而自杀的布鲁多和经他默许而被处死的西塞禄,都没有像他那样忠于共和国的制度。但在事实上,罗马共和国从来没有出现过拥有这样大权的"公民之首"。他之所以拥有这样的大权,是和他的"元帅"身份分不开的。自从马立、苏拉以来,他是发展最完整的军事独裁者。在他的统治下,军事独裁已经成为罗马政治的脊梁。它产生于约一个多世纪的社会斗争尖锐化的过程之中,最后又变成奴隶主稳定其统治的力量。作为军事独裁者,渥大维的"元帅"身份是有决定意义的。依靠这个身份,他取得统治全罗马帝国的权力。因此"元帅"这个名称演为"皇帝"的意义。尽管渥大维不曾南面称王,不曾举行过登祚践位的仪式,然而后代的历史家,仍然称他和他的后继者为罗马的皇帝。

这样，罗马帝国的统治秩序开始建立起来了。恺撒没有做到的事业，也由奥格斯都把它担承起来了。罗马共和国的历史已经演为罗马帝国的历史。

二 所谓"罗马的和平"

从奥格斯都起，罗马帝国约有两个世纪比较稳定的时期。在这两个世纪里，皇帝依靠军权和日益形成的官僚体系，巩固了帝国的统治。从帝国的内部说，虽然也曾有过各地的起义和皇位的篡夺，但波及的范围不大，扰攘的时间不长，帝国的统治并未受到根本上的震撼。从帝国的对外关系说，虽然大规模的对外扩张已经基本上停止了，但奥格斯都曾把帝国的边疆沿多瑙河一直伸展到莱茵河上游，克劳迪（公元41—54年在位）曾经再度征服不列颠，图拉真（公元98—117年在位）也曾取得多瑙河外的达西亚，并进攻安息，直抵底格里斯河。到了哈德良时期（公元117—138年）帝国对内对外的地位都是很巩固的。这时皇帝的敕令已经被认为是法律的源泉，受命于皇帝的官僚体系也已发展到很完整的地步。在帝国的疆域方面，虽然哈德良曾经放弃两河之间的地区，但东起幼发拉底河，西迄不列颠岛，北起多瑙河，南达北非洲，全部领土超过古代史上的任何一个帝国。罗马的皇帝在这片广大的领土上维持着有效的统治。直到马可·奥理略（公元161—180年在位）时期，这个统治秩序仍然保持稳定。历史上把罗马帝国最初两个世纪的稳定称为"罗马的和平"。

所谓"罗马的和平"虽然只有相对的意义，但是对于经济文化的发展，无疑起了积极作用。在巩固的统一政权之下，海陆交通把帝国的各部联成一个密切相关的整体。地中海已经成为帝国的内湖。自从庞培肃清海盗以后，这条海道就畅通无阻。流入地中海的河流，构成这条海道伸向各个地区的网脉。高卢境内的塞因河和泷河，与日耳曼诸部族接界的莱茵河和多瑙河，都可直接间接通向地中海。除了河流而外，黑海、大西洋、红海、阿拉伯海、印度洋，也可和地中海相通，或利用转运互相衔接，地中海成为帝国海运的枢纽。在陆运方面，帝国时期的道路系统也远比共和国时期完善。意大利半岛和各个行省都开拓了新的道路，罗马成为通向各地大道的辐射中心。连那些远在东方的城市，不仅彼此之间有道路相通，而且还和横贯小亚细亚及巴尔干半岛的大道联成一气，最后直达罗马。在偏僻的行省中，罗马人也一样地以善筑宽坦的驰道闻名。孤悬海外的不列颠，至今还留有罗马大道的遗迹。帝国政府曾经设置专门的官员，称为道路监，负责大道的兴修和保养。在地方政府中，也有官吏专管次要的道路。帝国统治者的这些措施，主要目的自然是为了加强

第九章 奴隶制大帝国的全盛

政治和军事的控制。但是道路系统一旦形成，同时也就成为沟通商业的动脉。在海运的配合之下，这些道路在经济上发挥了难以估计的作用。

海陆交通的发达，促进帝国的区域贸易和对外贸易，二者都达到空前未有的繁荣。在西部，罗马的商人远出边区，把意大利的制成品销售到北欧和不列颠岛。不列颠的锡，也辗转由高卢的塞因河和泷河，运到地中海的口岸马赛，再由马赛转运到其他城市。在东部，不仅黑海、爱琴海和东地中海之间的商船如织，而且因为航海者已经能利用印度洋季候风的风向，红海一带和印度的贸易也日益频繁。来自东方各国的货品由红海转运到亚历山大，又由亚历山大转运到地中海沿岸。在帝国初期，亚历山大城依旧是地中海上最大的商港。城里麋集着各地的商人，人口到达三十万，在街市上可以听到各种不同的语言。由陆上商队辗转运去的中国丝绸，由红海运去的东方香料、宝石、各种奢侈品，以及由埃及出产的麻纱、刺绣、玻璃制品、粮食等都荟萃在这个港口。日益繁华的罗马，经常从亚历山大城得到各种名贵商品的供应。规模广泛的海陆贸易，促进了帝国各地城市的繁荣。

在帝国初期，各地的手工业和矿业也大为发展。意大利本土现在不仅以陶器和铜器著名，而且也出产各式粗细的羊毛织物。坎佩尼亚的城市有了玻璃业，罗马本地也有了金属制造。在共和国末期还很落后的高卢，到这时也发展了制陶业和纺织业。东地中海沿岸一带，许多曾享盛名的手工业，这时再度繁荣。腓尼基的染料和玻璃业，埃及的麻纱，可斯岛和其他小亚细亚诸城的纺织品，在罗马的上层社会中都拥有不惜高价争买的顾客。在矿业方面，西欧各地的发展最为显著。高卢的列日铁矿开采了。西班牙的银矿虽然产量萎缩，但在原有的银矿区却发现了铅矿。这时许多城市都仿效罗马安置公共水管，铅的需要大量增加，因此也刺激了西班牙对铅矿的开采。与此同时，西班牙还发现了锡矿。在以前，锡的主要产区是不列颠，自从西班牙采锡，因为产地接近地中海各消费城市，很快就在锡的产销上超过不列颠。矿业和手工业的发展，自然是和贸易的发展相关联的。两者互相刺激和推动，呈现一片经济上升的情景。

在商业和手工业日趋繁荣的基础上，城市建设达到前所未有的水平。帝国的首都在这个时期成为地中海上最壮观的城市。在奥格斯都的时期，罗马已经完成许多优美的公共建筑。新的元老院，纪念恺撒的庙宇，元老院纪念奥格斯都功勋的和平坛以及广场等等，都先后兴建起来。在巴拉丁山冈上修建的皇宫，美轮美奂。西方许多文字中的"王宫"一词，都从"巴拉丁"这个词演变而来。奥格斯都对于罗马的建设是很自负的，夸耀他把砖头的罗马变为大理石的罗马。继他

罗马大剧院

而起的罗马皇帝，也不断地以新的建筑来装潢首都。克劳迪修建的输水槽长达四十英里，最后的十英里以开有无数拱门的石筑长桥架设，迤逦如龙，直通巴拉丁宫殿。公元80年，皇帝狄托（公元79—81年在位）宣告巨型圆剧场落成。这所剧场的周围约为四分之一英里，内有可容观众五万人的座位。剧场的外部分为三层，每层环以八十根希腊式的圆柱，两柱之间砌成拱门。此外，图拉真兴建了宽阔的广场，哈德良也建筑纪念图拉真的庙宇。还有利用宏伟的圆拱结构的众神庙，横跨在大道上的凯旋门，矗立在广场上的华表，如是等等，把罗马装饰成为一座极尽繁华的城市。

  繁盛的情况不仅见于帝国的首都，而且也见于其他城市。北非洲废而再起的迦太基城，至今残存着圆剧场的遗迹。高卢的阿劳西奥（今法国的奥兰治城），有石雕精美的凯旋门。尼卯塞（今法国的尼迈）也有长达九百英尺架设公用输水槽的拱桥。19世纪发掘出来的庞培城，留下一个早期罗马帝国普通城市的模型。庞培城是在公元79年因火山爆发而被掩埋在地下的。从发掘出来的情况看，它的各种建设都已达到很高的水平。平坦的街道纵贯着市区，街道的两旁还有人行道。广场，公共建筑，公共水泉，密集的民居和店铺，以及埋在火山灰下的各种精致的日用品……在在都足以说明当年繁荣的景况。

第九章 奴隶制大帝国的全盛

在农业方面,帝国各地也表现一定的发展。这时已经有了作物的轮植制,有些田庄采用种植豆类的方法,恢复土壤的肥沃。西西里的谷物产量虽然渐不如前,但是埃及和北非却扩大了谷物生产。这些地区筑堰开渠,利用水槽水车,把大片半沙漠的土地改为生长谷物的农田。北非洲的突尼西亚,原来只是一带干燥的草原,到这时也种植橄榄林。在意大利,葡萄和橄榄的种植继续发展。坎佩尼亚、阿尔班山区、波河流域、伊斯特里亚等,都成为葡萄或橄榄业的中心。连高卢一带,这时也盛产葡萄。所以从一般情况说,早期帝国的农业也是有发展的,特别是在原来比较落后的行省。各地之间也保持着农业上相互依存的关系。埃及和北非向罗马输出大量多余的粮食,意大利一带又以日用的葡萄酒和橄榄油供应其他许多地区。

和经济的发展相适应,早期帝国的文化也达到较高的成就。以前文所提到的各种建筑而论,重要的成就都出现在帝国的早期。这个时期建筑的规模之大,装饰的富丽,以及它在熔铸希腊风格和东方风格上的成就,都不是共和国时期所能比拟的。由于公共建筑的发展,附丽于各种建筑的雕刻和浮雕也远比以前丰富。图拉真和哈德良时期模仿希腊的作品都曾达到很高的水平。在文学方面,虽然共和国后期的西塞禄已经在散文和演词方面到达了高峰,但在奥格斯都的"黄金时代",诗人维吉尔(公元前70—前19年)却写下了罗马前所未有的结构严整、声律绵密的史诗。这首史诗把恺撒和奥格斯都列为英雄伊尼亚的后代,全篇倾注着歌颂罗马的感情。帝国的初期还出现了篇幅浩瀚的历史和学术著作。李维(公元前59—公元17年)的《罗马史》,从传说中的罗马建城一直叙述到奥格斯都,共一百四十二卷。如果说维吉尔以诗来歌颂罗马,李维则是以历史来歌颂罗马。虽然李维的历史分析并不很深刻,但他的流畅的散文却使他的书风行于拉丁语区域。老普林尼(公元23—79年)所著的《自然史》也多至三十五卷,在当时可以说是一部科学技艺知识的总汇。就书的内容说,固然有纯驳不齐的毛病,但书中包括的知识范围之广,毕竟是超过了前代。此外,从西班牙、北非、希腊等地,也涌现了一些知名的作家。希腊是西方古典文化的发祥地,在那里产生像普鲁塔克(公元46—120年)这样的传记家自然不足为奇。但从西班牙产生了辛尼加父子(父:公元前54—公元39年,子:公元前3—公元65年)、讽刺诗人马提尔(公元46—104年)、修辞家昆提里安(公元35—100年),从非洲又出现作家阿普留(公元124—?年),则显然是罗马文化影响于各地区的结果。

罗马帝国的全盛时代同时是奴隶主极尽豪华享乐的时代。经济发展的果实全都落在奴隶主的手里。他们席丰履厚,过

第九章　奴隶制大帝国的全盛

着奢侈淫佚的生活，成为社会上的纯粹寄生者。从沐浴这件日常琐事上，就可看出奴隶主生活享受的铺张。罗马浴室往往是一座复杂而华丽的建筑，其中有供浴前运动或游戏的回廊，有温度不一的暖气房和冷热浴室，还附有酒肆、菜馆等等。入浴的人先做浴前运动，然后进入暖气房。每过一个暖气房，温度就跟着加高，由微温以至于高温。暖气房使入浴者蒸腾发汗，等全身的汗出透了，才用温水洗澡。洗了温水，又用凉水冲净。为了防止受寒，冲过了凉水还要遍身涂擦软膏。像这样复杂的沐浴，确实令人难以想象。但是有闲又有钱的罗马奴隶主，却正是这样挥霍他们的时间和财富。奴隶主也喜欢经常举行消耗巨大的节日娱乐。这些节日的娱乐最初是和宗教祀典、庆功等等相结合的，它们也并非全是起源于帝国的时代。但在帝国的时期，这种盛大的公共娱乐变得越来越多，规模越来越大，而且也成为统治者有意对城市游民示惠的手段。当奥格斯都时期，全年的各种节日娱乐合计约有三个月，每次举行都连续好几天。后来娱乐节日逐步增加，在特殊的情形下，举行一次竟可拖长到几个月。公元80年大圆剧场落成的时候，曾经举行过"百日游艺"。公元106年图拉真为纪念他在达西亚的胜利，也曾连续举行一百二十三天的节日娱乐。这种所谓节日娱乐，方式是各种各样的。赛车、斗兽、人兽角斗，这已是人所熟知的了。可是穷奢极欲的奴隶主,还想出离奇而又残酷的方式,来满足一个在腐化堕落中的社会享乐。例如说,有一种娱乐叫做海战戏,在人工挖成或天然的湖面上,摆开两支敌对的舰队,驱使奴隶角斗士、服刑的罪犯、俘虏等表演互相厮杀的海战。这种海战戏在恺撒的时期就已举行过。到了帝国的初期,规模愈来愈大。公元前2年,奥格斯都下令开凿一个人工湖,长一千八百罗马尺,宽一千二百罗马尺。在湖上曾经扮演过一次希波战争中的萨拉米之役,除桨手而外,参加角斗的有三千人。有时海战戏也在大圆剧场里举行。剧场里临时灌满了水,高踞四座的观众就以奴隶和罪犯的生死搏斗为他们的赏心乐事。荒淫残暴的尼禄皇帝(公元54—68年在位)曾举行过两次这样的"演出",一次在公元57年,一次在公元64年。在帝国历史上,最有名的一次海战戏是在克劳迪时期举行的。这次"演出"是在一个天然湖上。敌对的双方各有庞大的舰队,有的是三层桨座舰,有的是四层桨座舰。被驱使"演出"的刑徒共一万九千人。为了防止刑徒临阵逃跑,湖的四周筑起障碍物,用步兵和骑兵把守。"演出"的结果不用问,自然是造成重大的杀伤。这件事在罗马史家塔西佗的书里曾经有过记载,居然还说刑徒们打得很有勇气[1]。从这些事

---

[1] 塔西佗:《年代纪》,卷十二,节五十六,万人丛书本,353—354页。

第九章 奴隶制大帝国的全盛

实看,罗马奴隶主的人性堕落已经到了不可想象的地步。他们举办这样的所谓娱乐,其靡费之大也极为惊人。在公元4世纪,一个叫做席马克的大官替他儿子举行得官的私人游艺庆典,为期七天,花费的金子竟达两千镑(约合九万英镑)。从这一个例子来推想,那些由国家举办的大规模的公共赛会和娱乐,其挥霍的数目之大,更是不问可知了。奴隶主的任意浪费,不可避免地会产生这样的经济后果,那就是加强对奴隶和劳动者的剥削,斲丧罗马社会生产的发展。

在奴隶主的豪华享乐之中,生产衰落的征兆也在开始发生了。奴隶的供应越来越不够,不论农业、手工业和矿业都感到劳动力的缺乏。规模较大的经营已经渐渐不支,它们被迫缩小或分散。生产成品的质量也在降低了,这说明技术的衰退。这些现象在公元2世纪已经看到一些征兆,到了下一世纪,它们就爆发为整个奴隶制的危机。全盛的时代同时是衰亡的前奏。在两个世纪的所谓"罗马的和平"的后面,接着来的是长期的黑暗和混乱。到了3世纪,帝国早期的繁荣就一去不返。曾经盛极一时的罗马奴隶制社会终于要走向它的尽头。

第十章　罗马奴隶制帝国的衰亡

一　第三世纪的危机

公元2世纪的下半叶，服膺斯多葛派哲学的马可·奥理略在做着罗马的皇帝。他曾经写过一本书，一般称为《沉思录》。但是当时帝国的处境，已经有许多问题使他不能在宁静中"沉思"了。在他即位的第二年，东方爆发了和安息的战争。这场战争结束不久，西方的多瑙河上又传来了边警。自从图拉真以来，多瑙河沿边已经安定了有半个多世纪了。边外的日耳曼人，很久都不敢来进犯。可是到了公元167年，却有两支日耳曼的部落渡过了多瑙河，一支叫马可曼尼，一支叫夸底，他们一直插入意大利的北部。这就使马可·奥理略不得不打断他的"沉思"，亲自带兵去抵御。在开头，他打了好几个胜仗。看样子，罗马的威力似乎还很高，这位皇帝也很可以把帝国的边界向北推展到喀尔巴阡山。然而事态的发展并不如想象的顺利。西方的战事还没有解决，东方的叙

第十章　罗马奴隶制帝国的衰亡

利亚又出了新的叛乱[1]。等东方的乱事平定了，多瑙河上的战争已经形成长期不决的局面。马可·奥理略不惜出售皇室的珍宝，来供应紧迫的军费。可是战争依旧在拖延，最后他竟死亡在军中。到他儿子康谟特（公元180—192年在位）继位的时候，虽然战争结束了，不过这个结束是以不利于罗马的和约换来的。根据和约，帝国在表面上维持原有的疆界，实际上却允许日耳曼人以所谓"同盟"的地位定居在边境之内，并且为帝国服兵役，替帝国守边。当时反对康谟特的人，对于这个和约是很不满的。其实早在马可·奥理略的生前，已曾容许过马可曼尼人移居在帝国的边区，康谟特所订的和约，不过是对一个不可抗拒的趋势加以法律上的认可。从此帝国的边境就不再是一道不可逾越的界线，日耳曼人不仅可以移殖进来，而且还将成为帝国雇佣军的兵源。

马可·奥理略和康谟特的挫折，并非一个单纯的对外军事失策的问题。从他们的挫折中，已可看到帝国内部由盛转衰的征兆。马可·奥理略那种筹措军费的出于不得已的方式，透露了帝国经济的枯竭。战事的拖延不决，以及最后康谟特承认日耳曼人作为"同盟"来守边，也说明帝国兵力的衰落。

---

[1] 这是将军A.加西的叛变，发生在公元175年。虽然叛变很快就被平息，但已影响多瑙河上的军事。

这些衰败的征兆绝不是偶然的。在它们的背后，潜藏着深刻的社会危机。到了3世纪，这个危机便暴露无遗，从各方面摇撼帝国统治的基础。

产生危机最根本的原因是奴隶制经济的凋敝。从1世纪起，罗马大规模的对外扩张停止了。作为奴隶重要来源的战俘，已经不能再有大量的供应。自从地中海的海盗平定以后，掳掠人口的活动也不像以前那样流行了，这也影响到奴隶的来源。因此奴隶的人数供不应求，奴隶的价格也不断上涨。尼禄皇帝时代有一位写作农书的作家，就曾指出要买到合用的奴隶，必须付出高额的价钱[1]。奴隶价格的增高，必然影响生产的成本。对于奴隶主，这是不经济的。奴隶主曾经以多买女奴，允许奴隶婚娶和鼓励生殖的方法来弥补奴隶供应的不足。但是家生奴的畜养费时既长，花钱又多，仍然不如购买外来廉价奴隶的合算。使用奴隶劳动的大田庄、矿场和手工业作坊都越来越维持不了。因奴隶价格高涨而增加的支出，又不能用提高生产效率来补偿。奴隶的怠工、破坏工具、逃亡等等是经常的反抗方式，忍无可忍时就实行暴动。他们已经不可能有生产的积极性，生产力的发展不但停滞不前，而

---

[1] 科伦米拉，公元1世纪中叶的作家，他的农书不仅论农业、园艺、果园种植，并且还论及畜牧、饲鸟、养鱼和养蜂等。

第十章 罗马奴隶制帝国的衰亡

且还有衰退的现象。

帝国的上层结构也使衰退的奴隶制经济不堪财政的负担。到了第3世纪,皇帝的宫廷、官僚体系、军队都已扩张到前所未见的程度。为了维持这套在膨胀中的国家机构,帝国政府必须支出浩大的经费。公共庆典挥霍无度,官吏中饱自肥,一切沉重的负担都加在濒于破碎的经济上。经济既已濒于破碎,税源就很成问题。帝国政府不得不竭泽而渔,把缴足税收的责任强加在各地城市议会的头上。如果一个城市的税收不能足额,这个地方市议会的成员就要担负补足的责任。在过去,富有的市民把置身市议会看做是政治权利和社会荣誉。到现在,人们把它视为畏途。有的人宁可逃位而去,在位的也日趋穷迫,城市中等阶层的没落随之加深。帝国政府又往往采取发行劣质货币的办法,应付紧迫的开支。在奥格斯都时代,货币的成色都是十足的。到了马可·奥理略时期,货币成色已经下降到百分之二十五,到了第3世纪中叶,更降低到百分之五。劣质货币的发行,加速物价的高涨。物价越高,政府的财政越困难,税收短少和货币贬值的问题也就越严重。这样就形成一种恶性循环,结果是造成商业和手工业的动荡不安,城市经济不得不走向普遍衰败的道路。

城市经济的衰落,特别是商业的衰落,又转而影响农业。在奴隶制大田庄繁盛的时期,各地的农业曾经有过较高的商品生产率，粮食、葡萄、橄榄都有过很大的市场。由于奴隶来源缺乏，大田庄的生产已经在萎缩，对市场的供应也已经远不如前了。加上城市商业的衰落，这个萎缩的趋势更其迅速发展，结果是大田庄的农业越来越变成自给自足的经济。缺乏奴隶劳动的大田庄，这时早已放弃大规模耕作。大田庄主让更多的奴隶赎身，解放奴隶，推行自共和国末期即已开始出现的办法，把大田庄划成许多小块，交给原来属于他们的奴隶耕种，向耕种者征取一部分产品。这样，许多奴隶就转变为隶农。苟延残喘的小农民，在重税和暴政的压榨之下，也无法保持独立的地位。有的受到债利盘剥，失去了土地，成为大土地所有者的佃客；有的不胜税吏的逼迫，宁可连土地都投附大土地所有者，成为"被保护人"。大土地所有者也就利用这些不同的方式，把承佃土地的和投附的自由农民转变为隶农，向他们榨取地租。这些发展的结果，在根本上打破奴隶制社会自由农民和奴隶之间的界限，使他们地位接近，命运相连，一起变为隶农，也就是一起走向农奴化的道路。共和国时代奴隶主以自由农民组成军队来镇压奴隶起义的事情，从此以后也不会再有，因为原来的自由农民和原来的奴隶到这时已经开始混合为一个新的社会阶级。今后各地的起义将是奴隶、隶农和贫民的联合起义。斯巴达克起义时期所不能稳固形成的贫民和奴隶联盟，现在已经机运成熟，一切

第十章　罗马奴隶制帝国的衰亡

被剥削、被压迫的劳苦大众将共同起来推翻奴隶制的统治秩序。在大土地所有者这一方面，他们的地位也在变化。自给自足的田庄，在这时和商业凋敝的城市已经没有什么经济上的联系。经济联系的削弱导致政治联系的削弱。大土地所有者开始变为政治上具有半独立地位的土豪。这个趋势在3世纪以后更为明显。他们享有部分的或全部的赋税豁免权，对于帝国政府的地方官吏可以拒不受命，甚至有权不许税吏进入他们的田庄。如果说隶农是农奴的前驱，他们就是封建主的前驱。在奴隶制度的母胎里，已经滋生着封建制度的幼芽。

对于帝国政府，这一切的发展都是不利的。城市工商业的衰落，农业的转向自然经济，都严重影响帝国的财政。帝国的兴起是和军权的强大分不开的。然而在这时，军队给养已经成为帝国财政的赘疣。长久以来，罗马的军队早就是职业化的雇佣军。早期应募的是罗马自由民，到了第3世纪，军中就有了日耳曼人。这些来源复杂的雇佣军，当兵的唯一目的是为了吃饷。可是帝国财政竭蹶，军饷常常成为紧张的问题。各地的雇佣军往往拥立能够多发粮饷的将领，将领也以增加军饷为博得他们拥戴的钓饵。公元192年康谟特被害以后，禁卫军拥戴犹里安，杀害波提纳克，其中一个重要原因就是为了索要高额的军饷。后来塞维鲁（公元193—211年在位）和他的儿子卡勒加拉（公元211—217年在位）先后做皇帝，也曾以增加兵饷笼络军心。不过帝国的根本病症不是增加军饷就能医治的，增加军饷的结果只有使财政更困难，赋税更加重，对经济的摧残也就更厉害。这个办法无论怎样也不能持久。卡勒加拉一死，他的儿子马克里（公元217—218年在位）就不得不裁减军饷。雇佣军对于马克里的答复是直截了当的，他们抛开这位皇帝，重新拥立了别人。在过去，总是将领拥兵自重，取得帝位，韦柏芗（公元69—79年在位）和图拉真都是属于这类的例子。可是到这时，将拥兵已经变为兵拥将了。无纪律的军队几乎随心所欲，朝立一帝，夕弑一君，从公元235年起，开始了整整五十年的军事无政府的黑暗时代。在这段时期里，分裂混乱和皇帝之死于非命，成为平淡无奇，而皇帝竟能终其天年，倒是极稀有的现象。在这些现象的背后，人们已可看到一个阴森的社会经济崩溃的鬼影。

长期的军事混乱，重税、残酷的剥削和压迫，因普遍贫困而蔓延难制的瘟疫，使人民群众的生活陷入苦难的深渊。3世纪中叶，各地爆发了武装起义。西西里过去是奴隶起义的中心，这时又发生暴动，统治者费尽气力才把它镇压下去。高卢北部的贫民、隶农和奴隶也掀起号称"巴高达"的革命运动。"巴高达"的意思是"斗士"，这些起义的"斗士"占领田庄和城市，推举自己的领袖做皇帝。到了80年代，运动虽然暂时平息，但是它的余波未已，一直绵延到下两个世纪。

第十章　罗马奴隶制帝国的衰亡

人民起义的力量也在震撼帝国的首都。罗马的手工业者、贫民、奴隶曾经联合起义，一举击杀了七千名帝国的军士。

与此同时，外族的入侵也渐渐严重起来了。多瑙河外的哥特人在251年击毙了皇帝戴西（公元249—251年在位），后来又横越巴尔干，袭取拜占庭城，攻扰小亚细亚和爱琴海区。在帝国的西北部，法兰克人于256年起就出现在莱茵河的下游。他们转瞬进入高卢的中部和东部，并且在西班牙的东北获得立足的据点。阿雷曼人也在这时分支渡越莱茵河，一支进扰高卢的泷河流域，另一支直下意大利的北部。这时日耳曼人的进攻，在组织上还是不严密的。但他们来去飘忽，使罗马穷于应付，并且在军事上完全陷入被动的地位。当西方的边患越来越紧的时候，帝国的东方也兴起了劲敌。公元256年，新兴的伊朗进攻叙利亚，占领了安条克城。罗马皇帝维勒里阿（公元253—259？年在位）在两年后率兵反击，结果竟战败被俘，坐视伊朗军横扫小亚细亚。如果没有帕密拉出兵相救，东方的行省恐怕早就不能保全了。

在帝国的历史上，第3世纪是一个大逆转的时期。这个时期的危机是全面性的，它伸展到社会的各个方面，帝国的统治者当然还要作一番挣扎。然而奴隶制的社会已经到了油尽灯枯的地步，任何的挣扎也挽救不了帝国衰亡的厄运。

二 徒劳无益的改革

和许多历史上的现象一样,罗马帝国的衰亡并不是循着直线发展的。在危机的激荡之中,帝国的命运不绝如缕。每当动乱之后,也会出现这样的皇帝,企图用这样或那样的改革,收拾和重整破碎的局面。这类改革也会多少发生一些作用,形成短暂的稳定。然而这种稳定只能看做是衰亡过程中的插曲,跟在稳定后面的依然是一次又一次的动乱。从长期趋势说,这些改革都是徒然的,它们也不是什么帝国的"中兴"。较早的塞维鲁的改革以及后来戴克里先(公元284—305年在位)和君士坦丁(公元306—337年在位)的改革,在罗马帝国历史上的地位都不过是如此。

塞维鲁的改革是在结束2世纪末军事混乱之后进行的。改革的内容不外整军和整政。他扩大了军队,任用易于听命的将领,又增加了军饷。在政治方面,他缩小省区,从而裁减行省总督权力所及的范围,又在行省中增设副职,借此以牵制总督。这些措施的结果,固然暂时加强了皇帝统治的力量,但在另一方面,军队和官僚的人数扩充了,又把更重的赋税压在人民的头上。塞维鲁死后没有几年,就出现上文已经提到的更其严重的混乱。到了3世纪末和4世纪初,戴克里先和君士坦丁又先后作了很多的改革。这些改革的内容比

戴克里先

塞维鲁改革远为复杂，但在总的目标上还是为了加强皇权和稳定秩序。戴克里先竭力强化奴隶制的专制政体，皇帝即位再也不需要元老院的同意。所谓元老院，本来早就没有什么实权了，这时更其成为政治上的化石。皇帝采用专制的朝仪，朝廷神圣不可黩犯。在奥格斯都时代，皇帝是所谓"公民之首"，到了这时，干脆称为"主上"。为了避免皇位的争夺，戴克里先规定一种特殊的继位法。他设置两个"奥格斯都"，权位均等，共同颁布帝国的敕令，分别统辖帝国的东西两部。每一"奥格斯都"各有一个副职，称为"恺撒"。前者出缺时，就由后者继任。所以"恺撒"不仅是"奥格斯都"

的副手，而且也是他的预定继承人。戴克里先又重新划分行政区域。帝国东西两部各分为两大行政区，每区设置大都督。大行政区下分为若干州，州有州牧。每州之下又分为若干省，省有省长。这样划分的结果，省区比塞维鲁时代是更其缩小了，省的数目却大为增加，从六十加到一百一十六。于是官僚体系也比以前更其庞大了。在军事方面，各省都有军区长官，统率省内防军。在每个大行政区，又各设机动部队，这种部队有较强的战斗力，兵士多半是从蛮族中募来的。此外皇帝还另有禁卫军。在这样繁复的军事编制之下，军队的数目也大大扩充了。在奥格斯都时代，帝国的军队共有三十万，到了这时，这个数字已经加到五十万，有的估计还不止此。戴克里先以为有了如此明确的皇位继承法，又有了如此层次严整的行政和军事制度，加上如此众多的官僚和军队，帝国的统治应该可以安如磐石了。然而不可违拗的历史大势对戴克里先的改革给以无情的嘲讽。当戴克里先在305年退位以后，皇位继承法不久就失去了作用。日趋涣散的帝国，又重演群雄角逐的老戏。在历史上素来与戴克里先并称的君士坦丁，就不是按照皇位继承法做上皇帝的，而是经过了多年的血战，翦灭了群雄，一步一步地打上了皇帝的宝座。

罗马帝国的统治术，从奥格斯都起，就是依靠受命于皇帝的官僚和由皇帝统率的军队。这个方法在历代皇帝中薪火

第十章 罗马奴隶制帝国的衰亡

相传,每当帝国的统治动荡不安,就必然会来一套加强吏治和扩充军力的改革。他们对于几个世纪来奴隶制经济的变化是不能理解的。他们所采取的方法也不可能解决由于这一根本变化而产生的问题。塞维鲁和戴克里先的徒劳无功,并没有使君士坦丁觉得应该放弃这个传统的方法。君士坦丁全部承袭了戴克里先遗留下来的一套官僚机构和军事制度。在这一方面,他和戴克里先无分轩轾。不过他曾经加强一些过去已有的措施,还加上一些其他的办法。这些办法同样没有收到预期的效果。君士坦丁死后帝国的扰攘,就是这些办法无效的见证。

由戴克里先建立起来的繁复的行政和军事制度,导致军政费用的巨大膨胀。因此帝国政府必须采取可以保证税收的办法。这就是前文已经提到的强制各地市议会负起缴足税额的责任。为了防止议员逃避,帝国还把市议会的议员规定为一种强制性的职务,任何人不许擅离自己的城市。农民和手工业者,也受到类似的限制。这些奴役人民的措施,在3世纪的混乱时代已经发生了。到了戴克里先的时期,就逐渐经常化。君士坦丁的官僚体系和军队的庞大,比戴克里先时期有过之无不及,他也面临同样的问题。因此君士坦丁不断地颁布法令,加强这些强制的办法。公元332年,隶农的身份被定为世袭的,农业的直接劳动者必须世代附着在他们耕种的土地上。326年的另一个法令，禁止城市议员做教士，不许他们借此豁免纳税义务。其他如手工业者、运输商，特别是那些与军队给养有关的各种生产者，都被约束在各种行业之内，不准脱离。这些措施的结果是奴隶制的社会制度并没有得到巩固，而是加速地向封建化的道路发展。历史的规律和戴克里先、君士坦丁等的主观意图是背道而驰的，它正在利用奴隶制社会本身的矛盾来否定这个社会。

君士坦丁大概也看出仅仅依靠官僚和军队已经不足维持帝国的统治了，他开始利用一种新的社会团体，这就是基督教教会。基督教在初起的时候，本是一种被压迫者的宗教。传教士向贫苦无告的人们传布未来世界的福音，把超脱苦难的希望寄托在身后的天堂。早期的基督教对于富人和统治者，是抱着愤恨的态度的。传说中的教主耶稣曾经说，富人要进入天堂，比骆驼穿过针眼还要难。但是耶稣所宣传的教义，自始就留下可供统治者利用的空隙。他要信徒忍辱受苦，对现世的不平不采取积极斗争的态度。对于统治者，这种态度不但不足为患，而且还可用以教人安于既定的秩序。所以尽管基督教在初起的两三百年曾经受到帝国的多方迫害，但是到后来，这种情况就逐渐地改变。3世纪的长期混乱以及在这一时期里统治阶级伦理道德的堕落，使许多贵族或富有者的代表人物对于现世的生活失去信心，产生了一种末世的感

君士坦丁大帝

觉。其中不少人开始信奉基督教，把自己的财富捐给教会。自从基督教吸收了这一类的教徒，它的性质渐起变化。原来由贫苦大众所组织的宗教团体，到现在却渐渐和统治者的思想意识靠拢。在教会组织中，也已形成一种严格的、尊卑分明的教阶制度。出身富贵和有文化教养的教徒，很自然地取得教会的领导地位。他们成为高级教士，掌握教会的管理权和财权，并且凭借日益发展的教会组织，在社会道义上享有很高的威信。一旦教会有了这些重大的变化，它和奴隶主国家的关系就和以前不同了。在罗马皇帝中，君士坦丁第一个看准了教会可以做帝国统治者的帮凶。他伸着一双血手去信奉基督教，早在公元312年就颁布米兰法令，承认基督教的合法地位，发回被没收的教会财产。后来他又赋予教会以种种特权，所有教士都豁免了赋税和徭役。他也全力支持基督教的正宗教义，在他所召开的尼西亚宗教大会上（公元325年），罢黜非正宗的神学理论。这样，国家和教会结为一体了，教会变成帝国统治人心的工具。在这一点上，君士坦丁巩固帝国统治的方法，的确比戴克里先进了一步。

然而权势和财富日增的教会，本身也在成为大土地所有者，高级教士的社会地位已经和世俗的大地主没有区别。他们也拥有隶农和受"庇护"的农民，这些隶农和农民也依附在他们的土地上。世俗大地主在统治上对帝国的离心现象，也同样地在他们之中滋长。在帝国不能维持有效统治的城市里，主教甚至起而取得地方的政权。如果说世俗大地主正在变为半独立的封建主，教会的主教和大主教也不例外。应该注意的，是那些和帝国政权相依托的教会上层分子，并不能代表所有的下层社会的教徒。他们不但不能消灭因经济崩溃而产生的人民群众的反抗，而且还因本身参加剥削招致更多的不满。于是不满官定正宗教义的教徒和人民群众的反抗相结合，形成统治者所说的"异端"。他们反抗正宗教会，同时也是反抗与教会结为一体的奴隶制国家。君士坦丁利用教会巩固奴隶制国家的方法，从长期效果看，也是徒劳无益的。

3世纪以后的罗马帝国已经患了不治之症。作为一个垂死阶级的代理人,君士坦丁不可能成为医国的圣手。

三 最后的崩溃

当君士坦丁的时期,虽然统治者在表面上重整旗鼓,但在实际上帝国的衰落已经到了不可挽救的阶段。特别是西方,城市几乎已经失去在商业和手工业方面的意义。帝国的首都罗马也同样在衰落,它已不能再作为帝国统治的中心。君士坦丁在公元330年迁都拜占庭,号为"新罗马"。然而整个罗马帝国的命运在这时已经没有更新的可能。内部的奴隶、隶农和贫民起义正在和不断的"蛮族"入侵汇为最后的暴风雨,残存的奴隶主政权也正在等候最后历史的判决。

在摧毁奴隶制帝国的各种力量中,所谓"蛮族"并非一个单纯的外部因素。许多"蛮族"早已整族整族地迁入帝国的边区,他们被称为"同盟者"。有的"蛮族"沦为奴隶和隶农,有的应募为雇佣军。在帝国的后期,"蛮族"成为雇佣军的主要兵源,出身"蛮族"的将领也往往有很大的权势。从一般情况说,这些已入境的"蛮族"和被压迫者是命运相连的。他们参加人民的反抗活动,而这些活动又常常和由外部侵入的"蛮族"互相呼应。这种内外力量的汇合,自然只是属于自发的性质，但在实际效果上，它们起了互相呼应的作用。

在第4到第5世纪，"蛮族"大移徙开始了。最先南徙的是早已迁到黑海北岸的日耳曼人。这一部分的日耳曼人称为哥特人，分为东西两支。第4世纪的70年代，匈奴人向西进攻，西哥特人被迫渡过多瑙河，进入东部罗马的国境。起初，罗马允许给他们以"同盟者"的身份。但是罗马的官吏勒索他们的财物，并把他们变卖为奴隶。被激怒的西哥特人在公元376年起来反抗。他们向巴尔干推进，沿途破坏大地主的田庄和城市。许多奴隶、隶农、贫民加入他们的队伍，形成一支强大的起义力量。378年，罗马东部的皇帝瓦伦斯（公元364—378年在位）亲自率军镇压，在阿德里亚堡一役中全军覆没，皇帝本人阵亡。这时巴尔干半岛到处都受到起义军的袭击，除了大城市，几乎遇不到抵抗。次年，罗马以狄奥多西（公元379—395年在位）为东部的皇帝，反攻西哥特人。狄奥多西虽获胜利，但他已经不能把西哥特人驱逐出境。根据最后订立的和约，狄奥多西承认西哥特人"同盟"的地位，并允许他们定居在巴尔干的西部。

从君士坦丁以后，帝国在事实上已分裂为二。皇帝常常是两个，一个在东部，一个在西部。狄奥多西曾在公元394年把帝国重新统一。然而仅仅一年的工夫，当他在395年死

第十章　罗马奴隶制帝国的衰亡

后,他的两个儿子又分东西而治,从此帝国就不再统一了。就在这时,西哥特人在善战的首领阿拉里克的领导下,再度起兵。他们出入希腊和北意大利,到处打得残破不堪。到了408年,罗马的蛮族雇佣兵约有三万人投向阿拉里克。西哥特人的声势更壮了,大军围住罗马城。城里的贵族奴隶主被迫求和,但是正像一个内心怯弱而又狡诈的懦夫,他们还强作壮语来讨价还价。他们鼓起气来说,在迫不得已中的罗马人将会殊死奋战的。可是,罗马的统治阶级还有什么更迫不得已的时候呢?这时的不列颠已经放弃了,高卢也已挡不住日耳曼各族的入侵,至于罗马城,连一个可以依靠的雇佣军将领也没有了[1]。对于这些,阿拉里克是一目了然的。站在他面前的罗马和使,不就是一个迫不得已的统治阶级的代表吗?因此他对和使的壮语报之一笑,回答说:"好吧,麦秸子越密,割起来越容易!"无计可售的贵族奴隶主,连大拇指也不敢竖一个,付出大量的金银财物作为解围的赂金。过了两年,有数以万计的奴隶和蛮族雇佣兵与之并肩作战的西哥特人,又兵临罗马城下了。城里的奴隶打开城门,有过一千多年历史的罗马在这时躺在阿拉里克的脚下。在劫掠罗马以后,阿拉里克又向南进攻。这时意大利半岛的统治秩序已经无法

---

[1] 曾经打败过阿拉里克的蛮族将领斯提里柯于408年因受贵族排挤被杀。

维持，到处有奴隶、隶农和贫苦大众的暴动。不久，阿拉里克病死，他的弟弟阿陶夫率领西哥特人席卷而北。他们进入高卢的南部，然后征服西班牙，建立第一个"蛮族"王国。

当阿拉里克纵横意大利的时候，高卢的全境也是烽火连天。从上两个世纪就曾爆发过的"巴高达"运动，在这时又展开反奴隶主统治的斗争。奴隶、佃农、赤贫的人民都参加了战斗。勃艮底人、法兰克人和西哥特人也在摧毁罗马在高卢的统治。到了5世纪的30年代，罗马虽然暂时平息了"巴高达"运动，但入侵的日耳曼各族已经在这里立定了脚跟，到后来各自创建了王国。5世纪中叶，匈奴人曾经进攻高卢和意大利。喘息未定的罗马统治者，已经不可能维持在高卢的统治了。

"巴高达"运动也曾扩展到西班牙。这时的西班牙，也早已不是一个平静的、以它的锡矿和铅矿来供给罗马奴隶主享用的地区。日耳曼人中的斯维夫族、阿伦族和汪达尔族已经闯进了西班牙。和其他地区一样，这里也是内部起义和外族入侵的力量相凑合，结果是罗马统治秩序的崩溃。当西哥特人攻入西班牙的时候，先来的汪达尔族和阿伦族由直布罗陀转到了北非。北非在5世纪初曾经爆发人民起义。这个起义在表面上是基督教的异端运动，在实际上是劳苦群众为争取自由的斗争。参加起义者要求恢复早期朴素的基督教，要求

第十章　罗马奴隶制帝国的衰亡

社会平等和财产公有。运动虽然受到残酷的镇压，但是它的根株是斩不绝的。当汪达尔人进入北非，反抗罗马统治的人民就和他们相结合。在围攻希波里吉斯一役中（公元430—431年），代表罗马正宗基督教的主教奥格斯丁被打死了。奥格斯丁的死亡象征着罗马在北非统治的终结，汪达尔人随即在北非建立自己的国家。到了公元455年，他们还渡海攻陷罗马城，整整地洗劫了半个月。曾经以豪华富丽震惊一世的帝国中心，这时已经随着奴隶制的崩溃而满目疮痍了。

在西罗马帝国的最后几十年，罗马城在事实上已经不是帝国的首都。皇帝多半住在米兰，后来移住拉温那。帝国的领土也只限于意大利，其他地区已经分属各个"蛮族"王国。在意大利，皇帝的统治也只徒拥虚名，残余的政权完全操纵在出身"蛮族"的将领手里。事实上，奴隶制大帝国早已在人民起义和"蛮族"入侵的烽火中溃亡了。公元476年，"蛮族"将领奥多阿克废黜西罗马的末帝，不过是最后正式宣告这个政权的终结。一个多世纪的战乱，把罗马社会的生产力破坏到前所未见的地步。但是在同时，战争推翻了压在人民头上的奴隶制秩序，解放了大量的奴隶，带来了日耳曼人公社的制度，又为新的生产力发展开辟广阔的前途。在罗马奴隶社会衰败的过程中，如前文已经分析过的，封建的生产关系已经在萌芽。这一萌芽和日耳曼人公社制度的因素相结合，逐渐成长为中世纪的封建制度。这个成长的过程是缓慢的、痛苦的，但是历史的步伐没有停止，新的社会关系终于要在奴隶制的废墟上建立起来。在东罗马，拜占庭的政权虽然没有和西罗马的政权同时灭亡，但这个政权也在随着社会的封建化而改变它的性质。后来斯拉夫人的南侵，也带来走向封建化的公社制度的因素。当西欧各地封建制度普遍成长的时期，拜占庭帝国也已成为一个封建帝国了。从此以后，欧洲的历史转入新的一章，奴隶制的社会已经退出历史舞台，让位于封建社会。

附录

希腊城邦的形成及其历史特点

一

这篇文章想说明两个问题：一、希腊城邦形成的过程和分布的范围；二、希腊城邦制的特点。

公元前12世纪多利安人的入侵，曾经引起希腊各部族一次广泛的移徙。这次移徙历时约一个半世纪，移徙的范围遍及小亚细亚沿岸和附近的大小诸岛。自从经过这一次移徙，希腊世界就不限于本土，还包括爱琴海对岸和两岸之间星罗棋布的岛屿。希腊人最初建立的城邦，就遍布在这一范围内的陆上和岛上。

关于希腊人城邦形成的历史，现在所知有限。除了《荷马史诗》、亥西奥特《田功农时》、保留在后代记载中的传说和若干考古的发现，在许多问题上还是史有阙疑，只能托之合理的、谨慎的推测。19世纪以来学术界对于原始社会的比较研究，为这一问题提供了重要的参考。恩格斯论雅典国家的起源，既征之于文献，又结合近代有关人类史前社会的知识，然后才作出谨慎的、历史唯物主义的论断[1]。本文对希腊城邦形成过程的说明，主要是依据已有史料和前人所作的研究。我们不能为这段时期排出大事的年表，也很少能举出具体而完整的史实。在这一问题上，我们所不知的远比已知的为多。当我们以少数的已知来概括多数的未知，这种概括的历史真实性自然只具有相对的意义。

根据荷马史诗中的材料，从特洛城之战以后的三四百年，是希腊世界由青铜器转入铁器的时代。青铜器在当时虽还占有重要的地位，但铁器已不是陌生的东西。荷马常常把铁、铜和金子并举[2]。在贸易中，铁已成为一种交换的媒介[3]。值得注意的是，当青铜还在用于制造兵器的同时，已经出现了铁制的农具、牧具、槌、钳，以及屠刀等等的工具[4]。虽然当时的冶铁术还不很精，但是铁器在生产上的应用，无疑推动了生产的发展。由于生产的发展，必然会导致比较细致的社会分工。于是脱离农业的手工业发生了，交换的活动频繁了，累积财富的可能也随之扩大了。在平等的氏族公社的内

---

[1] 恩格斯：《家庭、私有制和国家的起源》，第四、第五节，《马克思恩格斯选集》第四卷，人民出版社1954年版。
[2] 《伊里亚特》，卷七，472行起。
[3] 《奥德赛》，卷十六，294行；卷十九，13行。
[4] A.朗格：《荷马的世界》，98—99页；B.C.塞尔格叶夫：《古希腊史》，缪灵珠译，高等教育出版社，1955，127—128页。

部，也就不可避免地有了财富的分化。各部族的酋长和上层分子，往往拥有"广大的地产、美丽的葡萄园和麦浪洋洋的耕地"[1]。部分的氏族成员却在开始沦落，成为失地的游离分子。这些游离者辗转贫困，或则流为佣工，或则流为家奴和乞丐。史诗中所叙述的巴昔勒斯和他的亲属，固然还有从事家务劳动的迹象，但是他们已经有了特殊的身份，能够摆出普通人所不能想望的生活场面[2]。这些贫富分化的现象，到了公元前8世纪亥西奥特的时代，似乎显得更其紧迫。亥西奥特谆谆告诫他的兄弟要刻苦致富，"因为荣华总是和财富相随"，而"饥馑总是紧跟着懒汉"[3]，在这时，土地兼并大概已比以前的严重，因为这时出现了土地的买卖，而土地买卖还不曾见于荷马的史诗[4]。关于奴隶，亥西奥特也曾屡次涉及[5]。虽不能说这时的奴隶制已有很大的发展，但是荷马史诗

---

[1] 《伊里亚特》，卷十二，313—314行。
[2] 关于巴昔勒斯和新属的从事家务劳动，如《奥德赛》，卷二十三，183—204行述奥德赛制床；又同上书，卷六，303—307行述斯克里亚岛国的"公主"和"王后"洗衣纺线。关于巴昔勒斯的特殊地位和生活排场，如《伊里亚特》，卷十八，556—557行述"君王"监督农夫，又《奥德赛》，卷七，78—181行述阿尔克留斯生活的豪华。这里对宫室的描述自然有很大的夸张，但它反映巴昔勒斯的地位已经在特殊化了。
[3] 亥西奥特：《田功农时》，298—316行。
[4] A.朗格：《荷马的世界》，22—23页。
[5] A.R.巴恩斯：《亥西奥特的世界》，38—42页。

中所说的奴隶主，大抵还是一些氏族贵族，而在亥西奥特的诗里，连自耕的小田主，也已蓄养了奴隶。这些现象都说明社会的阶级分化正在日益加深。高踞在大众之上的富有者，越来越有用政治力量来巩固他们特殊地位的必要。从历史发展的通例看，处于这种情况下的社会，已经具备了形成国家机构的前提。

然而任何一个国家的形成，还必须具有一定的领域。领域为国家权力划清地理的范围，逐渐形成的统治阶级也必然是在一定的领域内行使国家的权力。在前国家时期，维系社会成员的纽带是部族或氏族的血缘关系。处在这一阶段中的社会，一般都还缺乏明确的领域观念。社会成员对于集体的义务和权利，取决于其所属的血缘，而不是取决于其所属的地域。从这样的社会过渡到国家，还必须使血缘的原则从属于地域的原则。在希腊人城邦形成的过程中，其演变的情况正复如此。荷马时代的社会是以氏族为其基本单元的。若干氏族结合为大氏族，若干大氏族又结合为部族。在有军事必要的时候，若干的部族又可以结合为部族联盟。攻打特洛城的希腊人统帅阿加梅农，就是这种战时的部族联盟的首领。由于不断的战争和移徙，这些以血缘相维系的单位，起初还带有一定的流动的性质，但是由于农业定居生活的发展，它们已经和一定的地域发生比较牢固的关系。随着氏族内部阶级的分化，血缘关系对若干贫困的成员逐渐失去了保障的意义，于是氏族公社不得不演为地域性的村社。修昔底德在追述希腊人早期历史的时候，曾经提到"没有卫城的、由一群村社组成的市镇"[1]。虽然这种村社的居民多半还会是同族的关系，但村社所强调的已经是地域而不是血缘。一旦历史上出现了这样的村社，地域的原则就开始侵蚀血缘的原则。对于国家的形成，这一演变提供了必要的领域的前提。亚里士多德曾经说："……合若干家族而组成的社会称为村社，……许多村社在各方面紧相结合又成为一个名为城邦的社会……"[2]亚里士多德当然不懂得从阶级分化来阐明城邦的形成，但从城邦是由于若干村社的联合、村社又是聚若干家族而成的这点而论，他的说法至少是反映了部分历史的真实。希腊城邦固然是阶级统治的机器，但它同时也是在一定领域里面的阶级统治的机器。

以上的说明，可以看做是希腊各族由氏族发展到城邦的一般轮廓。除了亥西奥特是反映彼奥提亚的情况而外，其他如荷马史诗中的资料以及亚里士多德的说法，都很难说是确指哪一个地区。因此，从这些材料来说明希腊城邦的形成，

---

[1] 修昔底德:《伯罗奔尼撒战史》，卷一，章一，6。
[2] 亚里士多德:《政治学》，卷一，章二，1252b。

所能得到的还只是一个很一般的概念。希腊各城邦的建立，在时间上是先后不一的。大概小亚细亚沿岸和附近各岛的城邦要较早于希腊的本土。然而关于小亚细亚希腊城邦形成的过程，几乎没有任何具体而完整的记载。我们只能说，上文所作的说明，大概对它们也能适用。从史料较多的雅典和斯巴达的历史来看，一个城邦形成的过程，似乎也越不出上面所说的轮廓。为了充实上文一般性的说明，应当回顾一下雅典和斯巴达的早期历史。

据雅典的传说，亚狄加各个村社的联合，是在提秀斯王的时期才完成的。修昔底德书中有云："在塞克洛甫和最初诸王的时期，直到提秀斯当政，雅典总是分为好些各有其公所和首长的独立村社。除非发生危急的事情，大家就不和王打交道。他们在自己的村社里各管各事，不受王的干预。有时甚至对王作战……但提秀斯是一个既有才干又有权力的统治者，他的治国要政之一就是取消那些村社的公所和首长，把所有亚狄加的居民集合于目前的这个城邦里，成立同一的会议和公所。居民可以依旧享有自己的财产，但是从此必须以雅典为唯一的政治中心，并且隶籍雅典，成为它的公民。这样就兴起了一个大的城邦，由提秀斯留传给后代……"[1]

---

[1] 修昔底德:《伯罗奔尼撒战史》，卷二，章六，15。

从这段记载看，雅典城邦的形成，无疑是由于为某些部族所定居的若干邻近村社的联合。这些联合起来的村社，就构成雅典国家最早的版图。在社会结构上，这些村社当然已经不是原始平等的公社，它们的内部必已有了阶级的分化。普鲁塔克说提秀斯"是第一个把国家分为贵族、农民、手艺匠三种不同等级的人"[1]，其实这样的说法未必确切。提秀斯所做的，大概是以新起的国家的力量，对已经分化了的社会阶级加以肯定和巩固，把现实存在的东西定为法律认可的东西。社会阶级的分化总是国家成立的前提，任何一个有力的统治者也不可能用立法的手段把没有阶级分化的社会分为不同的等级。但是普鲁塔克的记载对于我们仍然有用处。只要不拘泥于"第一个……"云云的说法，还是可以从中看出雅典国家形成期间阶级的分化。普鲁塔克又说提秀斯"把宗教的管理、官职的遴选、关于法律的训诫和执行，以及一切神圣事务的解释和指导都委交给贵族"[2]。从本文所讨论的问题来看，这条记载似乎更值得注意。因为它说明在雅典形成的国家究竟是为了哪一个阶级的利益，哪一个阶级需要建立国家的政权。如果不出现这样的阶级，也就不会出现雅典的

---

[1] 普鲁塔克:《名人传集》，近代丛书本，16页。
[2] 普鲁塔克，前揭书，16页。

国家。

斯巴达的历史虽然在许多方面和雅典不同,但是它的国家形成的过程,却和雅典的如出一辙。最初出现的斯巴达,也是几个村社的联合,这种村社称为"奥巴",据说一共有五个,斯巴达人把国家机构的建立归之于一个贤明的立法者来库古斯。来库古斯有无其人,不是重要的问题。他在斯巴达历史上的作用,大概和提秀斯在雅典历史上的作用相仿,而提秀斯也可能是一个传说的人物。据说来库古斯曾经改革土地不均的现象,把等量的份地分给斯巴达公民。这个传说的真实与否,姑且不去讨论它。但有一点应当注意,即当传说中的来库古斯"创立"国家制度的时代,斯巴达已经是拉哥尼亚土著居民的征服者。这些被征服居民的历史,现有的知识还很渺茫。大概有的成为没有政治权利的自由人,称为庇里阿西,意即"外围的居民";更多的是被奴役的农业生产者,依附于斯巴达公民的份地,称为希洛人。因为有了这些人的存在,斯巴达社会就出现了被剥削、被统治的阶级。来库古斯的"立法",可能是保持了斯巴达人平等的公社,阻止他们内部的分化;然而更其重要的,是它为斯巴达人建立对被征服居民的统治机器,形成强有力的军事国家。从这点而论,斯巴达和雅典一样,城邦的形成也是由于阶级统治的需要。

古代的希腊和罗马

这样初建立起来的城邦,在许多方面都还没有脱去原始的面貌。城邦虽然是若干地域性村社的结合,但部族、氏族的制度仍然长期保持它的影响。在以农业为主、流动性不大的古代社会里,人们往往聚族而居,地域性的村社事实上也就是某一氏族占主要地位的村社。因此国家所依据的地域原则还不能很快地清除部族、氏族所依据的血缘原则。雅典在国家形成之后,血缘部族就曾长久保持它在法律上的地位。直到公元前6世纪末,经过克利斯梯尼的改革,才在选举区的划分上以地域的部族代替血缘的部族[1]。由于这样的原因,新建立的国家制度就必然会和部族、氏族的制度交织在一起。不论是在斯巴达或雅典,国家成立后的组织机构都因袭着部族时代的遗规。只要分析一下这两个国家的王、贵族会议和公民会议的机构以及这些机构的权力关系,就不难看出它们从军事民主制下的首领、长老会议和全体成年男子会议嬗递而来的痕迹[2]。

---

[1] 不要把当时血缘部族和地域部族的区别加以绝对化。定居的血缘部族总有比较固定的聚居的地域。克利斯梯尼的改革应当看做是用法律的形式把已经存在的、有利于国家制度的现实固定了起来,不能看做是完全创新的立法。对于罗马史上的色维斯改革,也当做如此的估计。自然,这类改革的意义是十分深刻的,它们总是国家制度取代氏族制度的重要标志。

[2] 关于希腊各部族军事民主制的组织,参看恩格斯:《家庭、私有制和国家的起源》,人民出版社1954年版,100—104页。

6世纪后的雅典宪法虽然有了长足的发展，氏族组织的残余也被逐渐淘汰了，但是这种嬗递的痕迹，仍然是隐约可见的。

本文开始即已指出早期希腊城邦分布的范围。这个范围包括希腊本土、小亚细亚沿岸和爱琴海上的岛屿。在公元前8至前6世纪之间，这些早期建立起来的希腊城邦又不断进行殖民的活动。最先从事殖民活动的是小亚细亚一带的城邦，其后希腊本土和爱琴诸岛的城邦也跟踪而起。凡在当时航海可及的地方，几乎随处兴起希腊殖民者的城市。这些殖民城市在经过一段发展以后，有的又再度殖民，建立另外的城市。这篇短文只能举出一些重要的例子，说明这一期间希腊殖民城市分布的广泛[1]。从公元前第8世纪起，米勒都就在黑海沿岸、赫沦斯滂海岸和普洛海岸一带殖民，先后建立西诺帕、库赤科斯、奥尔比亚等城。优卑亚岛上的卡尔息斯也在这时向爱琴海的东北发展，它在卡尔息斯半岛一共建立了三十二个城市。希腊大陆上的麦加拉也是很活跃的殖民者，它在公元前7世纪的中叶建立拜占庭和隔岸相望的卡尔息屯。在西地中海，殖民的浪潮也打向意大利、西西里和高卢南部

---

[1] 关于几个主要城邦的殖民，如米勒都，可参看斯特拉波，卷十四，1、6；卡尔息斯，同上书，卷十，1、8及卷五，4、7；弗西亚，同上书，卷四，1、4至5。又 H.F. 托塞尔：《古代地理史》。第三章，对希腊殖民城邦的范围有一较全面的叙述，M. 卡莱增注本，43—58页。

的海岸。卡尔息斯大概是最先向西方出动的,它在公元前8世纪初就在意大利的西岸建立可模城,稍后又和那克索斯岛上的殖民者在西西里建立那克索斯。可模城在建立不久之后,又移殖了一个新城,这就是比它本身更有名的那不勒斯。科林斯和麦加拉也在西西里分别建立叙拉古和另一麦加拉;连航海活动很不发达的斯巴达,也在意大利的南岸开拓了大阑屯。小亚细亚的弗西亚向西方移殖得最远,它在高卢的南岸建立了马塞利亚。在南方,希腊的殖民者也插足于埃及和利比亚,先后建立了瑙克拉提斯和舒仑尼。根据以上所举的例子,可见希腊人的殖民城市已经遍布黑海、爱琴海和地中海的沿岸。这些殖民城市本身都是独立的。它们在政治上并不依附于母国,因而也都是名符其实的城邦。

二

当希腊城邦制度发皇的时期,古典的希腊文化也达到了高峰。一些醉心希腊文化的历史家,往往以一种几乎是热爱的心情,来看希腊城邦的制度。人们常常要问:产生古典文化的希腊城邦究竟有哪些特征?它们是否具有独特的地位?下文将就这一问题提出一些初步的看法。

有人认为希腊城邦制的本身就是历史上独标一格的特点。

这样的说法是根据不足的。在世界古代史上，经历过城邦制时代的地区，并不只是一个希腊。两河流域的苏美尔人，就曾以城邦为他们最早的国家形式。地中海东岸的腓尼基，从公元前三千年代起，也已有了几个并立的城市王国。在西方，罗马人的早期国家不仅采取了城邦的形式，而且它的组织机构、发展过程，几乎和希腊人的城邦没有什么显著的区别。像这一类的例子，还可以一举再举。但是仅仅这一些，已足以说明希腊城邦的本身算不上一种历史的特色。

也有人认为希腊城邦制的特点在于它们长期地保持分立的局面，并且把这一特点归之于自然的因素。他们说，希腊的土地被绵亘的山脉隔成许多互不相属的小平原，因此不但有利于形成幅员狭小的城邦，而且也阻碍这些城邦的统一。这种说法也是似是而非的，它同样不能说明希腊城邦的特点。希腊特有的自然条件，当然和各个城邦的疆域有着一定的关系。然而这种关系不是绝对的，被隔开的几片平原可以联成一个城邦，相连的平原也可以分裂为几国。亚狄加有三块被山脉分隔的平原，但却无碍于雅典的统一。在拉哥尼亚的平原上，只有一个斯巴达，在彼奥提亚的平原上，却分裂为底比斯、普拉提亚等好几个小城邦，直到底比斯称霸的时期，还只能形成一个很松懈的联盟。所以用山川形势来解释希腊城邦的割裂并不恰当。实际上，希腊城邦的分立也绝不带有固定的性质。随着历史的发展，原来分立的城邦越来越倾向于联合，酝酿着超城邦的统一局面。以斯巴达为首的伯罗奔尼撒同盟，以雅典为首的两次海上同盟，是最明显的例子。连那些僻处山地的较为落后的城邦，到后来也形成埃多利亚同盟和亚该亚同盟。公元前5至前4世纪间，希腊的几个主要城邦曾经发生多年的争霸战，这些战争也应该作为城邦制度瓦解过程中的现象来了解。在这些争夺霸权的战争之后，虽然希腊本土没有出现足以统一全局的力量，但是北方兴起了马其顿，亚历山大父子终于结束了城邦林立的历史。从希腊早期城邦的形成到亚历山大帝国的建立，相去不过五百年。拿这段时期和苏美尔或腓尼基的城邦历史相比，不是长了，而是短了，因此也说不上什么保持长期分立的特色。城邦制度的兴衰，大概是许多地区在历史上所经历的一个时代。既然是"时代"，就必定有头也有尾。它的头是衔接着原始的氏族和部族，它的尾则是导入统一的、幅员广袤的国家。在这一点上，希腊的城邦制并没有什么特殊。和有些人的说法相反，它是一个常例。

关于希腊城邦制的特征问题，很不易下一概括的结论。在数以百计的希腊城邦之中，现在知道较多的只是极少数的几个。绝大多数城邦的历史，都已沉埋在古代的尘雾之中了。除非有大量文献的发现，只能长期地付之阙疑。这些城邦的发展又是很不平衡的。当雅典奴隶制经济高度繁荣的时期，僻处西北山地的城邦，还在过着去荷马时代不远的生活。经济基础既不相同，每个城邦在制度上的发展也就互不一致。所以要作概括性的结论是有困难的。为了缩小讨论的范围，也为了避免作过于大胆的概括，本文权且根据雅典和斯巴达的历史，来试论这两个国家城邦制的特色。

前文已经说过，雅典和斯巴达在形成国家以后，它们的组织机构在很大程度上是因袭原始部族军事民主制的遗规。雅典和斯巴达的传说，都把国家制度的建立归之于先王的"立法"。这些先王也可能是实有其人，但他们的"立法"却绝不是突如其来或一手制定的。这种"立法"的内容以及其后的发展，很多都可追溯到部族时代的制度。早期雅典的国王和斯巴达的国王都很像荷马时代的巴昔勒斯。他们的权力和巴昔勒斯一样，也包括军事、宗教和司法三个方面。这些权力是有限的，真正有权力的是包括各个氏族贵族在内的贵族会议。雅典的王位在很早就已废除了。有些史家如格罗特、布莱等认为一个小城邦的国王不容易掩饰他的弱点，一有弱点就被国人所周知，大家议论纷纭，因此王位就巩固不了[1]。

---

[1] G.格罗特:《希腊史》，卷二，章九；J.B.布莱:《希腊史》，近代丛书本，66页。

这种说法是戴着近代民主制的眼镜来看古代的历史,我看是不很可信的。当时的国王并没有很大的权力,他和氏族贵族还是处于同僚的关系。在国家事务上起重大作用的贵族,不会让国王拥有太高的地位。同僚之间权力矛盾的结果,王位就变为三分:一个仍称为王,一个称为元帅,一个称为执政,把原来属于一人的王权分由三人来掌握。这三个分立出来的职位,都从贵族中选举。作为一种制度来看,这也不是什么新创的东西。在部族生活中,从贵族选举共同的首领,早就成为不移的传统。斯巴达的王位不曾发生过这样的变化。它有两个国王,权力不大而相等。另有五个从贵族选举出来的监政官,对王权有限制的作用。具体的形式虽然不同,但王权不掌于一人,其权力又不能超越贵族的限制,则是和雅典一样的。像这一类的现象,绝不能用近代民主制度的眼光来加以唯理主义的解释。它的根源应当寻之于部族时代的历史。因为从军事民主制演化而来的城邦的机构,它的王权本来就不强,贵族会议也本来就拥有较大的权势,国王受制于贵族是很自然的事情。有人称雅典王位的废除为"君主政体"的衰落,这只能是名词的误用。

雅典和斯巴达也都有全民性的公民会议。雅典的公民会议曾经一度衰落而再兴,斯巴达的则自始就比较稳固。两国公民会议遭遇的不同,是自有原因的,下文中将有所论及。

这里所要指出的是，两国的公民会议都脱胎于部族的全体成年男子会议，它们和贵族会议的关系也相当于部族全体成年男子会议和长老会议的关系。在梭伦改革以后的雅典，这种关系当然和过去是很不相同了。但在斯巴达，公民会议却长久地保持它原来的面貌。每当表决的时候，斯巴达的公民会议总是采用原始的鼓噪的方式。在国家事务中，它的主要作用是选举和表决和战。由于全体公民都服兵役，它在实际上也是一个全体战士的会议。从这些方面看，它几乎是部族时代全民会议的再版。

斯巴达的特定历史条件使它有可能、也有必要保留更多的部族时代的制度。国家是在征服的过程中形成的，大量希洛人的奴役代替了一般公民的沦落。为了镇压希洛人，国家需要保全服兵役的全体公民。上层贵族有了可供奴役的希洛人，也不需要像梭伦以前的雅典贵族，把一般公民沦为自己的债奴。于是公民的地位不但有保全的必要，而且也有保全的可能。如果来库古斯真的有过恢复公民份地的"立法"，这种"立法"也只有在这一特定的历史条件之下才能发挥它阻止公民沦落的作用。于是一般公民和少数上层贵族一起，构成了国家的统治阶级。他们共同的统治对象是希洛人和庇里阿西人。在国王、贵族和一般公民之间，不存在统治和被统治的关系。他们都是斯巴达"平等人公社"的成员，不过各有不同的职能。通常把斯巴达的政治称为寡头政治，这个说法其实也是不太全面的。贵族长老固然在斯巴达居于领导的地位，但是年满三十的公民，也都有参加国家政治的权利。这样，部族时代军事民主制的精神不仅在斯巴达的国家制度中被保留了下来，而且由于国家镇压希洛人的强烈的需要，还把从部族时代因袭而来的制度，加以充分而严密的、同时也几乎是畸形的发展。整个斯巴达国家成为一个巨大的兵营，成年的斯巴达男子既是全权的公民，也是国家的战士。斯巴达人之所以如此，不是为了厚爱于部族的旧制度，而是为了利用他们所熟悉的传统的东西，来适应国家成立后巩固阶级统治的需要。

在雅典，历史条件和斯巴达的很不一样，但是由部族时代嬗递而来的制度，也在城邦制下得到另一形式的发展。在梭伦以前，雅典的一般公民不少沦落为贵族的债奴，许多公民都已失去政治的权利。相当于部族时代全体成年男子会议的公民会议，对于许多公民也已成为无意义的东西。经过激烈的贵族和平民的斗争，出现了梭伦的改革。梭伦改革的作用是多方面的，但就本文所讨论的问题而论，解负令的颁布是一个意义重大的关键。在解负令之前，公民和奴隶之间只隔着一层薄纸，还不起债的公民随时会变为奴隶。有了解负令，债务奴隶制被废除了，许多人的公民权利被恢复了，衰落的公民会议在国家机构中也就成为新的重要的一环了。于是原来渐已沦为被统治者的公民,重新参加统治者的队伍,成为国家的主人。"旧时残酷剥削自己同胞的方法,已经弃而不用,如今主要是剥削奴隶和雅典以外的买主了。"[1]因之在奴隶、外来人和公民之间,划出了一道不可逾越的鸿沟。梭伦以后的一个多世纪,雅典的奴隶制不断发展,由外方进来的奴隶越来越多,公民中也越来越涌现一个经营奴隶制经济而致富的阶层。这个富有的阶层和拥有中等田产的公民相结合,领导一般的公民,不断从过去控制政权的贵族手中赢得一次又一次的政治胜利。在这些胜利中,从遥远的部族全体成年男子会议演变而来的公民会议得到突出的发展。凡是雅典的成年男子都是全权的公民,因为奴隶制的城邦需要保全这样的公民来进行对于奴隶和外来人的统治。为了巩固公民民主的制度,还发展了五百人会议、十将军委员会、公民陪审法庭等重要的机构。这些机构当然不是固有的东西,但它们都从属于公民会议是国家最高政权机关这一重要的前提。这样,雅典的公民就成为城邦政治的积极参加者,他们维护那一副统治奴隶和向外扩张的国家机器。

---

[1] 恩格斯:《家庭、私有制和国家的起源》,《马克思恩格斯选集》第四卷,112页。

像斯巴达和雅典这样把从部族时代因袭下来的制度加以充分发展的城邦制，在东方各国城邦林立的时期，似乎不曾有过。东方古代城邦里的公社成员，虽然也保持自由的身份，但他们是主要的被剥削和被统治的对象。严格的全权公民的概念，在东方的古代城邦中不曾出现过。古老的部族公社时代的平等和自由，只是缭绕于人们对远古时代的怀念之中，却说不上有任何现实的意义。对于这样的现象，这篇文章不可能为之作比较深入的社会经济的解释。但是拿它来和斯巴达以及雅典的城邦制对比，则是一个很可发人深思的事实。

行文至此，已可对希腊城邦制的特点问题，试图作一个初步的解答。解答只限于斯巴达和雅典城邦制的特点，不能说把一切希腊城邦的特点都概括在内。解答是这样：在斯巴达和雅典的城邦制中，为了巩固对大量被奴役的人口或外来奴隶的统治，由部族时代军事民主制沿袭而来的制度，在城邦形成后得到充分的、或某一方面的突出发展，本籍的自由人成为全权的公民，他们构成城邦的统治阶级，所以就全体的全权公民而论，这种制度下的城邦可以称之为城邦公社。这样的说法除了对斯巴达和雅典城邦制的特点作了试探性的说明而外，还可以说具有一个好处，即它不同于用近代民主制的眼光，来评价希腊城邦制下的公民权利。

这样的城邦制，和全权公民的保全是不可分的[1]。一旦全权公民走向沦落破产的道路，它也就不能继续存在。伯罗奔尼撒战后的雅典和斯巴达，就开始出现全权公民沦落的现象。有产的公民变为无业的流氓，公民军变为雇佣军。从那个时候起，雅典和斯巴达的城邦制也就濒临它们的末日。

据我看，罗马的城邦制也具有类似的特点，但这是题外之义，加以深论则不是本文分内的事了。

1957年春

---

[1] 全权公民的保全，当然决定于一定的经济基础。公元前4世纪雅典和斯巴达全权公民的沦落，也决定于这个经济基础所遭遇的危机。本文不能分出篇幅来讨论经济基础方面的问题。

东西历史汇合下的希腊化文化

一

自公元前323年亚历山大死于巴比伦,直到公元前30年渥大维并吞埃及,前后共约三个世纪,近代西方史学称之为"希腊化时代"。19世纪30至40年代,德国历史学家德罗森先后发表关于亚历山大东侵、亚历山大的后继者以及所建国家历史三卷,其后合为一书再版,署题"希腊化史",原文作"Geschichte des Hellenismus"。"希腊化"这个中译词,即出自原书名中的"Hellenismus"一词。按字义,此词既泛指古典时期的希腊文化,也可指近代文明中源于希腊文化的某些精神、风貌或特色。但自德罗森一书问世之后,西方史学乃相习以此词专指亚历山大东侵以后希腊文化向东方诸国传播时期的文化。于是"希腊化文化"、"希腊化时代"、"希腊化国家"等词,相应为近代西方史学所使用。其含义无他,即突出亚历山大东侵后的三个世纪,所有东方被征服的国家都沐受希腊的文化,希腊文化是当时这些国家文化的主导因素。

在西方古代史方面颇有影响的罗斯托夫策夫曾说:"希腊化世界是由亚历山大东征而造成的世界,只要由此分裂而成的各国保持政治的独立,希腊人在这些国家的一切生活中还在起着主导的作用,那么,希腊化世界也就始终存在。"[1]这个说法把希腊人的主导作用扩大到"这些国家的一切生活",似乎希腊化时期东方国家的固有文化已完全沦为从属的、起不了多大作用的地位。但是历史实际却绝非像近代西方史学所理解的如此片面。本文试图撇开自德罗森以来的这类片面观点,从已知的历史,说明所谓希腊化时代的文化是东西方历史汇合下的文化。

从公元前4世纪末期开始,地中海东部地区的经济形势已在发生重大变化。雅典的经济地位降落了,代之而起的是北非、西亚以及罗底斯等岛上的城市。这些城市的繁荣,远非雅典当年可比。士麦那有最早铺设路面的通衢,安提阿有盖着列柱长廊的街市。古老的推罗城,这时是楼宇相连;新建不久的亚历山大里亚港,筑起了高耸云霄的灯塔。亚、非、欧三洲之间的多边贸易,是以这些城市为枢纽、以海为通道来进行的。希腊化时期的航海业,比过去远为发达。公元前第5世纪,雅典的海运可谓盛极一时。然而冬季不下海,还

---

[1] M. 罗斯托夫策夫:《希腊化世界社会经济史》,卷一、序言,V。

几乎是每一个船主的戒律。到希腊化时期，冬季航海已习以为常。商业发展的要求，终于消除航海业的传统淡季。同时，手工业和农业也有长足的发展。托勒密埃及、帕加马、塞留西等，各有特种工艺，而且远近驰名。埃及又是东地中海的谷仓，帕加马的谷物输出仅次于埃及。像这样多方面的经济发展，不能简单地归之于希腊人的"主导作用"。以托勒密埃及而论，由于外来希腊人的影响，希腊式的奴隶制确有所发展。纸草文书中有不少关于奴隶的资料，从宫廷诗人所描述的日常街头对话，也可看出此时埃及有操外方语言的奴隶[1]。但在另一方面，而且也是主要的方面，埃及传统的社会经济体制仍在持续发展。据托勒密二世（公元前285—前246年在位）"国课法令"，王室油坊的榨油工和过去一样，仍然是传统的、受官方严格管制却又具有自由身份的劳作者[2]。土地制度以及生活劳作于这个制度下的"王田农夫"。其身份地位一如既往，和以前的王田农夫没有什么区别[3]。塞留西、帕加马等王国的社会经济制度，与此同一类型。所以，希腊化时期

---

[1] 纸草文书有关奴隶的资料，见 A.S. 亨特及 C.C. 艾德加尔：《纸草选集》，卷一，97页；卷二，7、41、137页。狄奥克里特诗中描述的街头对话，见 H.I. 贝尔：《从亚历山大至阿拉伯征服期间的埃及》，52—53页所引。
[2] 亨特及艾德加尔，前揭书，卷二，19页。罗斯托夫策夫，前揭书，卷一，303页。
[3] 苏联科学院编：《世界通史》，卷二，323—324页，中译本。

的经济繁荣，虽然离不开希腊式奴隶制经济向外扩张的刺激，但主要是在东方国家原有社会经济体制下持续发展的结果。

与东方诸国原有社会经济体制持续存在和发展的同时，基于这个体制的专制政体，也由希腊征服者建立的新的王朝承袭下来。亚历山大的后继者，是说希腊话的新一代的东方帝王。托勒密是新的法老，塞留西是新的阿开墨尼。托勒密、塞留西和帕加马的阿托立诸王，像过去的东方帝王一样，都占有王室土地和王室作坊，垄断海陆贸易，敛聚巨大财富。他们把这些财富的一部分用于宏奖学术，召致人才，支持有利于军事和经济的技术创新。几个王国的都城都是所谓希腊化城市，建立了图书馆和博物馆，不少诗人、学者出入其间。亚历山大里亚、帕加马、安提阿等城的图书馆，藏书丰富，馆内进行各种学术活动。帕加马图书馆藏书达二十万卷。亚历山大里亚图书馆尤过于此，有的估计为七十万卷，有的估计外馆四万二千八百卷，内馆四十九万卷[1]。这类受王室庇荫的图书馆，其渊源可上溯至亚述帝国对泥板文书的贮藏。希腊古典时代既没有国家图书馆，更没有受官方俸给的学者。亚里士多德的藏书虽富，但那是私人收藏。阿加米德和莱西厄模两处的著名学院，也都

---

[1] 据《剑桥古代史》卷七，252—253页，安东尼曾将帕加马图书馆藏书移赠埃及女王，共二十万卷；亚历山大内外馆藏书数系据拜占庭学者估计。

是私家讲学的场所。学术在古典希腊城邦是出自私门，在东方的希腊化国家则是受庇于王室。这一区别的意义是历史性的，凡论希腊化文化都不容忽视。它说明希腊化时代的文化虽然在许多方面受之于古典希腊文化的影响，有的甚至是古典希腊文化的原样移植，但因历史遗留的社会、经济、政治土壤的不同，它就必然要在与这片土壤相适应中发生变异，也必然要与生长在这片土壤上的原有文化相汇合，彼此吸收交融，形成具有这个时代特色的文化。下文所论，即本此义。

二

希腊化时代最大文化中心是亚历山大里亚。托勒密王朝最早几代的国王，在这里建立了前文已经说及的图书馆和博物馆，并以优厚待遇，从希腊化世界各地罗致各个方面的学者。亚历山大里亚图书馆享有学术声望的历任图书馆长，几乎都来自埃及城外。泽诺多特斯（Zenodotus）来自以弗所，阿波罗尼厄斯（Apollonius）来自罗底斯，埃拉托塞尼（Eratothenes）和卡利马克斯（Callimachus）来自舒仑尼，亚里斯多芬（Aristophanes）来自拜占庭[1]，阿里士托克

---

[1] 与雅典喜剧家亚里斯多芬同名，人称"拜占庭亚里斯多芬"。

斯(Aristarchus)来自萨模斯,如此等等。他们在亚历山大里亚的活动时期,大体都在公元前第3世纪。这是托勒密埃及繁盛的时期,物质基础的富厚,统治者的庇荫,人才的荟萃,希腊和东方文化的汇合,造成亚历山大里亚在希腊化文化史上无可与匹的地位。

亚历山大里亚文化特色之一是技术和科学的发达。由于经济和军事的需要,托勒密王朝鼓励机械技术的创新。克特昔比厄斯(Ctesibius)发明计时水钟和多种以空气制动的机械,其中包括弩炮。阿基米得在旅居埃及时发明螺旋扬水器,另有不知名者发明水车。托勒密二世时期(公元前285—前246年),王室的御用技师曾经建造一艘巨大的战舰,舰长二百八十英尺,宽三十八英尺,舰首高四十八英尺,可容桡手四千人,工役四万人,海员三千人。关于这艘战舰的规模容量,记载容有夸张,但与公元前5世纪雅典载人不足二百的三层桨座的战舰相比,足以说明当时航海事业和造船技术的发达[1]。由此技术之发达,可以约略看出当时东西之间的交往,已经越过希腊古典时代所曾达到的水平。

---

[1] 巨舰的规模和容量见B.C.塞尔格叶夫:《古希腊史》,中译本,491—493页。公元前5世纪波希战争期间,雅典三层桨座战舰每艘配备桡手170人,水兵10人,军官8人,共188人,见齐模恩(A.Zimmern):《希腊共和体》(*The Greek Commonwealth*)。

各类科学知识也在这个时期取得明显进展。埃及人自古以来,就从土地丈量和帝王陵寝兴建中积累了几何知识。[1]希腊人则从理论上重视几何学,毕达哥拉斯及其学派为之树立先声,影响及于哲学。公元前4世纪末,逍遥学派罗底斯的攸底模斯(Eudemus of Rhodes)写成几何学史四卷,已佚。不久,欧几里得著《几何原理》,把各项定理、命题、论证依逻辑程序排列,为几何学建立完整的体系。继欧几里得之后,亚历山大里亚的数理学派代有高才。萨模斯的阿里士托克斯以周密的几何方法,写成"论日月体积与距离"。波伽的阿波罗尼厄斯(Apollonius of Perge)著有论圆锥曲线八卷。稍后,公元前第2世纪,创立平面和球面三角学的希帕克斯(Hipparchus of Nicea)也到了亚历山大里亚。

天文学与数学同时发展,有些数学家同时是天文学家。对希腊化时代的天文学,古代东方诸国的已有成就,显然起了很重要的奠基作用。埃及人早已有了对星象的精密观察。公元前12世纪拉美西斯六世的墓中,就曾发现有一天文长表,列出全年以内约每隔半个月夜间每一时辰经过中子午线

---

[1] 相传泰利斯(Thales)旅行埃及时,受埃及土地丈量规则的启发,曾设想研究关于空间和形式之学。见 W. 丹皮尔:《科学史》,44页。关于埃及人在建筑中运用几何原理,见 F. 贝特里:《埃及人的智慧》,《英国埃及考古学院丛刊》卷六十三,26—31页。

的星宿[1]。巴比伦人也重视观察天象,天象纪录从迦勒底时期一直持续到波斯帝国时期。这就留下了一项古代东方天文知识的宝藏,成为希腊化时代进一步发展的凭借。数理学家希帕克斯的天文成就,在很大程度上受益于巴比伦的已有天文知识。他对岁差的发现,可能就是得之于夕帕尔天文学家克得纳斯(Kidenas of Sippar),夕帕尔是巴比伦三大天文中心之一。[2]

希腊化时代也是地理知识增长扩大的时代。航海业的发展,特别让人更加注意大陆和海洋的关系。托勒密王朝对海上商业拥有垄断利益,曾经派遣船只探航过红海、阿拉伯海和非洲海岸。公元前2世纪,发现了印度洋上的季候风,由此,埃及船可从非洲东岸至印度西岸之间按季候风向往返航行。塞留西商业虽以陆路为主,但也向南出入波斯湾、向北探索过里海。里海探航限于南岸,因而误认里海是北方大洋伸入大陆的港湾。塞留西还曾派遣过使节常驻孔雀王朝印度华氏城,使节即麦格斯提尼(Megasthenes,约公元前350—约前290年),写了一本《印度闻见录》,扩大了当时关于印

---

[1] F.贝特里:《埃及人的智慧》,11—12页。
[2] 克得纳斯于公元前4世纪末至3世纪中活动于夕帕尔。见W.W.托恩:《希腊化文明》,262、264页。

度的知识。公元前3世纪，埃拉托塞尼绘成当时已知世界的地图，认为所有海洋都相通，连成一片，亚、非、欧三洲是一个被海洋围绕着的大岛。埃拉托塞尼相信大地是圆形，在地理学史上第一个指出从伊比利亚半岛向西直航，可以到达印度。他根据夏至日在昔尼和亚历山大两地日暑仪上太阳阴影的差距，计算地球圆周为252000斯台得，约计合39690公里，与近代测得的数字相去无几。此后约半个世纪，希帕克斯提出用经纬线确定地理方位的原则，这就又为绘制比较准确的地图开辟新的途径。

希腊化时代科学技术活动的中心，不限于亚历山大里亚。希帕克斯在去亚历山大里亚以前，曾在罗底斯从事天文观察。几何学及天文学家科伦（Conon），长期活动于萨模斯。叙利亚的波塞杜尼厄斯（Poseidonius of Apamea）是按气温把地面分为五带的第一人，又最先察觉海上潮汐与月圆月缺有关。阿基米得在叙拉古一峰独峙，在古代数学家中传说最广。他发现杠杆原理，为叙拉古发明多种攻守兵器。尤其是比重原理的发现，为流体静力学奠定基础。他的数理论著以"论量圆"和"论球体与圆柱体"最为世所知。关于圆周率上下限的计算，圆柱体对其外切球体容量及面积比例的论证，都极精确，他把后者视为一生最大的贡献。西塞禄于一百多年后在西西里岛发现他的墓碑，碑上刻的就是一幅圆柱体外切球体的几何图。阿基米得少年时曾游学亚历山大里亚,回叙拉古后还不时和亚历山大里亚有学术联系。

亚历山大里亚图书馆的建立,连带引起图书编目学和抄本校勘学的发展。卡利马克斯共编定书目一百二十卷,分希腊古典作家为八类,每家附有传记,为后世研究希腊文学留下最基本的资料。泽诺多斯对多种抄本作了比较研究,创立最早的校勘学。他校勘荷马史诗,芟除后人掺入的部分。亚里士多芬和阿里士托克斯继承其业,现在的荷马史诗通行本,大体是出于阿里士托克斯之手。这些献身图书事业的博学家,还对其他古典抄本作过校勘和注疏,他们是古代文字学、文法学、词书学的前驱。

希腊化时代的文学,如与同时代科学技术的发达水平相比,不免逊色。亚历山大里亚的诗人,多为学究派,诗中炫学,文字的修饰多于感情的抒发。卡利马克斯哀歌体诗"爱提亚",长篇巨制,多达四卷,但论者讥之为以韵文堆成的历史、宗教、神话、民俗的杂拌。狄奥克里特是牧歌体的创始者,以善写西西里岛上风情人物知名。但一旦诗人进入了托勒密的王宫,他的牧歌也就沾染上宫廷气息,对村女渔夫的描述,变为对王妃帝子的颂歌。在希腊古典时代,悲剧是演唱的诗,抒情诗是和琴而歌,都还保存一些口头创作的特色。是让人聆听而不是给学者阅读玩索的。希腊化时代的诗不是这样。悲剧衰落，抒情诗也已与音乐脱节，诗的文字工巧，但内容贫乏，缺少诗的那种摇撼人心的力量。亚历山大里亚、叙拉古的科学技术成就辉煌，而文学却如此枯竭，这确实是一个不易说明的疑问。有人说，古典希腊时代的诗人太伟大了，使希腊化时代的后继者无法追攀[1]。这个说法很难令人首肯。

移植到亚历山大里亚的希腊文学，何以会有这样的变异，其原因看来不应求之于诗人、作者才力的差异。更为根本的，是应当求之于社会经济和政治土壤的不同。在古典时代的雅典，文学是和自由公民的公共文化生活密切相连的。以悲剧而论，它取材于公民大众所熟悉的神话和故事，它在公民大众广泛参加的节日庆典中上演，它表达公民大众所能理解的思想感情的冲突，它的高下优劣有待公民大众的评论，因此它能和当时城邦体制下的社会生活结为一片。托勒密埃及的国都亚历山大里亚虽然是一座希腊化的城市，但它的社会经济基础并非雅典的古典奴隶制，它没有雅典的公民民主政体，没有接受观剧津贴的公民群众。外来的希腊移民以及少数能操希腊语的本土上层分子，不过是浮在社会表层上的希腊化装饰。希腊籍的文人学者受庇于宫廷，局促于王家图书馆的

---

[1] W.W.托恩即作此说，见所著《希腊化文明》，238页。

廊庑之下，其思想语言与占居民大多数的本土人民风马牛不相及。于是他们的诗就只能是学究式的诗，献之于宫廷权贵的诗，无从诉之于人民大众的观赏。不一定是阿里士托克斯、卡利马克斯这辈人物的才能，不足追踪古典时代的巨匠。他们的不足，只是无从把发育生长于特定历史环境中的文学，照样移植于他们自己生活于其中的历史环境而已。

不只是亚历山大里亚的文学如此，就是同时代的雅典，这块希腊古典文化的故土，文学也在发生时代的变异。米南德的新喜剧，当公元前4至前3世纪之际，以擅长刻画世态风行雅典。但是新喜剧中的世态，已经不是古典城邦的世态。1905年，开罗附近发现米南德喜剧的草抄本共约一千五百行，其中约六百五十行属同一剧本。即在内容连贯的部分，也难看到有如亚里斯多芬喜剧中那种公民对城邦公共生活的关切和议论。古典时代雅典公民把城邦得失当做分内事的那种心态，在米南德的新喜剧中已经无所表现。其故无他。公元前4至前3世纪雅典古典奴隶制的社会经济已趋衰落，处于安提柯王朝控制下的公民民主政体已在瓦解，列为公民的人数大减，许多公民已经沦落为游民。两个世纪前在萨拉米斯之战中英勇保卫城邦的雅典公民，此时已成坟墓中的枯骨。时迁世变，历史已经唤不回希腊古典文化的风神。米南德眼中的雅典市井人物，已非城邦制下的公民。他说："我不叫任何一位君子是外邦人,我们都有共同的本性。"[1]这和当年柏拉图、亚里士多德的看法不同。柏拉图《理想国》讨论城邦的理想,亚里士多德《政治学》讨论城邦的政治,在城邦公民和外邦人之间,存在着有无公民权的不可逾越的界限。米南德泯除了这一界限,也就无怪出自他笔下的,只能是那种描画"老人暴躁、僮仆撒谎、女人浅笑"[2]的喜剧,而观赏这种喜剧的,也只能是城邦已在没落中的雅典市侩与游民。

然而,哲学方面的私家讲学之风,却在雅典还保持着一点旧日的风貌。犬儒学派仍在流传,柏拉图学派和亚里士多德学派也在继续活动。但影响较大的,是后起的伊壁鸠鲁学派和斯多葛派。这两个学派虽都受到希腊古典哲学的影响,但讨论的问题已很不一样。两派所谈论的人生,不再是城邦制下的人生,而是处身于诸大王国居于统治地位的一个广阔世界的人生。伊壁鸠鲁认为,人生于物质宇宙之中,目的在求得快乐。快乐非指感官享受,而是指心神的谧静。快乐是静态的,是一种排除情欲、免于苦恼的不动心的境界。伊壁鸠鲁曾和他的一些追随者结成与世隔绝的社团,以能避开痛苦纷扰为人生之至乐。伊壁鸠鲁学说其实是避世论,对多纷

---

[1] "米南德断片",620。引自《剑桥古代史》,卷七,225页。
[2] 引文系罗马诗人奥维德论米南德语。引自前揭书,卷七,228页。

争的希腊化世界不抱信心，希求在小社团中得一安身的孤岛。斯多葛派与之有异。斯多葛派创始者芝诺是生于塞浦路斯的东方人，东方思想在他的学说中留有烙印。在东方古代，统治多民族的大帝国已经有了悠久的历史，一神论、宇宙最高神的观念也早已出现于埃及和西亚。到希腊化时代，巴比伦的泛命运论及占星学中天人相应论，也正广泛流行。芝诺所说宇宙原火、自然法则、理性、命运和神，其意义彼此通连。芝诺以为一切事物都与自然为一体，人的理性是宇宙理性的派生，人生的终极目的就在以理性指导生活，求得一己的言行符合宇宙的理性。芝诺还提出宇宙国家的观念。宇宙国家不分种族与阶级，人皆平等。为斯多葛所宗奉的这类学说，实际是为希腊化时代承袭东方帝国体制而建立起来的专制王国，为不论奴隶或自由人、也不论属何种族都同受大王国专制统治的这一现实世界，寻求理论基础，同时也是这一现实世界在哲学上的反映。伊壁鸠鲁学派与斯多葛派之间的歧异，不再如通常所说，一主享乐，一主苦行，而是一个于面临新的世界之际惶惑退隐，一个却积极肯定和巩固这个新的世界。这就是为什么当两派思想传到罗马之后，堕落腐败的统治上层则曲解伊壁鸠鲁之说，为其追求物质享受张本；而统治上层的正面人物如辛尼加、马可·奥理略，则服膺斯多葛派，刻苦自励，以求言正行方，符合自然的理性。

与此同时，命运观念、占星迷信、各种神秘教派，也随东西历史的汇合而逐渐流传，形成这个时代的混合主义信仰。托勒密一世在亚历山大里亚大庙尊奉的萨拉庇斯神（Serapis），就是希腊冥神帕罗托（Pluto）与埃及冥神奥昔里斯（Osiris）的混合。在希腊本土，古典时代富于人性的诸神，至此渐归冷落。由东方传入的一些宗教信念，却在希腊古典城邦的旧壤上寻求移植的沃土。希腊化诸国被后起的罗马兼并之际及其后，罗马自身也经历了城邦共和国解体、自由公民沦落、帝国专制政体代之而起的过程。由此东方宗教信仰西传的趋势更不可遏阻。基督教之所以从罗马帝国之初即已远播西方，从历史背景说，早在希腊化时代就已略见端倪。

自德罗森《希腊化史》问世以来，以"希腊化文化"一词概称公元前4至前1世纪间自希腊以至埃及、波斯这一广阔地带的文化，在历史学界相习已久。这个名词之易于流为片面理解，前文已论。罗列这一时代、这一地区文化的各个方面，非本文立意所在。但从前文所举可见，所谓希腊化文化，是东西方历史在这一时代相互汇合下的文化。希腊古典城邦的衰落，统一的、沿袭东方原有社会经济及政治体制的各大王国并立局面的形成，构成这个时代东西历史汇合的背景。忽视这一背景，忽视这一背景对文化演变的影响，就难以如实理解希腊化时代的文化。仅仅强调背景中的某一因素,益之以片面理解,就会阻碍从东西历史汇合的角度来考察和认识这个时代文化的特色。希腊化时代科学的发展,从前文的论述可见,其特色在于以埃及、巴比伦长期积累的数理和天文知识为据,加之以古典希腊思想理性主义的推导和概括。两者交融,乃能既超越古代东方,也超越古典希腊。其所以有如此的成果,应当归之于这个时代东西方历史的汇合。无此汇合,亦即无此交融而形成的特色。古典希腊思想家在理性思维方面的成就,是人类文化遗产中的瑰宝之一,它在希腊化时代的科学发展中起了卓越作用。后来发端于东方的基督教传布到欧洲,在基督教建立神学体系中它也起了作用。柏拉图的宇宙论和亚里士多德的原动说,都曾被用以论证基督教所奉上帝的存在。历史汇合的形势不同,同一古典希腊的理性思维,其所起作用也随之而异。这是本文题外之义,附数语姑备一说。

原文作于 1957 年冬

90 年代收入《自选集》作了局部改写

修昔底德《伯罗奔尼撒战史》选译[*]

修昔底德简介

一

修昔底德生于公元前5世纪,其生平已不可详考。现在流传的传记共有三种:一种是公元5世纪马塞林所作;一种不知作者姓氏,也不知成书的年代;还有一种作于公元10世纪,是苏达斯所编辞书中的一个条目。三种传记以马塞林所作为最早,但是去修昔底德生时已近千年左右,除摭拾修昔底德书中所偶尔涉及的生平事迹而外,没有多少确凿可信的材料。在希腊古典作家中,修昔底德的同时代人很少提到他;只有公元前1世纪的戴奥尼修、公元1至2世纪的普鲁塔克和鲍杉尼阿,留下一些片段的记载。

目前所有关于修昔底德生平的可靠记载,都出自他所著

---

* 本篇译文及文前"修昔底德简介"皆出自吴于廑,原收于《外国史学名著选》(商务印书馆,1996)。——编者

的《伯罗奔尼撒战史》。他是雅典人[1],父名奥罗路斯[2]。他在萨所斯岛对岸的色雷斯沿海拥有金矿开采权,有声于当地的上层社会[3]。从伯罗奔尼撒战争一开始,他就留心搜集资料,准备写一部战史[4]。公元前429年,雅典瘟疫流行,他受到传染,幸免于死[5]。五年以后,即公元前424年,他被选为雅典十将军之一,指挥色雷斯一带的军事。其时斯巴达的将领伯拉西达正进攻安菲波里斯,他由萨所斯率战船七艘往援,败绩,退保厄昂[6]。安菲波里斯之役以后,修昔底德蒙罪放逐,流居国外二十年。在这二十年中,他致力于写作《战史》,并从伯罗奔尼撒方面获得不少材料[7]。战争结束后,他回到雅典[8]。虽然《战史》只写到公元前411年,但书中有好些话说明他曾看到战争的全部过程:他明白提到战争绵延了二十七年,也提到雅典的长城和皮里犹斯港为斯巴达所占领[9]。斯巴

---

[1]《伯罗奔尼撒战史》(以下简称《战史》),I.i.1; V.xxv.1。以下援引《战史》材料时,只列卷数和章节数,不注书名。

[2] IV.civ.4.

[3] IV.cv.1.

[4] I.i.1.

[5] II.xlviii.3.

[6] IV.civ.5, cvi.4.

[7] V.xxvi.5.

[8] I.xciii.5.

[9] V.xxvi.1—2.

达的来山得尔进占雅典，在公元前404年4月，修昔底德显然曾亲自见到雅典海上霸权的崩溃。

修昔底德《战史》的特色之一在于叙述的冷静。安菲波里斯之役，是他一生荣辱所关的事件，但书中对他的失败和放逐，没有作任何辩解。在长达八卷的《战史》之中，有关他生平事迹的地方寥寥可数。除上文所述而外，其他方面就只有依靠后人零碎而又不尽可信的记载。有的记载说：修昔底德的父亲和色雷斯王同名，色雷斯王的女儿赫格西庇尔嫁给雅典的米提阿德·客蒙；修昔底德的母亲和客蒙的母亲也同名；他的墓或衣冠墓又和客蒙一家的墓连在一起。因此有人推论，修昔底德和声名显赫的客蒙必有姻戚关系[1]。这些事实如果可靠，当然有助于说明修昔底德家庭在雅典社会中的地位。但是提供这些资料的记载本身凌乱而矛盾，有些学者认为并不足信[2]。据马塞林之说，修昔底德的放逐是由克里昂提议的，罪名是背叛雅典。从修昔底德和克里昂在政治上互相敌视以及战后他在雅典通过一项特许召回的专案后才能回国来看，这一说法似颇可信。关于修昔底德的生卒年代，现在也难确考。旧说据公元1世纪伊壁道鲁斯的女作家彭斐拉

---

[1] C.F.斯密司译:《修昔底德》，罗叶布古典丛书本，第1卷，引言，viii。
[2] G.B.格伦底:《修昔底德及其时代的历史》，第1卷，44页。

所记,在伯罗奔尼撒战争开始时,修昔底德已经四十岁,因之他的生年应为公元前471年。但修昔底德在第五卷中自云"一生阅历了全部战争,正当明达之年"[1],语气不像在战争结束时已临衰迈之际,把他的生年定在公元前471年未免过早。按雅典的定例,年不满三十,不能当选为将军。修昔底德当选将军在公元前424年,如他得志较早,其生年可能在公元前460年至前455年之间。到公元前404年战争结束的时候,他大约已五十稍外,这和第五卷中自述的语气比较符合。看来他在战后没有活多久,否则《战史》不致不能终稿。他对公元前396年以后的事情全未提及,但却提到死于公元前399年马其顿王阿基劳斯的改革[2]。从这点推想,他的卒年可能在公元前399年至前396年之间,他大概活了五十五岁至六十多岁,一生中精力最旺、思虑最成熟的时期,都付之他那部不朽的著述[3]。

虽然我们对修昔底德的生平所知不多,但是根据以上所云,已可看出他著书的重要背景。他出身于富有之家,在海

---

[1] V.xxvi.5.
[2] II.C.2.
[3] G.B.格伦底:《修昔底德及其时代的历史》,第1卷,11—47页,对修昔底德生平有详细的叙述和分析。谢德风《伯罗奔尼撒战争史》中译本(商务印书馆1960年出版)译者序言中"关于修昔底德的生平"一节,所述亦较详,可参看。

外有重大的经济利益。他不能见容于克里昂，是激进派的政敌。在一个短时期内，他曾经身居要职，并直接指挥战争，因之熟悉国家的政治和军事。又因曾遭放逐，他能够利用这个特殊的、不受敌方疑忌的身份，从伯罗奔尼撒方面获得有关的资料。他的一生正当雅典城邦盛极而衰的时代，这个时代的政治形势和文化思潮，都必然对他有深刻的影响。

二

公元前5世纪中叶是雅典伯里克利当政的全盛期。这时波斯帝国的势力已经退出爱琴海，雅典已经树立了无可争辩的海上霸权，爱琴海的东西两岸已经是雅典宰制的天下。约当修昔底德出生后不久，即公元前454年，提洛同盟的金库已经移到雅典，大小约二百以上的盟邦在事实上都已成为雅典的藩属。在此以前和以后，雅典又利用战胜波斯的形势，向爱琴海区以外扩张势力。尼罗河口、塞浦路斯岛、黑海沿岸，都曾经是雅典海军的扬威之所。这时雅典奴隶制经济的发展，已经越出小国寡民的、自给自足的古老城邦的范围。马其顿、色雷斯、赫勒斯滂、黑海沿岸、小亚细亚沿岸及爱琴海的岛屿、埃及以至远在地中海中部的西西里、意大利南岸和西岸，都一方面成为雅典的市场，一方面又以其粮食、土产、原料或奴隶供应雅典。在雅典控制下的提洛同盟，正是适应这一发展的政治形式。

然而正当雅典威力全盛的时期,城邦的经济和政治扩张已经导致不可解救的矛盾。提洛同盟虽亦可以号为海上帝国,但雅典对盟邦的控制极不巩固。希腊的城邦政治去集权帝国还有一段遥远的距离,仅仅是征贡区的划分、军事移民的派遣、政治的干预,并不能使所有盟邦对雅典俯首听命。在雅典和它的盟邦之间,冲突不断发生;经济较发达的盟邦,更其是伺隙而动,要求摆脱雅典的控制。提洛同盟之外,雅典在扩张中还遇到强大的敌手。科林斯、麦加拉嫉视它的商业势力,斯巴达在政治上和它两不相容。在伯里克利当政之初,雅典和伯罗奔尼撒集团已经发生多次的战事,不能取胜。三十年和约的订立,不过是暂时在雅典和斯巴达之间平分海陆的霸权,导致战争的矛盾并未解决。在雅典内部,因奴隶制经济发展而带来的日益加深的财富不均,也使城邦自由民之中的矛盾趋于激烈。当时左右城邦政权、代表工商业奴隶主利益的政治派别,不得不面临这样的问题:或者是采取稳健的政策,对盟邦的压迫不为已甚,缓和它们对雅典的不满,外以抵制伯罗奔尼撒集团的进攻,保持已有的海上利益,内以安抚穷困的自由民,维护奴隶主的城邦统治;或者是加强对盟邦的控制,以武力迫使就范,同时进行更大范围的扩张,击败斯巴达、科林斯及其仆从诸邦,把国内不安分子导向对海外的冒险。伯里克利鉴于公元前460年至前446年间雅典对外战争的不利，在伯罗奔尼撒战争爆发的时候，选择了大体上稳健的战略和政略。但自其罹疫而死，雅典就发生温和与激进、主和与主战之争，所争的实质都不外上述问题。失势已久的贵族，又图乘机复辟。修昔底德在伯里克利的全盛时期，度过他的少年和青年时代。在《战史》的写作过程中，雅典奴隶主阶级围绕战争问题而展开的政治纷争，正如火如荼。修昔底德的阶级出身，个人的海外利益，都不容他对这样的问题置身事外。《战史》成书于伯罗奔尼撒战争结束之后，其时雅典的霸权已倒，修昔底德由海外获赦而归，目睹被斯巴达军拆毁的颓垣败垒，对于人事成败之迹，城邦兴废之由，乃不得不寻思其原委。他在著书之中所思索的问题，正是几十年来雅典政治争论的焦点。所以《战史》之作，和公元前5世纪后期雅典所面临的矛盾息息相关。作者对于时代的问题，并非抱着如后世西方史学所标榜的客观主义的态度；在他的冷静叙述之中，贯串着他对时代问题的见解。

修昔底德的时代也是雅典文化高涨和人才荟萃的时代。自然哲学家阿纳克萨哥拉（公元前约500—前428年）和德谟克里特（公元前约460—前370年），诡辩学者普罗塔哥拉（公元前485—前415？年）和哥尔基亚（公元前483—前376年），修辞学家安提丰（公元前约480—前411年），唯心主义者苏格拉底（公元前469—前399年），悲剧家爱斯奇勒（公元前524/5—前456年）、索福克利（公元前495—前406年）和幼里披底（公元前480—前406年），喜剧家阿里斯多芬（公元前约450—前385？年），雕刻家斐迪亚（公元前约490—前417？年），画家玻力诺特（知名于公元前5世纪中叶），建筑家伊克提努（知名于公元前5世纪后半）以及医学家希波克拉特（约公元前5世纪中至前4世纪初）等，有的略长于修昔底德，有的是他的同辈。"历史之父"希罗多德（公元前约484—约前425年）则比他早生约三十年；当他开始撰述《战史》的时候，这位前辈史家还没有去世。虽然这些人物和修昔底德之间的关系，现已无从深考[1]，但是无可疑问，他们从各方面代表了公元前5世纪的雅典时代思潮，而这个时代思潮又孕育了修昔底德的史学。

公元前5世纪中叶和后叶，是雅典处于新旧思潮激荡的时期。传统的信仰日益动摇，新的学说、思想渗透到文化的各个方面。阿纳克萨哥拉和德谟克里特继承米利都学派的唯物论，认为构成客观万物的，是无数不可再分的极微物质的

---

[1] 据马塞林、苏达斯等后世的记载，修昔底德尝从阿纳克萨哥拉学哲学，从安提丰学修辞，在少年时期听过希罗多德对所著《历史》的朗诵；但这些说法都无同时代或较近的史料可证。

不同组合；因此支配自然现象的不是传统中的各种神祇，而是存在于物质自身的规律。普罗塔哥拉虽然不像唯物论者重视对客观宇宙的探索，但他怀疑神的存在，认为"人是万物的衡量"。从他开始，关于人的问题成为诡辩学者注意的中心。他们虽不以"真理"和"智慧"为可求，但却以为人皆可以期于道义，理性可以使人成为善良的公民。苏格拉底和他的门徒所反复问难的，也不外于人世的问题。这种放眼于现实的人生、和传统神明违离日远的思想，同样体现于文学、艺术等各个领域。在三大悲剧家中，爱斯奇勒还以神为人间命运不可抗拒的支配者。到了索福克利，神和命运就只作为剧情变化的背景，悲剧的主要命题是人的高贵伟大的品质。幼里披底更进一步，他所全力描写的是现实人生个性和感情的冲击，神不过是在楔子和收场语中用以起某种程式作用的角色。至于喜剧家阿里斯多芬，则几乎全以反映城邦的政治社会为其创作内容，一切都从人的问题出发。在绘画和雕刻方面，尽管也有不少题材取之于宗教神话，但其所体现的毕竟是一种属于人的美，是当时自由民追求所谓完美人格的反映。公元前5世纪雅典奴隶主中的新兴富有阶层，正需要这种对人的意志和力量的宣扬，一面和不合时宜的传统进行斗争，一面开创和巩固有利于他们的新的城邦秩序。

希罗多德的《历史》同样是这个时代的产物。不管他穿插了多少灵异的故事，在书中出现了多少次的神、多少次无稽的梦兆，但是所有这些都不能掩盖他对历史的自然和人本观点。他在叙述各国的制度人文之中，总不忘这些国家的自然条件、风土气候以及动植物生态。对于希腊人在波斯战争中的胜利，他丝毫没有运用神秘的解释；从他书中的最后三卷，可以清楚看出这是希腊装备精良、纪律严整、行动敏捷、领导有方以及处于防御优势的结果。在他的心目中，希腊历史上这次有重大影响的胜利，并非得自天佑，而是出于人为。希罗多德在这一方面为希腊史学奠立了一块重要的基石。

修昔底德的《战史》就是在这样的文化背景下产生的。不理解这个背景，就不能很好地理解他的史学思想。近代批评家有人责备修昔底德，说他忽视思想文化的发展，对同时代人的文化成就几无只字道及。这个批评看来似是而实非。修昔底德所写的是伯罗奔尼撒战争的专史，他在第一章中就开宗明义，说明著史的目的在于记述"一次伟大的战争"，而非记述一个历史的时代。如果以近代通史的概念，衡量古代人所写的专史，那就未免苛求于题外。修昔底德虽然没有论及他所处时代的文化思潮，但他却从中受到难以估计的影响。

三

修昔底德对于人世生活的看法,不同于旧的传统。旧传统把人世的种种归之于无可如何的命运,以为各式各样的神祇都在支配着人的活动,而人自身对于现实存在是无力的。修昔底德的看法不是这样。他的《战史》在某些地方反映了当时的宗教观念和人对超自然的迷信[1],但全书的叙述从未出现灵祥灾异,从未出现神对于人间事变的干预。修昔底德对于历史事件的看法,犹之自米利都学派以来朴素唯物论者对于宇宙的看法:宇宙万象决定于内在的规律,历史变化则决定于其自身的因果必然。阿纳克萨哥拉和德谟克里特致力于客观世界规律的探索,修昔底德则致力于历史因果的探索,人事规律的探索。他在《战史》第一卷中,从二十三节到一百四十六节,以很大的篇幅,论述雅典和伯罗奔尼撒同盟的矛盾,并且指出矛盾何以爆发,从而阐明导致战争的远因和近因。这种重视事物自身联系的思想,也贯串于对个别战役的叙述之中。第六、七两卷记西西里之役,为全书叙事最精彩的部分。修昔底德以极为生动的记事之文,透过种种事实,说明雅典致败之由。读完这两卷,谁都可以看出雅典远征西西里之所以全军覆没,是因为外线作战的困难、海陆封

---

[1] 例如:VII.lxxii.2—4;1.4。

锁的无效、地形的不利、统帅的优柔、因国内受敌而造成的兵力分散、内部党争对军事的不利影响以及叙拉古方面不断获得有生力量等等,其中无一处可以归之于偶然,无一处可以归之于茫不可知的超自然因素。在西方史学中,以近似唯理主义的精神对待历史,应当说始于修昔底德。

正因修昔底德对待历史的态度是接近唯理主义的、求真的,所以他非常重视证据,重视证据的批判。他说:"关于战争中所发生的事实,既不据偶有的传闻,亦不断以己见。不论是亲历或由他人转告之事,都须尽最大可能,对每一细节作精审的研究,然后落笔;我把这点引为己任。"[1]他还指出辨订真伪是一件困难的事情,"因为目击同样事件的人并不作出同样的报告,或作左右袒,或则据其记忆之所及"[2]。修昔底德有见及此,乃于长时期的著述过程中,从不同方面搜集材料,既有来自本国的,也有来自敌方的。对于若干重要战役的经过,除其亲历者外,还可能作过实地的考察。第七卷所记西西里之战,大概就是经过实地考察才写定的。否则在没有详细地图可资参考的时代,他对山丘、岩谷、河流、沼泽、港口、关隘以及这些地形、地势在军事行动上的意义,

---

[1] I.xxii.2.
[2] I.xxii.3.

就不可能叙述得如此准确,如此具体。固然,修昔底德史学的谨严,也并非彻底的。《战史》中记载了很多的演词,根据他自己的说明,不论是亲耳听到的,或从其他来源获得的,都不是实录。他说这些演词的原文已经不能准确地回忆,只能就其概略,揆度演讲者面临当时情景所要说明的问题,约以己意,撰为演词,一若是出于原来的讲者之口[1]。这种方法当然不符合谨严史学的要求;不过修昔底德这样做,一面力求切近原意,一面也还认为演词的内容,不能不决定于讲者的身份和所处的背景。就这点而论,他仍然是不忘批判的态度,仍然相信人物的活动不是漫无因果规律的现象。

修昔底德在史学上的求真,不是无所为而为的。他不是近代的所谓客观主义者,不是为史学而史学。前文说过,作为雅典奴隶主阶级的上层人物,他对公元前5世纪后半雅典城邦所遭遇的问题,不能无动于衷。他之所以著作《战史》,完全是有为而发。他和时代的思潮一致,所注意的正是人世中的现实问题。尽管为了保持叙述的冷静,他在全书中刻意经营,但是这并不能掩盖他著作《战史》的实用目的。关于这点,修昔底德曾有所自白。他说他的书中没有稗史野谈,不足娱人,但人性是有常的,过去发生的事,将来也会在类

---

[1] I.xxii.1.

似的情况下重复发生；如有要求鉴往知来的人，以他的书为可贵，则他就于愿已足了。因之他又说，他的书"并非为要誉于一时而作，而是为于垂鉴于永久"。[1]

修昔底德所说的"永久"，其实是指希腊奴隶制城邦时代的"永久"；他不可能、也不希望预见到城邦制的灭亡。雅典战败之后，修昔底德心中盘旋不去的问题，是如何从失败中获得有益于奴隶主统治者的教训，如何纠正内外政策的错误，保持雅典强盛于不坠。对于战争期间雅典奴隶主的党派纷争，他并非超然独处。他有自己的是非和褒贬，散见于若干章节之中，虽然叙事力求客观，但用心仍不可掩。特别是那些由他重撰的演词，在不少地方都是假他人之口，若隐若现地表达自己的政治见解。在当时，雅典的主要问题对外是海上霸权，对内是公民民主。除了少数寡头贵族而外，从一般富有的奴隶主和自由公民而论，问题不在于要不要霸权，要不要民主，而是在于用什么方式保持霸权，实行什么限度的民主。在这两个问题上，形成温和派与激进派的分水岭。修昔底德以其特有的冷静的史笔，寓褒贬于叙事。只要细读全书，就不难看出他所主张的雅典长治久安之策究竟何在。

本身拥有海外利益的修昔底德，无疑是雅典业已形成的

---

[1] I.xxii.4.

海上霸权的支持者。但是他深虑树敌过众,不赞成对盟邦采取高压政策。公元前467(或前466?)年,纳克索斯脱离以雅典为首的提洛同盟。这时雅典尚未取得幼里米顿河口的胜利,波斯仍然拥有重入爱琴海的潜力。对纳克索斯的脱盟用武力弹压,从提洛同盟的利益说,雅典本可振振有词。然而修昔底德避不采用这样的论点,他说雅典"违反成规",使纳克索斯成为"第一个受奴役的盟邦";接着又说,"自此以后,每当这样的事情发生,别的盟邦也受到了奴役"。[1]修昔底德在这里虽然没有对纳克索斯事件下任何按语,但在寥寥不到数行的叙事之中,已经提出对雅典高压政策的谴责。另一个例子是关于米提林事件的辩论。米提林于公元前427年背盟,雅典在压服之后,以是否执行处死米提林全部成年男子的议决案在公民大会中进行辩论。修昔底德书中以克里昂为一方,以戴奥都特为另一方,为之各撰演词,陈述激进派和温和派在这一问题上的对立观点[2]。他同样对事件的本身不置一词,但从他所重写的双方演词之中,已可看出激进派克里昂是如何赤裸裸地崇尚强权,蔑弃理性,以残酷镇压盟邦为得策;而戴奥都特又如何诉之于听众的理智,从雅典霸权的长远利

---

[1] I.xcviii.4.
[2] II.xxxvii—xlviii.

益着眼,指出使盟邦不再背叛的方法"不在临以刑威,而在周密的管治"[1]。因之这两篇演词的内容,已经尽了抑扬之能事;修昔底德不须另加断语,已经为双方的是非作了定谳。

为了同样的理由,修昔底德也不赞成雅典海权的进一步扩张,反对激进派的对外冒险政策。他托科林斯使者之口,在对雅典公民大会的演词中说,"不要侵犯力量与自己同等的国家,这比惑于眼前之事,冒险以求一得者,其地位强固是更为可靠的"[2]。伯罗奔尼撒战争爆发以后,伯里克利采取稳重的、以防卫为主的战略,修昔底德对这点颇为称道。他说伯里克利"在平时执行温和的政策,致城邦于安全,雅典在他的治下达到强大的顶点;及至战争开始以后,他又对雅典的实力作了有远见的估计"[3]。修昔底德还把伯里克利的战略和他死后雅典当政者的战略作对比,指责后者违反伯里克利的方针,从野心和贪欲出发,采取危害国家利益的政策。他对西西里远征表示不满,认为是伯里克利后继者的重大失算[4]。对于主战派的激进领袖克里昂和希帕布鲁,他都深加讥贬[5]。对于温和派的尼西

---

[1] III.xlvi.4.
[2] I.xlii.4.
[3] II.lxv.5.
[4] II.lxv.11.
[5] IV.xxviii.5; VIII.lxxiii.3.

亚，虽然在西西里丧师辱国，却寄予极大的同情[1]。这些都可说明修昔底德在如何保持雅典已有霸权问题上主张采取什么样的路线。

和他的对外主张相一致，修昔底德在对内方面同样要求遵循温和民主派的政策。他心目中最敬佩的政治家是伯里克利，而伯里克利正是改变厄非阿尔特激进民主路线的温和派领袖。他以优美的文笔，写下伯里克利在国葬典礼上的演说，用以美化伯里克利的民主理想。实际上，修昔底德对雅典公民群众可说是无信心的，他不相信普通公民有政治判断的能力。当他叙述尼西亚在西西里处境险恶并在退兵问题上迟疑不决的时候，就以描写尼西亚内心活动的手法，衬托雅典公民不辨是非，有附和任何政客煽动的"习性"[2]。除此而外，他还斥责激进民主派"迎合人民的妄想"，"随时把公共事务的管理放手给人民"。[3] 按他的这些说法推论，激进派的民主不啻是公民的茫昧无知和政客的哗众取宠的凑合。在伯里克利时代，雅典的公民民主已经扩大到最高限度。但修昔底德对伯里克利民主的赞赏，却不在于公民权利的扩大，而在于伯里克利"在尊重群众自由的同时，又能约束群众"；他说雅典的民主政治"实际已

---

[1] VII.lxxxvi.5.
[2] VII.xlviii.3—4.
[3] II.lxv.10.

渐渐演为由其最高公民统治的政府"[1]。在他的心目中，民主权利的普遍化必须同时有一个杰出人物的控制。所谓伯里克利的温和派民主，其实质正是这样。然而像伯里克利这样的人物，不是代代能够产生的。如果没有伯里克利，修昔底德宁可不要普遍的、扩大的民主。公元前411年，雅典寡头派政变失败之后，温和派的首领泰拉麦尼建立"五千人的政府"，即由能够自备重甲兵武装的五千人控制政权，同时恢复公职无给制。对于这种既非寡头统治又非普遍民主的政体，修昔底德破例明白表示赞可，称之为雅典人"从未曾有的最好的政府"[2]，很显然，按照修昔底德的想法，只有具备足够财产资格的人才能列为城邦的负责公民，只有他们才能把自身的利益和城邦的利益合而为一，成为支持城邦制度的积极力量。这就是修昔底德在如何巩固雅典城邦统治问题上的见解。

从上所论，可知修昔底德《战史》之作，和雅典城邦政治的现实问题密不可分。这部书既是历史，同时又隐然是关于雅典城邦安危兴废的政论。历史必须为作者所代表的阶级或其某一利害集团指出它的政治展望，揭示它的重大主张。这就是修昔底德所说的"垂鉴于永久"，这也就是他的历史哲学。

---

[1] II.lxv.8—10.
[2] VIII.xcvii.2.

四

修昔底德的《战史》相习分为八卷[1]。第一卷包括序论及战争的起因;第二、三、四各卷叙述战争的前九年(公元前431—前423年),每卷三年;第五卷叙述战争的第十年(公元前422年)及尼西阿斯和约签订后的间歇时期(公元前421—前416年);第六、七两卷叙述西西里之战(公元前415—前413年);第八卷叙述战争的最后阶段,即德克勒亚或爱奥尼亚之战,至公元前411年戛然中断。据修昔底德自述,《战史》原当写到雅典最后失败为止(即公元前404年),前后共二十七年[2];但第八卷断于战争的第二十年,还有七年没写到,可见他并没有按原定的目标完稿。修昔底德为什么没有把全书写完,这个问题已经无法弄清楚。古代作家鲍杉尼阿、普鲁塔克和马塞林,都说他死于非命,但是各家的记载破绽很多,这种说法可能是因《战史》突然中断而引起的推测,不足据为《战史》没有写完的原因[3]。对这种说法抱怀疑态度的格伦底,以为修昔底德因怀慕伯里克利的全盛时代,当他写到雅典迫近失败的时期,满腹凄怆,愈写愈不忍落笔,

---

[1] 据马塞林所作修昔底德传记,在古代亦有分为十三卷者。
[2] V.xxvi.1.
[3] G.B.格伦底:《修昔底德及其时代的历史》,第1卷,44页。

终至不能完稿而死[1]。从修昔底德的政治感情说，此说不为无据，但也仍然是一种臆测而已。

修昔底德把绵亘二十七年、中经议和间歇、又分散在几个相去辽远的地区爆发的战争，视为一次首尾连贯的历史事件，为之著作专史，这在当时是一个独创的见解。他的同时代或稍后的人如安多基底（公元前约440—前约390年）、吕西亚（公元前约459—前约380年）和柏拉图（公元前约429—前347年），都还没有认识到这点，他们都把前后分期、分地进行的战事看做是各不相属的几次战争[2]。修昔底德处身于战争进行期间，死时去战争结束也只有几年，还不可能像后世的史家从历史发展上全面估计战争各阶段的联系和意义，但却能看出战争前期的十年之战、中间的和约以及后期的西西里之战和爱奥尼亚之战是性质同一的历史事件的延续，这不能不说他具有深刻而敏锐的历史眼光。但是修昔底德也非一朝一夕就能有见及此的。19世纪德国学者乌尔里契在他的著名论文《修昔底德综释》[3]中，第一次指出《战史》第五卷

---

[1] G.B.格伦底:《修昔底德及其时代的历史》，第2卷，80页。
[2] 安多基底是雅典的演说家，曾因赫尔美斯神像破坏事件涉嫌被控；吕西亚为演说家兼富有的制盾商，因同情民主而受迫于"三十僭主"。关于他们和柏拉图对伯罗奔尼撒战争的看法，参看格伦底，同上书，第1卷，391—392页。
[3] 即发表于1845年的"Betärge zur Erklärung des Thukydides"论文。

第二十六节是书中的第二个序言,修昔底德在这一节里提出了"这次战争延长了二十七年,任何人不把中间的休战视为战争〔的一部分〕是错误的"这样的看法。乌尔里契据此论断《战史》本非一书;关于这点,百年来聚讼纷纭,有的赞同,有的反对。但有一点可以肯定,即修昔底德把前后几次战争视为同一历史事件的看法,必然是经过长期思考,形成于著作的后期。因其如此,所以对前期已写的部分,不得不按后来逐渐明确起来的概念加以补葺修改。从《战史》现存的面貌来看,修昔底德在把前后所写的部分汇为一书之时,还不及熨平修补的痕迹。全书是一部未写完、也未修改完毕的著作,这从第八卷的内容也可看出[1]。第八卷中没有一篇像其他各卷所常见的演词,大概就是因为作者已不及为之一一重撰的原故。

全书的文字风格在叙述部分和演词部分各有不同。叙述部分简练遒劲,遣词一以当十。演词部分除说理警辟绵密,还讲求辞藻,反复铺陈,以繁茂取胜,读后很易看出是用力经营之作;这显然是受了诡辩学派修辞家的影响。传说雅典晚出的演说家德摩斯提尼(公元前384—前322年)曾手抄全书八遍,可能就是为了爱好书中的演词。德摩斯提尼一生

---

[1] 关于第八卷的真伪问题,古今皆有争论,现在一般不怀疑是伪作。罗叶布古典丛书本的英译者对此有简要说明,置于第八卷之前,可参看。

尽力于挽救雅典城邦垂亡的厄运，对书中所流露的政治思想和感情，必有引起共鸣的地方。其所以爱好此书，或亦与此有关。在罗马史家中，重视和模拟修昔底德的有萨鲁斯特（公元前86—前约34年）、阿里安（公元2世纪）、塔西陀（公元约55—117？年）等。在中古初年，拜占庭史家普洛柯比阿（公元490？—562？年）也受其影响。文艺复兴以后，随着人文主义者对研究古典著作的提倡，修昔底德才又为新兴的资产阶级学者所重视。到了19世纪，客观主义史学风靡西欧，修昔底德重视材料搜集与批判以及保持冷静叙述等特点，更受到西方史学界的推重。其实修昔底德也是透过历史来表达他的阶级观点的；在这一点上，近代的所谓客观主义者正和他一样。

本书是根据罗叶布古典丛书斯密司英译本选译的，除英译者的注文已大部附译而外，译者还加了若干附注。

第 七 卷

Ⅰ.吉利普斯[1]和匹特恩把船舶修理之后，由他林敦沿岸

---

[1] 斯巴达将领，于公元前415年雅典远征西西里时往援叙拉古。——中译注，以下从略。

航行，到达伊壁泽弗里亚的罗克里[1]。他们在这时得到较为确实的情报，知道叙拉古尚未全部被围，还可以率一军取道厄匹波里[2]进入城内。于是他们互相计议，究竟是由此南航，冒险驶入叙拉古海港，抑或折而北向，先入希米拉[3]，在获得希米拉人和其他可以说服加入之人的补充以后，再由陆路前进。他们决定航往希米拉，特别是因为尼西阿斯[4]虽已闻知他们抵达罗克里，派出了四艘雅典战船，但这时还没有到达里吉姆[5]。在雅典守望舰队到达之先，他们已经穿过海峡，在里吉姆和麦西那靠岸，然后航抵希米拉。他们说服了希米拉人，要希米拉人协同作战，一面参与战斗，一面为他们船上还没有武装的水手供应兵器。他们在希米拉把船拖上了岸滩，

---

[1] 伊壁泽弗里亚的罗克里在意大利的南端，约在公元前700年左右建立，移居其地者为希腊的东罗克里人（东罗克里面临优卑亚海峡），可能还包括西罗克里人（西罗克里在科林斯湾北岸一带）、拉西弟蒙人和逃亡奴隶。这个移民城邦经常和叙拉古保持友好。
[2] 叙拉古外城以西的高地。伯罗奔尼撒战后，僭主戴奥尼修（公元前406年/405年—前367年）扩建城防，厄匹波里划入城内。
[3] 西西里北岸唯一独立的希腊移民城邦，建于公元前648年，为卡尔息斯和多利亚人的移民所杂处。
[4] 尼西阿斯（雅典温和民主派的首领，在远征西西里时与阿尔西比阿德、拉马库斯同为雅典军的司令。军出不久，阿尔西比阿德在奉召回国途中叛走，尼西阿斯遂指挥全军。）对吉利普斯即将到来的最初情报，不甚介意，以为他此来是执行私掠巡逻任务，意不在于作战。参看Ⅵ.civ.3。——英译注
[5] 里吉姆在意大利半岛的最南端，与西西里东北角的麦西那隔海相望。

又遣人请舍利努提亚人[1]率其全部武力在某地会师。基罗阿人和部分西克尔人[2]也许诺他们出兵一小队。西克尔人在这时亟愿和他们联合，一则因为这个地区某些西克尔部落的很有势力而又和雅典友好的王阿康尼达最近已死，再则因为吉利普斯从拉西弟蒙而来，气势甚锐。于是吉利普斯率其水兵及武装陆战队约七百人，希米拉重甲兵和轻装步兵一千人、骑兵一百人，舍利努提亚人的一些轻装步兵和骑兵，少许基罗阿人以及西克尔人共约一千人，向叙拉古进发。

Ⅱ.同时科林斯人已将其所余的船舰由琉卡斯[3]入海，尽速出援。科林斯司令官之一刚基勒斯虽最后乘一舰出发，但却最先到达叙拉古，比吉利普斯还略早。刚基勒斯察知叙拉古人即将召开公民会议，讨论放弃作战。他阻止了这次会议，并且给叙拉古人以鼓舞。他告诉他们说，不仅将有其他船舰陆续到达，而且还有拉西弟蒙人派来的克利安德里达之子吉利普斯担任指挥。叙拉古人为之振奋，立即全军出迎，与据报即将到达的吉利普斯会合。吉利普斯于中途攻取西克尔要

---

[1] 即舍利努斯人。舍利努斯是西西里西南岸的希腊移民城邦，建于公元前651年，一说前628年。
[2] 基罗阿人即基拉人。基拉是西西里南部的希腊移民城邦，建于公元前690年。其中移民为多利亚族的克里特人及罗底斯人，西克尔人是西西里本土人。
[3] 爱奥尼亚海中的一岛，与阿卡那尼亚海岸相对，此时为科林斯移民所据。

塞厄伊台，部勒所属，作战斗准备，然后进至厄匹波里。他取道先前雅典人曾经登越的欧里伊勒斯[1]，由此而上，与叙拉古人形成一个会合点，并向雅典人所建的围城前进。吉利普斯的到来，适当紧迫之际。其时雅典人已经筑好长约七八斯塔迪昂[2]直达大港[3]的双重围城，只差到海的一小段还在构筑之中。这道包围线的剩余一段，已经在通往特洛基勒斯[4]和外海沿线的一大部分堆积了石块，有些部分完成了一半，有些部分已完全筑好；这时，工事就这样停顿了下来。叙拉古之濒临覆灭，盖已间不容发了。

Ⅲ.初，雅典人因吉利普斯和叙拉古人突然进攻，一时陷入混乱，但随后就列阵应敌。吉利普斯在距雅典军不远处勒住阵脚，士卒戒备，命一传令吏前往宣告，如雅典军愿于五日内携其所有撤出西西里，他准备安排休战。但雅典军蔑视来使，遣之使回，不作任何答复。这样，双方就准备进入战斗。吉利普斯看到叙拉古人紊乱无次，不能列阵，因此后撤

---

[1] 参看Ⅵ.xcvii.2。按：公元前416年夏，雅典军曾在叙拉古西北登陆，越欧里伊勒斯入厄匹波里，叙拉古迎战败绩，死三万人。
[2] 每一斯塔迪昂合六百希腊尺。希腊尺因地异制，自320.5厘米至350厘米不等。每六尺约为伸张两臂之长。
[3] 大港在叙拉古城以南，港东北有一半岛，叙拉古内城即在其上。内城之北为小港，更北为外城。
[4] 在叙拉古外城的西北，滨海，其南即厄匹波里。

至一片较为开阔的地点。尼西阿斯未率雅典军进攻；他守在围城附近，按兵不动。吉利普斯见雅典军并不出战，就率军离开空野，转至特门尼特高地[1]宿营。次日，他率主力面对雅典军的围城屯扎，意在阻止他们向其他任何地点派兵出援；然后别遣一队，攻陷拉布达伦要塞[2]，尽杀在塞内俘获的守军。这里必须指明，这个地方已在雅典军的视力之外。同日，一艘监守大港入口的雅典三列桨座战船也被叙拉古人掳获。

Ⅳ.此役以后，叙拉古人及其盟军着手构筑一道城墙，由叙拉古城起，向上横越厄匹波里，与雅典军的围城成一斜角。这样，如果雅典人不能阻止他们筑成此墙，也就无从对他们形成包围。雅典人这时已经完成所筑靠海的围城，并且登上了高地。吉利普斯因为雅典的围城有一段工事单薄，乃于夜间率军往攻。但雅典军适于此时宿营在围城之外，察觉了他的行动，前来迎击。吉利普斯也发觉了这一点，又迅速率军后退。雅典人随即把这一段围城加高，自行扼守；沿围城的其余部分则配置盟军，各按其担任守卫的地点设防。

尼西阿斯又决定在普列米里姆地方[3]筑寨。这是一个面

---

[1] 在叙拉古大港之北，厄匹波里的东南角。在修昔底德之时，特门尼特为外城的近郊，有阿波罗神庙。
[2] 在厄匹波里的西北，距吉利普斯取道而上厄匹波里的欧里伊勒斯不远。
[3] 在叙拉古大港港口以南，与叙拉古内城遥遥相对，形成大港的入口。

对叙拉古城的海岬，突出在大港的前面，形成狭窄的入口。他觉得在这里设防就可使输入军需更其容易；因为雅典军可从更近的距离监视港口，只要发现叙拉古舰队有任何活动，就可出而应敌，不必像目前这样须从大港的内湾出发了。而且从这时起，尼西阿斯开始更多地注意于海战，原因是吉利普斯已经到来，他觉得陆战得手的希望极其微小了。于是他率领战船和一部分军队，到普列米里姆构筑三个要塞，把大部分辎重储入塞中；较大的船只和战舰也停泊在那里。从此雅典水师步入逆境，这次转移尤其造成了这样的后果。他们的水源缺少，且又不在附近。同时，每当水手出外打柴，常常遇到骚扰这一地区的叙拉古骑兵，受害很大。叙拉古人把他们三分之一的骑兵驻在奥林匹厄姆[1]附近的一个村落里，目的就在防止普列米里姆的雅典军出来劫掠。这时尼西阿斯获悉科林斯的其余船只已经出发，他派了二十艘船前往搜索，命令在罗克里、里吉姆或西西里附近对敌船实行突袭。

V. 在另一方面，吉利普斯利用雅典人以前沿此一线堆积起来留为己用的石块，继续构筑横越厄匹波里的城墙。同时，他不断率领叙拉古人和他们的盟军，在城前列阵；雅典人也时时摆开阵势，准备迎击。及至吉利普斯认为时机已到，乃

---

[1] 在叙拉古大港沿岸沼泽地之西。

开始进攻。双方战于两城夹峙之间，短兵相接，叙拉古骑兵在这里一无用武之地。当叙拉古人及其盟军战败以后，他们根据休战协议取回阵亡者的遗尸，雅典人则立碑志胜。这时吉利普斯召集所部，宣称战败之过在于自己，不在战士；因为他把战线过于楔入两壁之间，使骑兵和标枪兵失去了作用，他说他将重新率兵进攻，勖勉部下必须对此抱定决心：他们在兵力和配备方面都不弱于对方；以士气而论，他们身为伯罗奔尼撒人和多里亚人，在与爱奥尼亚人、岛民等乌合之众交锋之中，如竟不能以战胜此辈并把他们逐出此土为丈夫荣誉之所关，实为必不可忍之事。

Ⅶ. 以后，吉利普斯在有利的时机又率军进击。此时尼西阿斯和雅典军觉得即使叙拉古人不欲发动战斗，他们已不能坐视敌方把城墙筑过自己的围城。这时敌方的城墙已将越过雅典人所筑围城的终点，如一旦越过，纵令他们每战皆捷，也犹之一仗不打了。因此他们出击叙拉古军。吉利普斯把他的重甲兵带到比前次距离城墙稍远的地方，把骑兵和标枪兵置于雅典军的侧翼，然后在双方城墙尽处空地上接战。他的骑兵在战斗中攻击对面雅典军的左翼，将其击溃；结果雅典军的其余部分也为叙拉古人所败，仓皇避入塞中。夜间，叙拉古人把城墙筑过了雅典人的围城。自从他们把城墙筑过了这点，就不复为雅典人所困，而且即令雅典人获胜，也再没有包围他们的可能了。

Ⅶ.此役以后,科林斯人厄拉斯尼德指挥的其余十二艘属于科林斯、安布雷西亚[1]和琉卡斯的战船,避开雅典人的守望,驶入港口,帮助叙拉古人构筑横墙的其余部分。吉利普斯到西西里的其他地区,一面为陆海两军征集援兵,一面争取助战不力或完全袖手旁观的城邦。他又派遣一行代表叙拉古人和科林斯人的使节,前往拉西弟蒙和科林斯,请求以一切可行的方法从海上增派军队,或用商船,或用小艇,或通过其他任何途径;因为雅典人也正向国内请求生力军。同时,叙拉古人还把一个舰队的兵力配齐,为在海上一显身手而从事演习。他们在各方面都十分奋发。

Ⅷ.尼西阿斯有鉴于此,又见敌势日张,而自己的困难则与时俱积,曾多次向雅典提出关于所发生事实的详细报告。这一次报告尤其如此,因为他已感到处境危急,如雅典不迅赴事机,或召回全军,或大量增援,即别无安全之望。他又担心使者不善言词,或失于记忆[2],或图迎合舆情,不说出事实的真相,因此作书一通。他以为这样才可使雅典人完全明了他的见解,不致因使者之误而有所蒙蔽,得以就真实的情

---

[1] 位于希腊阿克丁湾北岸,为科林斯人所建立的移民城邦。
[2] 原文或读"由于无知"。——英译注

况进行讨论。他所派遣的使者赍书而去,还带有由他们口头陈述的报告。至于军中之事,他现在所注意的已是保持守势,而非主动冒进了。

Ⅸ. 是夏之末,雅典将军尤伊提翁率色雷斯军一大队,和帕尔迪卡斯[1]协同进攻安菲波里斯[2]。虽然攻城无功,但他却带领几艘三列桨座战舰绕航而入斯特里梦河,以希麦里厄姆为根据地,由河上封锁此城。这样就度过了夏季。

Ⅹ. 尼西阿斯的使者在这年冬季到达雅典,传达了他们受命口头陈述的报告,回答了向他们提出的任何询问,并且交出了书信。城邦的书吏在雅典人前宣读来书,全文如次:

Ⅺ. "书告雅典邦人:关于此信以前的军情,已在过去多次书信中向你们提出了报告。但是现在比什么时候都迫切,已经到了必须让你们明悉我们的处境并加熟虑的时候。我们奉令进攻叙拉古,正当叙拉古人在大多数战役中都被我们击败、而我们已经构筑了现正据守的工事的时候,拉西弟蒙人吉利普斯率领一支由伯罗奔尼撒和西西里若干城中征集的军

---

[1] 指马其顿王帕尔迪卡斯二世(公元前约450—前413年)。伯罗奔尼撒战争时期,帕尔迪卡斯骑墙于两方之间,反复多变,此时又与雅典同盟。
[2] 爱琴北岸最大的希腊城邦,位于斯特里梦河上,控制通往潘格厄斯山金矿及林产区的西路。公元前424年,雅典克里昂和斯巴达伯拉西达曾大战于此。根据尼西阿斯和约(公元前421年),安菲波里斯在名义上复为雅典的移民城邦,但实际保持独立。

队而至。吉利普斯在第一战中为我军所败；及至次日，在他们众多的骑兵和标枪兵的压力之下，我军退入自己的城堡。目前，由于敌军势众，我们不得不停止围城的工事，伏守不动。城防吸住我们一部分的重甲兵，因此不能运用全军的兵力。同时敌军已经筑好一道超越我方围城的城墙，如果我们不能以重兵攻占这道与我并峙的城墙，实已无法对敌人实行封锁。因此，我们这些包围者已一变而为受围者，至少在陆上是如此。我们受制于敌人的骑兵，连乡村也不能深入。

XII．"他们又已遣使至伯罗奔尼撒，请求增派一军。吉利普斯则往西西里各城，劝说迄今犹处于中立的各城参战，并就其力所能及，从其他各城中取得海陆两军的增援。据闻他们企图用陆上的兵力进攻我方围城，同时以舰队在海上试求一逞。你们慎勿以敌人也想从海上进攻为不可信。因为他们已经知道我方的舰队虽然初时船身坚固，水师齐整，在这两方面都是极好的，但目前已不复如此。船因入海已久，浸渍难用；人亦疲竭消损。论及敌方的舰队，亦殊不弱于我，在数量上又居于优势。我方受迫处于不断戒备之中，这就使我们无从拽船上岸，曝之使干。而敌方则保持演习，清晰可睹；进攻的主动权掌握在他们的手中。而且他们并不对别人实施封锁，因而能有较好的时机，用以晒干他们的船只。

XIII．"我方则相反，纵令船只的数目远胜敌方，不像目前被迫把全部船只用于守卫勤务，也难以获得这种便利。因为如我们防范稍疏，即不能取得供应；而且在目前，要经由叙拉古城把军需运到营中，已经是有困难了。我们的水兵已受折损，且仍在不断折损之中，其故在于海员不得不远出取柴担水，常为敌骑所杀。我们既已削弱到和敌人势力不相上下的地步，于是奴隶离亡。雇佣兵中，有的也是被迫上船的，一遇时机，就逃回他们的故里。有的主要是为希图获得优厚的饷银所动，以为他们此来是赚钱多而作战少；目前既与他们的期望相左，看到敌方的舰队和其他各种力量都与我方旗鼓相当，就或则投向敌军，甘为叛卒，或则利用西西里幅员辽阔，尽其所能而四散离去。还有一些人自身从事买卖，并且说动舰长，把海卡拉[1]的奴隶收上船，为他们顶替；因之我们海军完善的纪律，也随之败坏。

XIV．"你们无待渎陈，当已深知一组水手只能在短期内保持充沛的精力[2]，海员中既能开船登程又能准时鼓桨而前者，为数实少。但在如许困难之中，令人最可忧者，乃我身为将领，竟因雅典人赋性难制之故，不能防止这些弊端，且亦缺乏补充战船人力的来源。敌人的补充来自各方，而我们

---

〔1〕 西西里北岸小城。雅典远征军曾攻占其地，收其居民为奴。参看Ⅵ.lxii.3。
〔2〕 或作"水手中真正能胜任其事的常为少数"。——英译注

适与相反，不论为满足目前之所需，抑或为弥补经常的损耗，都须取之于我们所带来的人力。那克索斯[1]及卡塔纳[2]是我们现在所仅有的盟邦，它们在这方面已莫能为助。设使供我军糈的意大利各地知我处境穷迫，又知你们不派援兵，因而投附敌方，则敌人有此一事资为利便，即可不战而定，因为我们那时势必是受围而降了。

"我本可另写一些可以取悦于你们的事情，但如你们在作出决定之前，需要全面知道这里的处境，那就没有比这个报告更为有益的了。何况我深知你们的习性，喜闻快意之事，一旦结局在任何一点上不如所望，则责难随至。我宁可据实以陈，因为这样比较妥善。

XV."现在我要求你们相信，从这次远征的原定目标来说，不论将士，都无可罪责。但是现在全部西西里已经联合了起来，敌人还将从伯罗奔尼撒获得援军。你们已知目前面临之敌非这里的兵力所足抵御，所以必须当机立断，或把我

---

[1] 西西里岛上最早的希腊移民城邦，公元前735年卡尔息斯所建。城在西西里东岸，为叙拉古的宿敌。爱琴海西克拉底群岛中有一著名的城邦亦名那克索斯，并参加提洛同盟，但与这里所说的并非一地。
[2] 西西里东岸的希腊移民城邦，公元前729年那克索斯所分建，其中移民亦为卡尔息底人。叙拉古于公元前476年曾驱逐卡塔纳人，以多利亚人移殖其地。但多利亚移民不久即被驱走，卡塔纳人复归故土，对叙拉古一贯敌视。

们全师召回，或另遣与前此相埒的海陆两军，拨发大宗银钱，同时派一将领，代替我的职务。我身患肾病，不堪再留。当我健壮之日，曾屡膺指挥之任，恪尽职守；以此微劳，敢乞宽假。此后不论你们将采取什么行动，都必须于开春之时迅即实行，毋令延宕。因为敌人将获得新的增援，一部分来自近在咫尺的西西里，另一部分来自伯罗奔尼撒；虽则后者或到达较晚，但如你们置之不问，则他们会和过去一样，不是偷越而来，就将夺得机先，使你们追莫能及。"

XVI. 这就是尼西阿斯书信所陈述的内容。雅典人聆悉之后，并没有解除他的指挥职务。为了不致使他在病中独任艰巨，他们简派两个人为他的同僚；在二人到任之前，又指定已在战地的米南德和攸提德莫斯[1]作他的副手。他们还议决另遣一军，包括陆军和舰队，由雅典人中按兵役名册征集，有的则从盟邦中征集。他们选拔为尼西阿斯同僚的，一为阿尔基塞尼之子德莫斯提尼[2]，一为图克利斯之子欧里米敦[3]。欧里米敦立即奉令于冬至左右率船十艘至西西里，随带银

---

[1] 参与签订公元前421年尼西阿斯和约者之一，已见前。参看V.xix.2, xxiv.1。——英译注
[2] IV.lxvi—vxix. 提到他正在服役。——英译注
[3] 他在公元前424年远征西西里无功之后，曾被处罚金。参看IV.lxv.3。

一百二十他连特[1],并向已在西西里的军队传递消息,说援军即将到来,他们将受到关注。

XVII.德莫斯提尼留在后面,忙于行前的准备。他打算在开春出发,一面向盟邦征发部队,一面在国内筹划款项和船只,征集重甲兵。同时,雅典派船二十艘巡航伯罗奔尼撒,防止任何人由科林斯和伯罗奔尼撒渡海而往西西里。至于科林斯人,当叙拉古信使到达并陈述西西里形势已经更为有利的时候,比以前大有信心,感到前次所派的舰队适当其时;因此不仅他们自己准备用商船向西西里载运重甲兵,拉西弟蒙人也计划以同样的方式由伯罗奔尼撒其余地区派遣军队。科林斯又配齐二十艘船的兵员,以备与雅典防守瑙帕克特斯的舰队一战[2]。如此,则防守瑙帕克特斯的雅典人必将监视这些列阵而待的三列桨座战船,因而不暇旁顾,不易防止科林斯商船的入海。

XVIII.拉西弟蒙人按照他们以前的决议,准备进犯阿提卡。这也是由于叙拉古人和科林斯人的敦促。他们闻知雅典将向西西里派遣援军,就建议进攻阿提卡可以完全阻止雅典

---

[1] 合24000英镑,116640美元。按:英译者作此注时,当本世纪的20年代。
[2] 全部战争期间雅典防守此地的舰队一般为三列桨座战船二十艘。参看 Ⅱ.lxix, l.lxix.l, lxxx.4。按瑙帕克特斯在科林斯湾北岸。

援军的出动。阿尔西比阿德[1]也一再向拉西弟蒙人献议，要他们在德克勒亚[2]设防，作战不可松弛。但最关紧要的，是拉西弟蒙人有了某种程度的信心，因为他们相信一旦雅典两面受敌，与拉西弟蒙人和西克列奥人[3]同时作战，必易于击溃；也因为他们认为雅典是破坏条约的戎首。在上次战争中[4]，他们觉得破坏条约的责任毋宁在自己一方；因为底比斯人在休战期间[5]曾进入普拉提亚，虽然过去的协议[6]规定如有一方愿将争端提交仲裁，任何一方皆不得诉诸武力，但当雅典提请他们仲裁之时，对此请求置之不理者正是他们自己。职是之故，他们念及派洛斯之败[7]及所遭遇的其他失败，以

---

[1] 雅典极端扩张派的领袖（公元前约450—前404年），西西里之战的发动者，与尼西阿斯同任指挥。雅典远征军出发不久，阿尔西比阿德因破坏赫尔美神像事件被召回国。阿尔西比阿德畏罪，中途逃往斯巴达，献策进攻雅典。
[2] 在雅典以北的帕纳斯山麓，南向控制阿提卡平原，形势险要。自公元前413年至前404年，为斯巴达所占领。
[3] 指在西西里的希腊人。
[4] 即阿基达莫之战，为伯罗奔尼撒战争的头十年。按：斯巴达王阿基达莫二世（公元前469［？］—前427/426年）于伯罗奔尼撒战争开始期间数度率军进攻阿提卡。
[5] 参看Ⅱ.ii.1。——英译注
[6] 指"三十年休战协定"；参看Ⅰ.cxv.1。按：协定订立于公元前446/445年，结束雅典与斯巴达等城邦间约十五年的战争。协定实际上承认雅典霸海，斯巴达霸陆。
[7] 参看Ⅳ.xxvi—xli。按：公元前425年，雅典海军进占派洛斯，并击败港内斯法克特里亚岛上的斯巴达军。

为他们受到的灾祸乃份有应得。然而现在雅典人以三十艘战船[1]从阿果斯出发,攻掠伊壁道鲁斯[2]的部分地区、普拉西阿[3]和其他地区,又从派洛斯四出行劫。每当对条约中的争议之点发生分歧,而拉西弟蒙人建议仲裁时,雅典人常拒不接受。所以到了这时,他们认为过去自己所曾犯过的非法行为,现在已转向雅典一方;因之士气甚旺。是年冬季,他们向盟邦征铁,并为在德克勒亚构筑工事准备了各种工具。与此同时,他们采用一切方法,以商船向已在西西里的军队输送援兵,还迫使其余伯罗奔尼撒人共同行动。这样度过了冬季,修昔底德所记战争的第十八年也随以俱逝。

XIX. 次年春季一开始[4],拉西弟蒙人由国王阿基达莫之子阿基斯率领,进攻阿提卡,行动比以往任何一年为早。他们初则蹂躏阿提卡的平原地带,继而在德克勒亚构筑堡垒,指派盟邦分任其役。德克勒亚距雅典城约一百二十斯塔迪昂,和彼奥提亚的距离也与此相当,远亦有限。他们构筑堡垒的目的在于控制平原和乡间最肥沃的地区,意图对这些地

---

[1] 参看Ⅵ.cv.l。按:公元前414年,斯巴达入侵阿果斯,雅典派船三十艘往援;斯巴达人遂认为公元前421年前所订尼西阿斯和约破裂。
[2] 阿果斯以东的一个小城邦,濒临萨隆涅克湾,与厄齐纳岛隔海相望;因阿果斯的影响而多利亚化。
[3] 阿果斯湾滨海小城之一。
[4] 公元前413年3月。——英译注

区进行破坏。从雅典城中，可以望见这个堡垒。当进入阿提卡的伯罗奔尼撒人与其盟邦从事筑塞之际，其留在本土的人则以商船向西西里运送重甲兵。拉西弟蒙人从希洛人和脱籍奴隶[1]中共精选重甲兵六百人，以斯巴达人艾克里图为指挥。彼奥提亚人也选派重甲兵三百人，以底比斯人塞农、尼康及特斯匹亚人[2]赫格山得尔为指挥。这些人以第一分遣队由拉哥尼亚的泰那鲁斯[3]启程出海。其后不久，科林斯人派遣重甲兵五百人，一部分来自科林斯本土，其余为召雇来的阿卡底人，委科林斯人阿勒卡库斯为指挥。和科林斯人同时，西库温人也派遣重甲兵二百人，以西库温人沙格斯为指挥。同时，科林斯在冬季即已配齐兵员的战船二十五艘，与雅典在瑙帕克特斯的战船二十艘相对而列，一直保持到他们的商船离开伯罗奔尼撒登上海程为止。这些船只之所以配齐兵员，其最初目的即在使雅典人不注意商船，而移其注意力于三列桨座战舰。

---

[1] 参看 II.xxxiv.1。他们是新公民部落，由因军功而获得解放的希洛人构成。——英译注
[2] 特斯匹亚为彼奥提亚南部要城，接近赫立康山的东麓。希腊史上著名的德摩比勒战役和布拉提亚战役，特斯匹亚人曾全力参与。公元前5世纪中叶以后，特斯匹亚人在彼奥提亚同盟中占有重要地位。
[3] 伯罗奔尼撒最南端的海角，东为拉哥尼亚湾，西为美塞尼亚湾。其地有波塞东神庙，为一庇护所，释放私奴在此举行。

XX．正当春季开始，德克勒亚的筑塞工事方在进行的时候，雅典人以阿波罗多鲁斯之子卡里克利为指挥，率船三十艘巡航伯罗奔尼撒，令其在到达阿果斯时，按盟约征集阿果斯的重甲兵登船。他们又按预定计划，令德莫斯提尼启程前往西西里，以雅典船五十艘和开峨斯船五艘与俱，另有按兵役名册征集的雅典重甲兵一千二百人和从各地尽量招来服役的岛民；此外，他们又从附属盟邦中征发一切可供战争之用的物资。德莫斯提尼受命在其巡航之际，必须首先协助卡里克利在拉哥利亚沿岸的军事行动。因此他航往厄齐纳，等候任何留在后面的部队，也等待卡里克利把阿果斯的重甲兵召集登船。

XXI．在西西里方面，格列普斯约在这年春季的同一个时候，回到叙拉古。他从每一个被说服的城邦中尽力招齐了一支军队，于此时带回。于是他把叙拉古人召集在一起，告诉他们必须将尽多的船只配备人力，在海上决一胜负。他希望从中获得某些值得冒险一试的成果，借以推进战局。赫莫克拉特[1]对此全力支持，鼓励叙拉古人不要害怕和雅典人在海

---

[1] 公元前5世纪叙拉古的重要政治家和将领，主张联合全西西里以反对雅典入侵。公元前414年对雅典作战受挫以后，即积极支持格列普斯，组织叙拉古的抵抗力量，终于消灭雅典远征军。西西里之战结束后，又力主移兵东向，曾参加公元前412—前410年间爱琴海诸战役。

上作战。他说雅典人一如旁人，其航海技巧既非出于天赋，也不会始终保有。事实恰恰相反，他们原为陆居之民，其习于陆居视叙拉古人为尤甚，仅因受迫于波斯，才不得不出没海上。他又说，无畏如雅典人，果能以无畏临之，则其人为最不可侮。雅典人有时并无胜人之势，但常以必胜之心攻犯邻国；今则雅典人赖以威震其邻国者，叙拉古人亦可施之于雅典。他还说：他深知如叙拉古人以不意之勇，抗击雅典的舰队，则必将令其陷于惶惑；雅典人虽可挟其技巧，使缺乏经验的叙拉古人蒙受损害，但得此一利，即足抵偿所受损害而有余。因此他力促叙拉古人率其舰队一较高下，毋须退缩。叙拉古人为格列普斯、赫莫克拉特以及某些其他人物的怂恿所动，因而亟图在海上一战，并开始配备战船的兵力。

XXII. 及至舰队已作好准备，吉利普斯在夜色掩护下率其全部陆军出动，企图亲自由陆地进攻普列米里姆要塞。同时约定信号，以三十五艘叙拉古的三列桨座战舰由大港出击，另由船坞所在的小港驶出四十五艘，绕航入港，与港内的战舰会合，向普列米里姆同时进攻。这样就可令雅典人两面受敌，迫其陷于混乱。但雅典人也迅即配齐六十艘船的兵员，与之对抗，其中二十五艘与叙拉古在大港中的三十五艘交战，余则迎击自船坞开来的敌舰。双方在大港的入口处立即进入战斗，相持甚久；一方企图猛冲入港，一方则阻其挺进。

XXIII.此时吉利普斯已知普列米里姆的雅典军已经入海，全神贯注于海战，乃于凌晨之际，出其不意，向各要塞发动突击。最大的一塞先被攻陷。两个小塞的守兵见大塞之失如此易易，不待来攻即已弃走，因此小塞也相继陷落。首被攻陷的塞中守兵，其已逃登小艇及某一商船之上者，皆得生还，转入军营；不过这也颇非易事，因为其时叙拉古人在大港的海战中方处优势，曾以一艘快航的三列桨座舰尾追于后。但当其余二塞被占的时候，叙拉古人适当战斗不利之际，由这些小塞逃出的守兵，遂不难越航而过。在港口作战的叙拉古船只，于迫使雅典战船退却之后，入港时凌乱无次，彼此撞击，因之把他们的胜利拱手而让与雅典。雅典人不但把这一支舰队击溃，而且也击溃在大港中先前已经打败他们的舰队。他们击沉叙拉古船十一艘，杀死其大部兵员，只有三只船上的水手获免，为他们所生擒。至于他们自己船只的损失，仅三艘而已。他们把叙拉古的破船拽上岸边，在与普列米里姆相对的小岛上竖立了纪胜碑，然后回营。

XXIV.叙拉古人在海战中的遭遇如此，但是他们占领了普列米里姆的要塞，为此也竖立了三块纪胜碑。他们把最后占领的两塞平毁其一，把其余两塞修复，驻兵防守。当这些要塞被他们攻占的时候，很多守兵或死或俘，其中的很多财物也悉被虏获。雅典人曾把这些要塞用为仓库，里面有很多属于商人的货物,还有粮食和舰长[1]的财物等等——事实上,有四十艘三列桨座战舰的桅杆和船具皆为敌有,损失不只已拖上岸滩的三艘三列桨座战舰而已。然而对雅典军最大和最沉重的打击,是普列米里姆的失陷。从此经由大港港口运入军需不复能安全进行;因为叙拉古人在那里驻船守望,阻其进港,此后护航之船,不能不战而入。这一事实在各方面引起全军的沮丧失望。

XXV. 此役而后,叙拉古以本国人阿格托卡斯为指挥,派出战船十二艘。其中一艘载使节数人,航往伯罗奔尼撒。他们的使命是陈述西西里的战局,说明叙拉古人满怀希望,敦促伯罗奔尼撒人以更大的力量推进在希腊大陆上的战争。其余十一艘驶往意大利,因为他们已风闻向雅典军输送军需的船只即将到达。他们和这些船舶遭遇,毁其大半;又在高罗尼亚[2]境内,把准备供给雅典人造船的木材焚毁。此后他们航往罗克里。当他们在罗克里下碇的时候,一艘由伯罗奔尼撒开来的商船到埠,载有特斯匹亚的重甲兵若干。叙拉古

---

[1] 舰长每年由富裕公民名册中选任,于服役之年开始从国家接受无帆索装备的空船,自行装备。
[2] 大希腊移民城邦之一,在意大利半岛"靴尖"的东岸,面临爱奥尼亚海,大概为克罗屯所移殖,在伊壁泽弗里亚的罗克里之东北,其中移民为阿卡亚人。

人把重甲兵带到自己的船上，然后循岸返航，雅典人在麦加拉[1]有战船二十艘戒备以待，获其船只一艘，船内的水手一同被俘。但是雅典人没有截住其余的船只，它们逃回到叙拉古。

叙拉古人在他们旧船坞的前面，向海中打下了很多的木桩，目的是为了把自己的船只停在木桩的围护之内，防止雅典船只驶近冲击。在这些木桩的附近，港内的零星战斗也在发生。雅典人用一艘载重一万他连特的船[2]，在甲板上装置木塔和舷壁，然后从小船上用绳索套住木桩，以绞盘把它们拔出或折断；或则潜入水中，锯之使断。叙拉古人则从船坞向他们投掷飞弹，他们也从商船中回击；最后雅典人毁坏了大部木桩。但是这种围护桩的最棘手的部分是看不见的。有些木桩打入水面之下，接近它非常危险；任何人一不小心，就会使船身洞穿，如同触礁。不过这些木桩也被潜水者所撤除了，他们受雇潜入水中，把木桩锯断。尽管如此，叙拉古人又重新把木桩打下水去。双方又各施机巧，互相制胜。在敌对的两军是如此接近的时候，这都是可以预想得到的事情。

---

[1] 西西里东岸希腊移民城邦之一，在叙拉古之北，为科林斯海峡上麦加拉所建，与母邦同名。
[2] 约为二百五十吨。——英译注

他们利用零星战斗，施展了各种策略。

叙拉古人还派遣科林斯的、安布雷西亚的和拉西弟蒙的使节，到西西里各城宣告他们对普列米里姆的占领，并说明海战之败，主要不在于敌人的强大，而是由于自身的混乱。总之，他们准备向各城宣称自己满怀希望，要求获得海上和陆上的支援，以与敌方对抗。他们看到雅典人正在期待一支援军，如他们能快着先鞭，在新的敌军到达前消灭其现有的兵力，则战争即可就此结束。双方在西西里的武装力量就是这样地相持着。

XXVI. 至于德莫斯提尼，当他率往增援西西里的军队齐集之后，由厄齐纳出发，在航往伯罗奔尼撒时与卡里克利及包括三十艘船只的雅典舰队会合。然后他们带着阿果斯的重甲兵，航往拉哥尼亚，始则蹂躏伊壁道鲁斯·利美拉的部分地区，继则在库特拉[1]对面建有阿波罗神庙的拉哥尼亚海岸登陆。他们破坏这里的部分地区，在这个形同地峡的地方筑垒设防，俾拉西弟蒙的希洛人得以奔投其处，又可作为掳掠的据点，一如他们过去在派洛斯之所为。德莫斯提尼在协同占领这个地方之后，立即向科萨拉航行，准备从那里取得一些同盟的军队，然后尽快驶往西西里。卡里克利则一直待至

---

[1] 伯罗奔尼撒以南的海岛，在拉哥尼亚湾东南。

堡垒筑成之后,留兵屯守,才率其三十艘战舰返航;阿果斯人也于同时回国。

XXVII.这年夏季,有属于狄伊部落用轻盾和短剑武装起来的色雷斯步兵一千三百人到达雅典。他们本当随德莫斯提尼一同航往西西里,但因军行失期,雅典人就决意把他们遣回色雷斯。他们每人每日的雇银是一德拉克马,把他们留下来应付德克勒亚的战争,费用似嫌过大。在德克勒亚方面,自夏季敌人以全军设防以来,即以各盟邦提供的戍军轮番定期驻守,作为侵扰乡村的据点。敌军对德克勒亚的盘踞,使雅典人蒙受很大的损失。财产破坏,人力消耗,这是造成他们灭亡之祸的重要原因。在这年夏季以前,敌人的入侵为时短暂,还不能阻止雅典人在其余季节利用这里的土地。但是现在敌人实行长期占领,有时以较大的兵力攻入乡村,有时且迫于需要,常驻戍军出而纵掠,劫夺物资;拉西弟蒙人的国王阿基斯又亲在军中,对战争的指挥谨饬有方,因此雅典人受到巨大的损害。他们失去了全部土地;有两万以上的奴隶逃亡,其中一部分是工匠;小牲畜和力畜也完全丧失。骑兵每日出动,一面牵制德克勒亚,一面戒备全境。有些马匹因不胜山地的崎岖和无尽的苦役,时时蹇跛;有些则不断遭受敌人的伤害。

XXVIII.且其处境之不利犹不止此。过去由优卑亚输入粮食，取道奥罗普斯[1]，遵陆路经德克勒亚，路途较便；现在改由海路绕航森尼厄姆海角，就必须耗去较大的费用。全城所需的各种物资，同样要从海上输入。雅典已由一个城市变为一座设防的堡垒。雅典人在日间必须更值守城，到夜里则除骑兵而外，人人都有守卫之责，或在哨所，或在城上。如此无间寒暑，艰苦深而且重。最使他们不胜负荷的，是同时进行着两方面的战争。但雅典人仍抱有这样坚毅的决心，若在事实发生以前，闻之者将不能置信。他们身受在自己国土上据有要塞的伯罗奔尼撒人的包围，不但不因此放弃西西里，反而以同样的方式，包围大小足以与雅典匹敌的叙拉古。全希腊世界对他们威力和勇敢所作估计之错误，令人可惊。当战争发生之初，有人认为如伯罗奔尼撒人攻入他们的国土，他们将不能支持到一年；有的说两年；有的估计稍长，但从没有人认为可以超过三年。然而自阿提卡最初遭受侵犯以来，已历十七载，雅典人虽在各方面为战争所苦，却仍然进兵西西里，从事另一场战争，其激烈与对伯罗奔尼撒人的战争不相上下。这就是我所说的难以置信的事情。也正是由于这些

---

[1] 在阿提卡东北与彼奥提亚接壤之处，原属彼奥提亚，公元前5世纪并入阿提卡，至公元前412年复归彼奥提亚。在希腊神话中，安斐阿拉斯攻底比斯失败逃走之际，宙斯以雷火击地，成一裂口，将其吞没地内，其地即在奥罗普斯境内。

原因，又以其时德克勒亚的被占对他们有重大的损害，支出极其浩繁，雅典人乃在财政上陷于竭蹶。他们在这时向臣属各邦征收由海上进出口货物的值百抽五税，代替贡金，以为如此可以增加收入。但是他们的支出既已和过去不同，随战争的扩大而剧烈增加，他们的收入也在不断地短少。

XXIX. 雅典人因财政支绌，不愿多所开支，于是对迟到不能随德莫斯提尼出发的色雷斯人[1]，立即遣回。第伊特里斐受命率领这支被遣回的军队，在取道欧里普斯海峡[2]沿岸航行的途中，尽量予敌人以破坏。他在坦纳格拉[3]境内纵兵上岸，进行了一次突袭。入晚以后，立即驶离优卑亚的卡尔息斯，渡过欧里普斯，在彼奥提亚境内又令色雷斯军登陆，并率领他们进攻麦卡利苏斯[4]。是夜，他们在赫尔美斯[5]神庙附近宿营，距麦卡利苏斯约十六斯塔迪昂，未被发觉。拂晓之际，他们向城内发动攻击。城不甚大，随即占领。城内的居

---

[1] 参看 VII.xxvii.1。——英译注
[2] 优卑亚与彼奥提亚间的海峡；这里海面很狭，是优卑亚岛和大陆最接近之处。
[3] 在彼奥提亚东岸，与优卑亚隔海相望，南与阿提卡接壤。希波战争后，坦纳格拉始为彼奥提亚同盟中的首要城市。公元前457年，雅典曾被斯巴达及其同盟者战败于此。
[4] 彼奥提亚东部的一个小城。
[5] 按希腊神话，赫尔美斯乃宙斯与阿特拉斯之女所生之子，常充诸大神尤其是宙斯的使者，为商旅道路之神。

民猝不及防,也没有料到会有人从海上深入内地对他们进攻。他们的城垣不固,有几处甚至已经倾圮,其余的部分也筑得很低。又因不虞有变,城门洞开。于是色雷斯人冲入麦卡利苏斯,劫掠居民和神庙。他们屠戮生灵,遇者辄杀,老幼妇孺皆不免;牲畜和一切有生之物,只要他们看到了,也全部杀尽。色雷斯人和最坏的蛮族一样,当他们无所畏惧的时候,嗜杀亦最甚。在这次事件中,不仅全城陷入巨大的混乱,而且各种破坏皆随以发生,特别是他们对城内一所最大的儿童学校横施残暴,把刚去上学的儿童完全杀死。一个城市受祸之惨,从来没有过于这次事件的;其突兀和可怖,也超过了任何一次。

XXX. 底比斯人闻讯,迅即来援。当色雷斯人不及远走以前,已被追及。底比斯人夺回他们所掠获的财物,迫使逃散,并追踪至欧里普斯,那里停着载运色雷斯人的船舶。在阵亡的色雷斯人中,多半是在登船时死于底比斯人之手。他们不善游泳,而当船中水手望见岸边情事的时候,更把船舶停在箭程以外。至于在其他地点,撤退中的色雷斯人[1]对首先向他们进攻的底比斯骑兵作了机敏的抵御。他们袭用其本土所特有的战术,在猛冲出击之后,队伍即重新密集,死于

---

[1] 修昔底德阐述何以他们的主要损失是在"登船之际"。——英译注

这一战斗者为数极少。在城市以内，他们有一定的人数在劫掠时被执，死于其处。此役色雷斯人在一千三百人中共计被杀二百五十人。底比斯人及其他来援的人中一共有骑兵和重甲兵二十人战死，其中有一人名斯基封纳达，为底比斯的彼奥提亚司令官之一。麦卡利苏斯居民有很大的一部分丧生。这就是麦卡利苏斯所遭遇的厄运。以一个小城而受此灾祸，其可悲之处，实不在这次战争中的任一事件之下。

XXXI．这时德莫斯提尼已在拉哥尼亚筑好了城堡，正在航往科萨拉途中[1]。在伊利斯[2]的斐伊亚[3]，他发现一艘停泊的商船，行将载运科林斯的重甲兵[4]至西西里。他击毁了这艘商船，但船里的水手和重甲兵在逃走后搭上了另外一艘船，继续航行。此后，德莫斯提尼行抵札金梭斯及基发伦尼亚[5]，把一些重甲兵带上了船，又遣人向瑙帕克特斯的美塞尼亚人要求重甲兵。然后他渡往对岸阿卡纳尼亚大陆[6]，到达雅典人

---

[1] 参看Ⅶ.xxvi.3。——英译注
[2] 伯罗奔尼撒西北部的平原，以产马著称。泛希腊的奥林匹亚竞技会相传自公元前776年起即在境内举行，并为伊利斯人所主持。伊利斯很早就与斯巴达同盟，公元前420年转向雅典及阿果斯。
[3] 奥林匹亚的港口。——英译注
[4] 参看Ⅶ.xvii.3，xix.4。——英译注
[5] 札金梭斯和基发伦尼亚是科林斯湾入海处的南北两岛。
[6] 公元前426年夏季，他曾在这里作战（参看Ⅲ.xciv以次）。按：阿卡纳尼亚在希腊西岸，科林斯湾海口以北。

占有的阿利兹亚和阿纳克托里姆港中[1]。当他从事这些活动的时候，与去冬奉令送钱到西西里[2]而现在返国途中的欧里米敦相遇。在欧里米敦所述各事之中，提到他在登程后，获悉普列米里姆已被叙拉古人所占领。此时二人又晤见在瑙帕克特斯指挥军事的科伦[3]。科伦说下碇在他对面的二十五艘科林斯战船迄未放松警戒，意图一战。他说他的十八艘船不足抵挡敌人的二十五艘，因此要求分派他一些船只。德莫斯提尼和欧里米敦分给科伦战船十艘，配以全部舰队中最优秀的海员，往援驻守瑙帕克特斯的舰队。然后他们就倾其全力为此行集中军队作准备。欧里米敦航往科萨拉，就地征发重甲兵，指令科萨拉人配齐十五艘船的兵力。他曾被选与德莫斯提尼同任指挥，这时已执行职务，再次转赴西西里。德莫斯提尼则从阿卡纳尼亚地区招聚投弹兵和标枪兵。

XXXII. 同时，叙拉古于占领普列米里姆后派往西西里各城的使节[4]，已经完成使命。他们招齐了一支军队，正在率队而归。尼西阿斯及时获知此事，派人通知与雅典同盟的西

---

[1] 皆在阿卡纳尼亚西岸。
[2] 参看Ⅶ.xvi.2。——英译注
[3] 科伦在伯罗奔尼撒战争末期露头角，后来他重建雅典城墙。——英译注
[4] 参看Ⅶ.xxv.9。——英译注

克尔人,其中有肯托里普人[1]、阿列库亚人以及其他人等,他们控制着叙拉古这支军队所必经的地区。尼西阿斯要求西克尔人不许敌军越境,集中力量阻止其通过。他说阿格里根屯人[2]已经拒绝假道,因之敌军已无他路可寻。及至西克列奥人登程出发,西克尔人遂按雅典人的要求,布置伏兵,乘西克列奥人无备,突出袭击,歼灭敌军约八百人。其中有全部叙拉古使节,仅一科林斯人获生。此人率众约一千五百人返回叙拉古。

XXXIII.约当此时,卡马里纳人[3]也率援兵而至,计重甲兵五百,标枪兵三百,弩兵三百。基罗阿人[4]也派来一支五艘战船的舰队,另有标枪兵四百,骑兵二百。至此,西西里岛上除阿格里根屯人保持中立外,其余凡曾心存观望的人,几乎都已和叙拉古人联合,并予以支援,与雅典对抗。

---

[1] 肯托里普位于卡塔纳以上的叙米特斯河上,在伊特纳西南约二十五英里,即今之肯托比(见霍尔姆《西西里史》,I.68)。这个地区有一城名阿列库亚,不详。——英译注
[2] 阿格里根屯即阿克拉格斯,建于公元前582年,为多里亚人的移民城邦,在西西里西南,其富强与叙拉古相埒。希腊著名哲学家恩庇多克利诞生于此。
[3] 参看VI.lxxxviii.1.2。按:卡马里纳为多里亚人移民城邦,在西西里南。国弱,常依大邦以自固。公元前424年,卡马里纳依雅典以反对叙拉古;至公元前413年,又支持叙拉古以反对雅典。
[4] 参看VI.lxxii.2;VII.i.4。——英译注

叙拉古人在西克尔人境内遭受重创之后,推迟立即向雅典人进攻的计划。德莫斯提尼和欧里米敦率领在科萨拉和大陆上招集的军队,全部渡越爱奥尼亚海,到达爱阿匹吉亚海角[1]。他们由此前进,在海角外柯伊拉德群岛靠岸,把麦萨匹亚部落[2]的一百五十名爱阿匹吉亚标枪兵带领上船。这些标枪兵是由一个名阿托斯的酋长提供的。他们和阿托斯重修盟好以后,到达意大利的麦塔庞顿[3]。他们敦促麦塔庞顿人按盟约中的条款,出标枪兵三百,三列桨座战舰两艘,然后率之同行,沿海岸航抵图里亚[4]。他们发现图里亚的反雅典派已在最近一次革命中被逐。因为他们想把全军在这里集合之后,举行检阅,清查行军之中有无落伍;又想说服图里亚人全力参战,在雅典目前形势良好之时,敌忾同仇;所以他们留在图里亚,处理这些事务。

XXXIV.约与此同时,在瑙帕克特斯的二十五艘敌舰和雅典舰队对峙,掩护渡往西西里的商船。这些战舰中的伯罗

---

[1] 即卡拉布里亚,意大利半岛的"靴跟",希腊人称之为爱阿匹吉亚。
[2] 大概是伊利里亚人,约在公元前1000年移入卡拉布里亚,西西里战争期间,其王阿托斯支持雅典。
[3] 在他林敦湾海岸中部。
[4] 指图里亚城,非图里亚国。按:图里亚地近息巴里斯(可能二者同一地址),在他林敦湾的西岸,公元前443年伯里克利所建。希罗多德晚年为图里亚公民,这里有他的墓和墓碑。

古代的希腊和罗马

奔尼撒人既已做好战斗准备,又为新加的战船配齐兵员,使船中人力与雅典方面不相上下,并在阿卡亚的里匹地区伊林尼厄斯[1]附近下碇。这个地方形如新月,来援的陆军由科林斯人和邻近的同盟组成,在他们两旁伸出的岬地上列成阵势。他们的战船则控制两个岬地之间的海面,封锁入口;舰队的司令是科林斯人波列安提斯。雅典人派船三十三艘应战,以狄斐勒斯[2]为指挥。起初,科林斯人无所行动;及至时机对他们似已有利,乃举起信号,迫进雅典人,并与交战。双方相持良久,科林斯人有三只船被击毁。雅典的战船虽没有一艘被立即击沉,但有七艘失去航行能力,因为对它们迎面猛冲的科林斯战舰装有专为撞击之用而加厚的锚桔[3],洞穿了它们的船头。这次战斗胜负未分,双方都宣称获胜,就此离去。不过雅典人截获被风吹出海外的破船,而科林斯人却没有向他们再次迫近。此役没有发生追击,任何一方都不曾获得战俘;原因是科林斯和伯罗奔尼撒人是附岸作战,易于自救,而雅典方面又无船只击沉。然而当雅典人航返瑙帕克特斯之后,科林斯人却立即植碑纪胜,因为他们已经使更多的敌舰

---

[1] 里厄莫以东的一个小地方。——英译注
[2] 他似乎带来了十五艘增援的战船,代替了科伦的职务(参看Ⅶ.xxxi.4)。——英译注
[3] 即突出于船头两侧用以加固船头的横木,锚即悬于其上。——英译注

丧失作战的能力，敌方既不以胜利自居，他们也就据此可以认为没有战败。从科林斯人看来，只要没有遭到决定性的失败，就可以自鸣为战胜者；而从雅典人看来，只要没有得到决定性的胜利，就不啻已经战败。不过雅典人于伯罗奔尼撒人启航他去，其陆上部队又已散去的时候，也在阿卡亚距伊林尼厄斯约二十斯塔迪昂处立碑志胜；立碑之处正是科林斯人以前驻军的地方。这次海战就这样结束。

XXXV．德莫斯提尼和欧里米敦既已劝诱图里亚人以重甲兵七百、标枪兵三百参与作战，遂令战舰向克罗屯[1]属境沿海航行。他们自己则于息巴里斯河畔先行检阅全部的陆上兵力，然后通过图里亚的属境前进。当他们进抵赫列阿斯河时，克罗屯人遣使来告，不许通过克罗屯的领土。因之他们沿河而下，在赫列阿斯河口近海处宿营，并与舰队会合。次日，他们率军登舟，沿岸航行。途中除罗克里外，在各城皆曾靠岸，直至里吉莫境内的派特拉。

XXXVI．同时，他们的迫近已为叙拉古人所闻知。叙拉古人一直在集中舰队和陆军，目的就是为了在雅典援军到达

---

[1] 在意大利南端"靴尖"的东岸，约建于公元前710年，为阿卡亚人的移民城邦。公元前6世纪后期迄前5世纪中叶，毕达哥拉斯学派的秘密社团曾活动于此。

之前，出而一击；所以他们很想再行进攻。根据上次海战的经验，他们从各方面采取利于进攻的措施，装备他们的舰队；特别是缩短了船头部分，装上坚实的锚桔，并于其下支撑梁木，自锚桔伸至船身两侧，内外各长六肘[1]。这是科林斯人在准备与瑙帕克特斯的雅典舰队作战时用以改建船头的方法；现在他们师其故智，认为这样可以在与雅典舰队作战时处于有利的地位。雅典人的战术则不用船头对撞，而是把舰队展开，冲击船的侧面[2]。所以雅典战船的构造不同，在船头部分采取了轻结构。叙拉古人认为在大港中作战，也将有利于己。理由是港面狭窄，船只众多，他们可用迎头冲撞的方法，利用坚实的船嘴，以强击弱，粉碎敌舰的船头。再就雅典方面言之，狭窄的港面将使他们无法运用经常依以制胜的熟练战术，舰队既不能展开，阵地也无由突破。如欲突入敌阵，叙拉古人必尽全力使无可乘之机；欲令舰队展开，又必阻于狭窄的港面。而在叙拉古方面，过去为其水师一无所知的船头对撞的战术，这次将成为他们应敌的主要方法，原因是这个方法对他们有利。而且雅典人如被迫退却，除向岸边倒航而

---

[1] 即自肘至指尖的长度，每肘约合十八英寸。
[2] 即不以船头迎面进攻，而是绕敌舰航行（περίπλους），攻其侧面。διεκπλους 则为冲入敌阵，撞击敌船的侧面或尾部。——英译注

外，别无退路。他们能够倒航的距离又很短，不出其营前沿岸一隅的水面，因为港面的其余部分将为叙拉古人所控制。如他们在任何一点受挫，就势必被驱入一个狭小的范围，麇集一点，彼此撞击，陷入混乱。这是雅典人将要遭受最大损害的地方，因为他们的处境不像叙拉古人，不能向港内的任何部分退却。不特如此，由于海港的出入已为叙拉古所控制，所以叙拉古人还估计雅典人无从绕航以入外海；特别是普列米里姆已非雅典所有，港口又小，这就使他们不仅不能由外海进入港内，而且也不能由港内退向外海。

XXXVII. 这就是叙拉古人定下来的适应自己技术和力量的计划。同时，由于上次海战的结果，他们目前的信心大为增强，准备从海陆两方同时出击。吉利普斯在舰队离开驻所前不久，即由城内率陆军而出，布阵于雅典人所筑围城之前，这一部分的围城与叙拉古城恰好相对。在奥林匹厄姆的军队，包括驻于其地的全部重甲兵以及叙拉古的骑兵和轻装步兵，又由另一面向围城进发。在这些调度之后，叙拉古及其同盟的战舰立即向雅典的舰队出动。雅典人初尚以为敌方只从陆上进攻，及见敌人的舰队也对他们实施袭击，遂形慌乱。他们有的在城上或城前列队，就地迎击敌军；有的出来与来自普列米里姆及其外围乡村的敌人接战，这一线的敌人拥有骑兵和大量标枪兵；还有的则或登战舰，或奔赴海边接应。等到船上的人员已经齐备,他们就出动船只七十五艘以与叙拉古人相抗。叙拉古人船只的数目约为八十艘。

XXXVIII. 双方在这天的大部时间中只发生小接触,进而复退,除雅典船只被叙拉古人击沉一二艘外,各无足资称述的战果,就此停战。同时,陆上的部队也从城墙后撤。

次日,叙拉古人按兵不动,下一步的行动也毫无迹象流露。在雅典方面,尼西阿斯鉴于海战胜负未分,又预期敌人将再来攻击,因令各舰长修理曾经受伤的船只,并使各商船在自己一方的木栅前下碇。这些木栅打在雅典船舶之前的海面上,成为一个围护起来的港口。尼西阿斯把商船按彼此相距约二普列特罗[1]的间隔排列,如任何一船受敌追迫,都可安全避入,又可从容驶出。雅典人以整天的时间从事上述部署,直至薄暮。

XXXIX. 次日一早,叙拉古人用和上次同样的攻势从陆海两路向雅典人进攻。双方舰队又在零星战斗中耗去大半天的时间,彼此相持情状与上次无异。后来叙拉古舰队中一个最优秀的水手科林斯人匹里库斯之子阿里斯顿,向叙拉古的海军指挥官建议,要他派人通知城内的官员,尽快把出售货

---

[1] 普列特罗为希腊长度单位,约合一百英尺。英译者将二普列特罗径译为二百英尺。

物的市场移到岸边,并强制全部商贩携带所有食品前来出卖,以便叙拉古的水兵立即登岸,在离船不远处就食,然后在转瞬之间,在同一天内向估计不及的雅典人发动第二次攻击。

XL. 叙拉古的指挥官为其所说服,依计派人前往,市场随即就绪。然后叙拉古人突然反桨,向他们的城市退航,下岸后立即就地而食。雅典人以为敌方已自分失利,退向城市,于是从容下船,准备膳食,并从事其他活动。他们以为至少在当日之内,不会再有海战发生。然而叙拉古人又突然登船,向他们迎面驶去。雅典人秩序大乱,多半不及进食,仓促上船,好容易才开动船舶。起初是双方互不迫近,彼此警戒。但不久雅典人即以久待而自陷于疲敝为不智,决定尽速进攻;因之冲向敌人,呼啸而进。叙拉古人当即迎击,按预计用迎头对撞的战术实行进攻。他们特制的船嘴朝着雅典船舶的前端冲刺,穿入颇深。甲板上的兵士又向雅典人投掷标枪,予以重创。但是给雅典人以更大损害的是乘着小艇在四面划行的叙拉古人,他们急驶于雅典船只的桨座之下,紧傍而行,从船上投掷标枪,打中雅典的水手[1]。

XLI. 叙拉古人倾其全力用这种方式作战,终于获得胜

---

[1] 无疑是从船桨通过的圆孔投进去的。——英译注

利。雅典人败逃，力图从其商船之间[1]避入他们下碇的处所。叙拉古的战船穷追不舍，直到商船停泊的地方。商船上置有悬着大铁块的横杆[2]，伸出于两船之间的航道上，这才阻止他们的追击。但有两艘叙拉古船因胜利忘形，过于追近了横杆，被击破坏，其中一船连同水手被俘。叙拉古人既已打沉了雅典船只七艘，打伤了很多其他的船只，又把船上大部分人俘虏，杀死其余，因即撤兵罢战，为两次海战立碑纪胜。他们这时深信自己在海上远胜雅典，同时认为在陆军方面也居于优势。因此他们进行准备，再次从两方面向敌人进攻。

XLII. 正当此时，德莫斯提尼和欧里米敦从雅典带来的援军到达了。援军包括有外邦船只在内的战舰七十三艘，雅典和盟邦的重甲兵约五千人，许多蛮族和希腊的标枪兵、投弹兵、弩兵等；还有其他足量的装备。叙拉古人及其盟邦在这时大为惶惑，担心他们的祸患将终无解免之时。他们看到雅典尽管受困于德克勒亚，还能派出一支和第一次派遣军力量不相上下的援军，可见其实力在各方面都很雄厚。而新遭失利的，雅典第一次派遣军却稍稍恢复了士气。德莫斯提尼审度形势，认为如坐失机宜，将重蹈尼西阿斯的覆辙。当尼

---

[1] 参看Ⅶ.xxxviii.2。——英译注
[2] 起重机伸出的木杆，支承着重量铁块，随时坠投从近旁经过的敌船。——英译注

西阿斯初来之时，敌人震恐，徒因在卡塔纳虚度一冬，没有立时进攻叙拉古，致为敌人所轻；于是吉利普斯乃能制其机先，从伯罗奔尼撒率一军而至。如果尼西阿斯立即进攻，其时叙拉古人由于信其可以独力应敌，必不遣使乞兵；在他们完全被围以前，也不会发现其自身之软弱；纵令他们在受围后向外求援，亦必不能如此其有利。德莫斯提尼想到了这些，深知他目前正当初来之际，敌人怀畏最甚，因此想尽早利用敌人对他军队的恐惧，以奏全功。他看到叙拉古人迫使雅典人不能完成其围城的那道对立的城墙，只有一层，如能控制登上厄匹波里的道路，并进而控制其上的军营，则敌人将无从抵御，这道对立的城墙也就不难占领；所以他亟图一试。他认为这是结束战争的最便捷的途径。胜则占领叙拉古；不胜则率军而归，毋使参与远征的雅典人和整个国家徒遭消损。

因此，雅典人首先出而蹂躏叙拉古人在阿纳普斯河[1]一带的土地。和上次相同，他们的军队在这一次也是在海陆两路都占上风；因为叙拉古人除从奥林匹厄姆以骑兵和标枪兵应战外，海陆两方皆不出击。

XLIII. 后来德莫斯提尼认为在进一步行动之前，最好是利用攻城机械进攻那道对立的城墙。但是当他把机械搬了上

---

[1] 叙拉古西南流入大港的河流。

去的时候,就被守城的敌军焚毁。他的其余军队在许多点上的进攻,也一律受挫。因此他认为最好是不再拖延,在征得尼西阿斯和其他同僚同意后,按他的已定计划,向厄匹波里实行攻击。然而在白天,要进至高地,攀登而上,就不能不为敌人所察觉。德莫斯提尼乃令赍五日粮,带领所有石匠和木匠,箭若干,以及为此行得手后筑城所需的一应物资,于初更以后,率全军向厄匹波里进发。欧里米敦和米南德同行,尼西阿斯则留守要塞。他们循第一次派遣军攀登的旧路,假道欧里伊勒斯往厄匹波里。当行经叙拉古守卒时,未为所觉,然后进至叙拉古人所设的堡寨,加以占领,杀守卒数人。但大部守军立即向军营逃走;这些军营有三座设在厄匹波里,一属叙拉古,一属其他西克利人,又一为叙拉古同盟者所有。逃往的守军告以雅典军进攻的消息,又把这个消息向驻守在厄匹波里前卫的六百名叙拉古人传报。这些叙拉古人立即赴援,抵御甚力,但仍为德莫斯提尼及所部雅典人击溃。这支雅典军向前挺进,意欲一鼓作气,使此行目的得以迅速完成。同时,另一支雅典军在行动一开始时就夺占叙拉古人所筑的对立的城墙。城上守军不及应战,城堞为雅典人所毁。这时,叙拉古人和他们的同盟以及吉利普斯和他的军队皆从外部的工事出击。不过雅典人的大胆行动是一次出其不意的夜袭,因之他们在攻击时仍然感到惶惑,起初曾被迫退却。雅典人虽继续前进，然已略见凌乱。他们以为胜利已经在握，急欲强行插入尚未接战的敌军，使敌人不能于他们攻势较缓时重新集合力量。这时首先奋起抗击雅典军的是彼奥提亚人，他们在一次冲击中迫使雅典人溃散逃跑。

XLIV. 雅典军在这时陷入极大的混乱。当时的事件如何发生，已难从任何一方探悉。在白天的时候，事情自然比较容易看清楚；但即使如此，亲与其役的人也不知全局，只知道发生在自己左右的事情。何况这是一次夜战，是这次战争中发生于两支大军之间唯一的夜战，人们无论怎样也难以把所有的事情知道得清清楚楚。当时虽有明月，人们也只能像在通常的月光下一样，可以彼此看到面前的人影，但不敢信其必为自己的战友。此外，双方都有大量的重甲兵在一块狭窄的地方移动。在雅典方面：有的已经打败，有的才发动进攻，正在向前行进，未受挫阻；其余的有一大部分已经登上高地，还有的则仍在攀登，不知道应当和哪些队伍会合。前线在溃败之后，已经完全混乱；呼号之声，双方皆难以辨别。叙拉古人和他们的同盟正当获胜之际，彼此助威，大声呐喊。在夜间，舍此实更无其他互通声息的办法。他们同时坚守阵地，迎击敌人。雅典人则寻找自己的同伙，把任何从对面来的人都当做敌军，尽管这些人可能就是败退部队中的一群战友。他们唯一用以辨别敌友的办法是喝问口令。但因不断喝问，不仅在自己的队伍中人人呼喝，造成很大的混乱，而且也把口令泄露给敌人。至于敌方的口令，他们却得不到同样发现的机会；因为叙拉古人正当获胜，不曾散乱，易于互相辨识。结果是如果敌人遇到一支人数较多的雅典部队，因为已知雅典方面的口令，可以得间逃走；而雅典人自己如不能应声而答，却立死剑下。然而使雅典人处境最坏、受害最深的，是两军互唱的军歌。双方的军歌极其相似，因而引起混乱。每当雅典军中阿果斯、科萨拉或任何多里亚人的支队唱起了军歌，雅典人就像听到敌军军歌一样地恐惧。他们一经混乱，军中的各个部队和自己的友军就互相冲突，伙伴相抗，同胞对峙，不仅陷于惊恐，而且彼此搏斗，要费很大的气力才能把他们分开。从厄匹波里下来的道路又很狭窄，很多人都在敌人追击中坠崖而死。逃下平地的人，一大部分到达了军营，其中属于第一次派遣军的因为对地势比较熟悉，到达的人数较多。但是来得较晚的就有人迷失道路，在乡村中东奔西突，到天明时为扫荡田野的叙拉古骑兵所灭。

XLV. 次日，叙拉古人在厄匹波里竖了两块纪胜碑，一在雅典人攀登之处，一在彼奥提亚人最先起而抵抗的地方。雅典人则依停战条件收回死者的遗尸，阵亡的雅典人和他们的同盟者都为数不少。然而被夺去的武器却远出死者的比例之外，因为被迫跳崖的人固已坠死，有些人则是逃走了。

XLVI. 此役以后，叙拉古人因获意外之胜，恢复了以前的信心。他们遣息卡努斯率船十五艘往正在发生革命的阿格里根屯，企图伺机把它争取到自己的一方。吉利普斯又由陆路往西西里其他各地，召集援军。有了厄匹波里之役的结果，他就希望能一举攻陷雅典的围城。

XLVII. 同时，雅典的将领正就已经遭遇的惨败和遍及全军的沮丧之状，估计战局。他们看到此役已败，士卒以留此为苦；军中困于疾病，一则因为这时正当最易患病的季节，再则因为他们扎营在卑湿不宜人居的地方。总之，他们认为形势已极端无望。德莫斯提尼因之主张不能再留；既然他对厄匹波里冒险进攻的计划已经失败，当他们尚有援军带来的战船，至少在海上处于优势，犹及越海而去的时候，就应当勿失时机，立即离去。他说，从国家的利益看，也是与其攻打已经不能征服的叙拉古，毋宁和深入国土正在筑垒久据的敌人作战。何况他们如继续围攻，徒然耗费大量的金钱，殊非得策。

XLVIII. 这就是德莫斯提尼的论断。尼西阿斯虽也以为处境恶劣；但不愿明白暴露自己的弱点，使敌人知道他们公开在全体会议中决定撤退。他说，如果撤退，就绝难不为敌人所察觉，而且根据他所独得的情报，如他们继续围攻，敌人处境就可能转为比他们自身的处境更其恶劣；因为他们可以切断敌人的供应,令其疲殆,特别是有了目前的舰队,他们就可比以前在更大程度上控制海面。事实上,叙拉古内部确有主张向雅典屈服的一派,这些人向尼西阿斯秘密献议,劝他不要撤走。尼西阿斯既然知道这些情况,所以虽内心也动摇两可,踌躇莫决,但在当时的公开发言中,却拒绝引军退走。他深知雅典人如未经自己的表决,必不批准将领的撤退。而就这一问题参与表决的人[1],并不像他们自己,可以根据目击之事,作出判断,也不会从他人的严厉批评中作出判断;事实恰恰相反,只要任何狡黠的演说家横施诽谤,雅典人就将随声附和。他又说,目前在西西里的士兵,诚然绝大多数都叫嚷处境危迫,可是一旦回到雅典,就会一反目前之所言,大呼将领是受了贿赂,背弃了他们,撤退而归。他既然深知雅典人的习性如此,因之不论如何,也不愿身被污名,在雅典人的手中蒙冤处死;如果必须一死,他宁愿战死于敌人之手。他还说,他们自身的处境固然恶劣,但叙拉古人的处境恶劣更甚。在财政方面,叙拉古人维持着一支雇佣的军队,同时担负着设置巡逻哨所的费用,又加保持庞大的舰队,

---

[1] 这里应当补充他的内心思索,即"如他们这样做,将使自身陷入危险……"。——英译注

历时已经一年，因此已感拮据，财力行将竭蹶[1]。他们实际已经耗去二千他连特，负债之数犹不止此。如因不能支付保持目前兵力的开支，以致裁撤其中的任何部分，则他们必将崩溃；因为叙拉古人的成败之数，系于雇佣军，这就和雅典人不同，背后没有强制性的支持[2]。于是他作出结论，应当留下来继续围攻，不要惜财丧气，因而退归；以财政而论，他们的情况比敌人优越得多。

XLIX．尼西阿斯的发言是如此自信，因为他对叙拉古的情况有确凿的情报。他知道叙拉古缺少金钱，又有一个愿意把政府交给雅典控制的党派，这个党派经常向他建议，劝阻他撤走。同时，虽然陆战已败，但他对舰队至少抱有和以前同样的信心。然而德莫斯提尼对任何继续围攻的想法都不肯同意。他说如果他们未经雅典公民的表决，不能率军而归，必须留在西西里，那也应当转移到塔普萨斯[3]或卡塔纳。他们可以从这个新的据点率军破坏大片的土地，掠夺敌人的财富，一面维持自己，一面予敌人以损害。至于舰队，此后也不应在有利于敌人的狭窄海面上作战，战场应在辽阔的外海，

---

[1] 或"在某些方面已经供应不足，在其他方面将完全无法维持"。——英译注
[2] 意即雇佣军必须赂之以金钱，雅典人则非应征作战不可。——英译注
[3] 在西西里东岸，叙拉古之北，麦加拉之南。

如此则技术上的优势必将属于自己的一方，不致进退于一个有限的狭小据点之内。总之，他说他完全不赞成在原有的地方再作停留，力主尽速转移到别处，不再延宕。欧里米敦同意他的见解，但因尼西阿斯反对，行动遂有迟疑。同时，也有人猜测尼西阿斯之所以坚持，或别有高明的识见。于是雅典人就这样蹉跎到底，继续停留在原处。

L. 这时吉利普斯和息卡努斯[1]已经回到叙拉古。息卡努斯争取阿格里根屯的使命没有成功，当他还在基拉的时候，阿格里根屯的亲叙拉古党已被放逐。但是吉利普斯却带来从西西里招到的又一支大军；春天从伯罗奔尼撒乘商船而来的重甲兵，也由利比亚抵达舍利努斯。这些重甲兵似乎是在途中被风吹到利比亚，库林尼[2]人给他们两艘三列桨座舰和水手，供其航行。他们在沿利比亚海岸航行时，与受利比亚人围攻的欧斯帕里特人联合，击败了利比亚人；然后沿岸航至迦太基人的商业中心尼阿波里斯[3]。由尼阿波里斯至西西里的航程最短，仅两日一夜可达。他们由此渡往西西里，到达舍

---

[1] 参看 VII.xlvi。——英译注
[2] 利比亚北的希腊移民城邦，靠近息德拉湾，约建于公元前630年，其最初移民来自爱琴海的特拉岛和克里特岛。
[3] 在意大利西岸坎佩尼亚境内，为希腊移民城邦丘米所分建，其时约当公元前600年左右。今称那不勒斯。

利努斯。叙拉古人当上述援军到达之际,立即开始准备,再由海陆两路向雅典人进攻。在另一方面,雅典的将领看到敌人获得生力军的支援,而自己的处境不但无所改善,反在各方面日趋恶劣,尤其军中为疾病所苦,对没有及时撤走懊悔了起来。这时尼西阿斯已不再像以前坚持反对,只主张不把这件事付之公开表决。于是他们严守秘密,向所有军官传令由海道撤离军营,准备随时按信号行动。当一切都已就绪,他们即将离去的时候,适值一个满月之夜,发生了月蚀[1]。大多数雅典人都为此不安,力劝将领等待。尼西阿斯也很相信卜筮之术和类似的事情,甚至依巫师之言,不等候三个九天,不得重新讨论转移的问题。雅典人之所以迟迟不去,其原因竟如此。

LI. 叙拉古人在获知这个情况之后,比以前更加奋发,决心不给雅典人以任何喘息的时间。他们看到雅典人的行动,无异自认其海陆两军皆已不复拥有优势,否则必不致作退走之计。同时,他们也不愿让雅典人在西西里任何其他易于固守的地方立足,因之决定尽快在有利于他们的地点迫使雅典人进行海战。他们依计按正规配齐船上的兵力,以他们认为足够的时日实行训练。及至有利的时机已到,他们于第一日

---

[1] 公元前413年8月27日。——英译注

进攻雅典人的围城。当雅典的小队重甲兵和骑兵从某些城门出而应战时,他们截住一部分重甲兵,迫使溃退,然后尾追。由于军营的入口狭小,雅典方面丧失马七十匹和少数重甲兵。

LⅡ. 叙拉古军在当日就撤退了。但是到了第二天,他们又出动战船七十六艘,同时又以陆军向围城进发。雅典人以战船八十艘入海应战,于接近敌舰时开始战斗。欧里米敦指挥雅典的右翼,企图包围敌船,因此把他指挥的船只驶离阵线,并且紧靠岸边。其时叙拉古人和他们的盟军业已击败雅典的中军,遂将欧里米敦截在港口内湾的深隐之处;欧里米敦及其船只全被歼灭。然后叙拉古人追逐雅典的全部舰队,把它们赶上了岸滩。

LⅢ. 吉利普斯见敌舰已败,并已被驱至岸滩,其地又处于敌方的围栅和军营之外,乃率一部分军队来到石堤之上[1],企图在雅典人登岸时予以歼灭,并使岸边有利于叙拉古人,俾更易把雅典的船只拖走。但是台伦尼亚人[2]正为雅典人守卫着石堤,见吉利普斯的军队仓促进攻,凌乱无次,乃出而抵御,击溃其前锋,把他们驱入名为来西米利亚的沼泽

---

[1] 这是沿来西米利亚沼泽地到雅典军营的码头。——英译注
[2] 台伦尼亚人居意大利北部伊特拉里亚,一般认为是公元前9世纪以前由海道迁往意大利的小亚细亚移民。

地[1]。稍后，叙拉古人及其同盟的一支较大的军队到达。雅典人这时出来迎敌；他们因虑船只有失，遂即与敌方交锋，却敌后尾追，杀其重甲兵数人。他们的船只大部获全，集中于营地；但有十八艘为叙拉古人及其同盟者所俘，其中水手无一生还。叙拉古人意欲烧毁其余的船只，用一艘旧商船塞以柴薪松木，燃火后解缆，其时风向正迎着雅典的一方。雅典人恐怕船只被焚，也想出各种阻拦和灭火的对策。他们阻断了火焰，不让那艘商船靠近，因而避免了这次危险。

LIV. 之后，叙拉古人竖了一块纪胜碑，纪念海战的胜利，也纪念在雅典围城下截断重甲兵、俘获马匹之战[2]的胜利。雅典人也竖了一块纪胜碑，纪念台伦尼亚人把叙拉古步兵逐入沼泽以及他们自己主力军所取得的胜利。

LV. 叙拉古人在这次胜利以前，还常常害怕德莫斯提尼带来的新的舰队，但是现已证明，他们在海上也已经获得决定的胜利。雅典人沮丧万状。他们的失算已多，对这次远征的懊悔就更大了。在和他们曾经发生过战争的城邦之中，只有这一城邦在那时和他们的性质相类，有和他们相同的民主政治，有强大的舰队和骑兵，广袤的疆域。唯其如此，他们

---

〔1〕 叙拉古大港西岸沿海的一带。
〔2〕 参看 VII.Ii.2。——英译注

既不得改变其政体[1],从而施离间之术,使其归向雅典,又不能以远居优势的兵力迫使投降。他们的行动已经大多失败,不待此役,即已智尽计穷。现在他们的舰队又遭到从未预料的重创,其困惑无措,当然比以前更严重了。

LVI. 叙拉古人却立即开始在港内航行无阻、无所戒惧。他们决定封闭港口,使雅典人即欲偷越出海,亦不可得。目前叙拉古人所考虑的,已经不再是只求自保,而是迫令雅典人不能拔出困境。因为以当前形势而论,他们自度处境已十分优越,而实际上也是如此。如果他们从海陆两方都能击败雅典人及其同盟,则在全希腊人中,必将目此为一光辉的业绩。他们认为其他希腊人或则即将摆脱臣服的地位,或则免于危惧;因为雅典人的残存武力,将不足以担当今后对他们进行的战争。至于他们自己,由于现在的一切局面都出其手创,不仅将为举世所推崇,抑且垂名于后代。所以这次斗争是有价值的,其故除上述种种外,还由于他们显示了自己的优势,对雅典如此,对他们许多的盟邦亦然。同时他们并不孤立,有许多支持他们的友邦与之联合,因而得以和科林斯人及拉西弟蒙人一起,跻身于盟主的地位。他们又以自己的

---

[1] 雅典的一贯政策是以推翻寡头政治、树立民主政治为手段,扩大其帝国,但是这个手段不能施之于民主的叙拉古。——英译注

城市冒锋镝之险，使其海上势力一跃而前。除雅典城邦和拉西弟蒙人的城邦在这次战争中拥有广泛的支援者而外，从来没有这么多的国家，聚集在叙拉古的周围。

LVII. 参加双方在叙拉古的战争的，有以下的国家。有的是进攻西西里，有的是保卫西西里；有的支持雅典人夺取此土，有的援助叙拉古人解救此邦。它们之分别结盟，既非出于道义，甚至也不是基于种族的理由；而是根据当时所遇的形势，或由于自身利益的考虑，或者是实逼处此。雅典人是爱奥尼亚人，对属于多里亚族的叙拉古人发动了进攻。参加他们远征的，有勒姆诺斯人、英不洛斯人、当时占有厄齐纳的厄齐纳人和定居在优卑亚岛上赫斯提亚的赫斯提亚人[1]；这些都属雅典人的移民，和他们操同样的方言，有同样的制度。其余参加远征的人有的是属民；有的虽本身独立，但为盟约所牵连；有的是雇佣兵。属于属民和纳贡的人，有来自优卑亚的厄里特里亚人、卡尔息斯人、斯蒂里亚人以及卡里斯图人各族[2]；有从

---

[1] 参看 IV.xxviii.4. 勒姆诺斯于马拉松之战后数年为米提亚德所占领（见希罗多德，VI.137—140），英不洛斯的占领约在同时，厄齐纳的占领在公元前 431 年（见 II.xxvii.1），赫斯提亚的占领在公元前 446 年（见 I.cxiv.5）。按：勒姆诺斯和英不洛斯两岛在北爱琴海，厄齐纳岛在阿提卡半岛以南萨隆涅克湾内，赫斯提亚在优卑亚岛北端。

[2] 厄里特里亚、卡尔息斯在优卑亚岛西岸中部；斯蒂里亚、卡里斯图在优卑亚岛南部。

各岛来的基奥斯人、安得洛斯人和坦诺斯人[1];有从爱奥尼亚来的米利都人、萨莫斯人和开俄斯人[2]。但最后提到的开俄斯人是以独立盟邦的地位参加的,他们供给船只,免纳贡金[3]。以上所述,除卡里斯图人为德里奥普斯人外[4],几乎全部是爱奥尼亚人和雅典的移民,虽以属民受迫相从,但仍然是以爱奥尼亚人的地位与多里亚人作战。此外,还有埃奥利亚人,即以船只应役,不纳贡金的麦提莫纳人[5]以及纳贡的坦纳多斯人和埃诺斯人[6]。这些埃奥利亚人被迫和同族的彼奥提亚人为敌;彼奥提亚人是他们立国的祖先,现在站在叙拉古人的一面。只有普拉提亚人[7]是全然彼奥提亚人而又反对彼奥提亚人;他们之间既然有仇,也就不足为异。还有属于多里亚人的罗德斯人和库特拉人。库特拉人虽为拉西弟蒙人的移民,但却和雅典人一起攻打吉利普斯部下的拉西弟蒙人。罗德斯人是阿果斯人的后裔,他们被迫和属于多里亚人的叙拉古人以及自己的移民基

---

[1] 基奥斯、安得洛斯、坦诺斯各岛皆属爱琴海中部西克拉底群岛。
[2] 萨莫斯、开俄斯两岛在爱琴海东部,近小亚细亚海岸。
[3] 参看 IV.lxxxv.2。——英译注
[4] 一种属于奥伊塔山附近的边民,参看希罗多德,VIII.43。——英译注
[5] 参看 III.1.2;VI.lxxxv.2。——英译注
[6] 坦纳多斯岛在爱琴海北部,近小亚细亚海岸;埃诺斯在色雷斯南岸。
[7] 他们是在普拉提亚之围时逃到雅典的(见 III.xxiv.3),或者是定居于西库温(见 V.xxxii.1)。——英译注

罗阿人[1]为仇，基罗阿人是叙拉古人的同伙。在伯罗奔尼撒沿海诸岛的居民中，基发仑尼亚人和札金梭斯人[2]固然是以独立盟邦的身份参加雅典的一方，但雅典握有海权，它们的地位又属岛国，因而受其约束。科萨拉人不特是多里亚人，而且公认是科林斯人，但却与科林斯人和叙拉古人对抗；他们对前者为移民，对后者为同族，虽然以受迫为词，实际是对科林斯人抱有宿恨，不啻出于自愿。住在瑙帕克特斯的所谓美塞尼亚人[3]以及现在雅典占领中的派洛斯的美塞尼亚人，也在这次战争中卷入。此外，还有来自麦加拉的少数流亡者[4]。因其遭际不幸，也和同为麦加拉人的舍利努提亚人[5]发生战斗。至于其余的人，其参与远征，就比较带有更为自愿的性质。以阿果斯[6]人而言，他们的参战，就是由于盟约的牵制者少，由于对拉西弟蒙人的仇恨者多。又因他们考虑自身的当前利益，乃与属于爱奥尼亚人的雅典携手，以多里亚人而不惜与多里亚人为敌。其次，曼提尼亚人[7]和其他的阿卡底亚人则以充当雇佣兵而参

---

[1] 参看 VI.iv.3。——英译注
[2] 参看 II.vii.3；VII.xxxi.2。——英译注
[3] 自公元前462年后，雅典人把他们移居于瑙帕克特斯（1.ciii.3.），公元前425年，他们有一部分被用于担任派洛斯的防务（IV.xli.2）。——英译注
[4] 参看 IV.lxxiv.2，vi.43。——英译注
[5] 参看 VI.iv.2。——英译注
[6] 按：VI.xliii 所记为五百人。
[7] 曼提尼亚在阿卡底亚东南平原，约于公元前500年由五个村社联合而成。

战。他们习于对不论何时被指为敌人的任何人作战,而这次也是为利所诱,将参加科林斯一方的同族[1]视为仇敌。克里特人和伊陀里亚人同样是为酬金所动,因之克里特人虽尝协助罗德斯人建立基拉[2],却甘心受雇,背其移民,与之作战。阿卡纳尼亚人固然也有为雇金而来的,但大部分却是因为对德莫斯提尼的友谊和对其同盟者雅典人怀有好感[3],才前来相助。所有这些人都在爱奥尼亚湾的边界之内。在意大列奥人[4]中,图里亚人和麦塔庞顿人也参加了这次远征,他们为党争所迫,不得不尔。西克列奥人参战的有纳克索斯人和卡塔纳人。蛮族参战的有把雅典人召入西西里的厄格斯塔人[5]和大部分西克尔人;西西里以外,还有若干和叙拉古人有过争执的台伦尼亚人[6]和阿匹吉亚人[7]的雇佣兵。参加雅典一方作战的民族,其多至如此。

LVIII. 在另一方面,援助叙拉古人的有其近邻卡马里纳人[8]和定居于卡马里纳人之旁的基罗阿人;由此而往,除阿

---

[1] 参看 VII.xix.4。——英译注
[2] 参看 VI.iv.3。——英译注
[3] 参看 III.vii.1, xciv.2, cv.3, cvii.2, cxiv.1。——英译注
[4] 即意大利境内的希腊人。
[5] 厄格斯塔亦称塞格斯塔,在西西里西北,厄格斯塔人可能由亚洲移去。
[6] 参看 VI.lxxxviii.6, ciii.2。——英译注
[7] 参看 VII.xxxiii.4。——英译注
[8] 参看 VI.lxvii.2;VII.xxxiii.1。——英译注

格里根屯人[1]因守中立不计外,还有更远的舍利努提亚人[2]。这些人都据有西西里面临利比亚的部分;唯有希米拉人[3]从对着台伦尼亚海的地区而来,他们是那一带仅有的希腊居民,也只有他们从那个地区来支援叙拉古人。西西里岛上参加叙拉古方面作战的希腊人,概如上述。他们都属多利亚族,且各各独立;属于蛮族的,只有投向雅典之外的西克尔人。至于西西里以外的希腊,则有拉西弟蒙人、科林斯人、因同族关系而牵入的琉卡斯人和安布雷西亚人[4]、由科林斯人派出的阿卡底亚雇佣兵[5]、被迫而来的西库温人[6]以及来自伯罗奔尼撒以外的彼奥提亚人。其中拉西弟蒙人举一斯巴达人为总指挥官,除脱籍奴隶[7]和希洛人外,没有提供军队;只有科林斯人是既派出了舰队,又派出了陆军。西克列奥人因所居皆大城,自己提供了各种军队,和上述从海外来参战的人相比,为数亦较大。他们所征集的兵力实际包括很多重甲兵,

---

[1] 参看 VII.xxxiii.2。——英译注
[2] 参看 VI.vi.2, I.xv.1, lxvii.2。——英译注
[3] 参看 VI.lxii.2; VII.i.3。——英译注
[4] 叙拉古(VI.iii.2),琉卡斯(I.xxx.2),安布雷西亚(II.lxxx.3)皆为兄弟之邦,母邦为科林斯。——英译注
[5] 参看 VII.xix.4。——英译注
[6] 因自公元前418年后,西库温人已被迫接受寡头政体。——英译注
[7] 参看 VII.xix.3。——英译注

还有船只、马匹以及数目众多的各色人等。叙拉古因其自身乃一泱泱大邦,又处于最危险的境地,所以出兵独多。粗略计之,其人数超过所有其余的各邦。

LIX. 以上就是双方用以协同作战的兵力。这时,所有的派遣军皆已在双方齐集,彼此皆已没有其他的援军。

叙拉古人及其同盟者这时自然抱有这样的想法,即继海战获胜之后,如他们能阻断雅典全军的海陆退路,尽获其众,以竟全功,则此战必将为一不朽的业绩。因此他们立即封锁大港长约八斯塔迪昂的入口,以横排的三列桨座战舰及大小船舶等下碇于其处;同时又作其他准备,以防雅典人再从海上冒险一战。他们所作的任何筹划,都志不在小。

LX. 雅典人见港口已经封锁,同时对敌人的大体计划也已察知,认为殊有召集会议的必要。于是各将领和各指挥官齐集一处,讨论他们面临的困难。最大的困难,是由于他们估计即将离去,曾派人通知卡塔纳停运军粮,因之目前已经缺粮;除非控制海路,将来势难得到粮食供应。因此他们决定放弃围城高处的一段[1],另就靠近船舶之地,以横墙隔断一块尽可能小的地方,其面积足以备贮藏、供病人之用即可,

---

[1] 即城的上端,这一部分在厄匹波里的悬崖之下,距港口最近。——英译注

并于其中配置守兵。其余的陆军则为全部船只配齐兵力，不论可用的和已经不耐风浪的船都在其列，同时令人人登船，在海上作一决战。胜则航往卡塔纳，败则焚船登陆，以战斗行列择捷径撤退，在最短时间内到达友好的地区；至于这个地区是属于希腊人的抑或是属于蛮族的，则皆非所计。这些策划既已决定，他们就依此行动，从高处一段的围城潜行而下。凡适龄又能应役的人，他们皆令上船，配备船上的人力。他们这样配备起来的船只共约一百一十艘，船上载有很多阿卡纳尼亚和其他外籍的弩兵和标枪兵。此外，他们还大致根据计划中的目的，就迫切形势所许可的范围，作了军需准备。当一切准备即将就绪的时候，尼西阿斯看到士兵一方面因在海上遭到意外的败创而沮丧，一方面又因军需匮乏而宁愿速战，乃于颁布作战令之前，召全军而激之以词，其言如后：

LXI．"雅典的士兵们，同盟的士兵们：当前的战斗对你们所有的人都有切身的利害。这是一次为生存、为祖国的战斗，对敌人是如此，对你们每个人也都是这样。如果我们能以舰队赢得当前一战的胜利，每个人就都可以重见乡邦，不论它远在何处。我们不要气沮，不要像才入行伍的新兵，一旦初战受挫，就从此丧胆，对未来永远抱着不吉的预想，以为必将重临过去的灾难。你们之中许多都是雅典人，受过多次战争的锻炼；我们的同盟也经常参加我们的战争，深知兵家有难以预期的成败。我们希望命运之神或将转向我们的一方，应当以无愧于你们所目睹的这支大军的决心，挽回败局，准备战斗。

LXII. "我们知道港口狭窄，集中在港内作战的敌船是如此之多，也知道敌人在船面上配置的兵力——这些条件曾使我们在过去受到损害。因之我们在和舵手讨论以后，已经就一切对我们有利的方面，只要形势允许，都作了准备。许多弩兵和标枪兵即将舍陆登船，还有众多的战士。在过去，我们不会在海上作战时使用这么多的人数，因为人多就会使船的载重增加，妨碍我们施展海战的技巧；但是现在我们被迫在船面上从事陆地的战争，人多将转为有利的条件。我们已经在船舶构造上采取一切针对敌方战术的必要设计。敌方的船头坚厚，曾使我们遭到重大的创伤。为了应付这点，我们特别配置了铁钩，只要陆战队克尽战斗的责任[1]，就能阻止向我方冲撞的敌船退走。我们已实逼处此，不得不移陆战于船上。因之很明显，对我们有利的战术是既不倒航，也不让敌人退走，特别是因为全部海岸除一小部分为我陆上部队控制外，已完全为敌方占领。

LXIII. "你们应当记住上述的种种，全力奋战，力不尽，

---

[1] 指登上敌船肉搏。——英译注

战不止，不要让敌人把你们逐上海岸。当两船撞击的时候，必须把敌方船面上的重甲兵横扫入海，否则决不罢休。凡此所告，对重甲兵比对水手尤其迫切；因为这项任务理应属于配置在船面上的战士，而我们现在也是在很多方面以陆上的兵力优越于敌军。至于水手，我要鼓励你们，甚至是请求你们，切勿因为我们的败绩而过于胆寒。须知我们的船面上现在有较强的兵力，船只的数目也比前增多。对于本属外族而迄今都被视同雅典人的盟友，我要你们想一想：你们之所以得到全希腊的羡慕，是因为你们通晓雅典的语言，仿效雅典的制度，这种感觉，足以骄人，保持它是何等地值得。你们又分享帝国的利益，受惠不下于我们自己。你们为雅典的臣属所敬畏，自身无受侵害之虞。在这些方面，你们所得的利益就更为巨大。因此你们身为自由之人，和我们同为帝国的成员，应当遵守信义，不要背弃了帝国。你们应当鄙视科林斯人，他们曾经屡次被你们击败；也应当鄙视西克列奥人，他们当我方海军全盛之时，甚至没有一个敢想和我们对抗。你们应当把他们击退，要显出你们虽处于疲弱穷蹙之中，但是战术之精，仍然非势强而又处于顺境中的敌人所可匹敌。

LXIV．"对于你们之中的雅典人，我再次提醒你们，在你们的故国，船坞里已经没有留下像这样的船舶，也没有正当服役之龄的重甲兵。如果此战不胜，这里的敌人将直驱雅典，故国的同胞将无法抵御已入国境的敌军和新来的仇寇。你们留在这里的人——你们自己知道此来进攻是抱着怎样的目的——将立即受叙拉古人的宰制，而故国的同胞也将夷为拉西弟蒙人的臣虏。所以两处安危，系此一战。你们既舍此无他，就应当始终不拔。你们所有的人都应当牢记，你们现在行将登船的，是雅典的陆军，也是雅典的海军。国家的一切在此，雅典的奕奕声名也在此。为了雅典，任何人有过人之智，过人之勇，这正是贡献其智、其勇的最好时机，既以自救，也挽救我们全体。"

LXV. 尼西阿斯演词既毕，立即下令登舟。在另一方面，吉利普斯和叙拉古人见到雅典人所作的实际准备，很易看出他们想在海上一战。同时，他们也已获知铁钩的装置，在装备自己的战船时，除了应付其他的不虞之险，也注意到提防铁钩。他们在船头和船身上层的一大部分都蒙以皮革，使抛来的钩锚从上滑落，不能钩紧。等到一切都已齐备，吉利普斯和他的将领对部属作了如下的激励之词：

LXVI. "叙拉古人、同盟者：我们已经完成了辉煌的业绩，目前的战役又是为了取得行将来到的光荣。关于这点，想来你们大多数人已经了解。不然，你们就不会以如此的热忱，致力于当前的任务。但是如果还有人对这点了解得不若应有的清楚，我们愿意加以说明。雅典人进攻此土，首先是要奴役西西里；如果他们成功，然后就要奴役伯罗奔尼撒和希腊的其余地区。他们已经取得的疆土，大于古今任何希腊人的领域。他们恃其海军，控制各地。你们第一次起来抗拒他们的海军，已经在海上取得胜利，并且完全可能，还要在当前一战中取得胜利。因为凡人一旦在其自矜优胜的方面受到挫败，其所以自许者，必将视往昔为卑抑，甚至比他们从未作何过人之想时犹所不如。他们的傲气已为失望所屈[1]，不论其实力如何，亦必败走。目前雅典人的遭际，看来正是如此。

LXVII. "但是我们却不然。那种在我们尚无经验之时犹能鼓舞和引导我们奋其全勇的心情，到今天更其坚定。不特如此，我们既已击败最强的敌人，也就有了强中之强的信心，因之每个人都涌起加倍的希望。常言，最大的希望，令人为事业奋发最大的热情。至于敌人对我们作战布置的模仿，因为这类作战方法本属于我，为我所深知，所以我们自能相机而作，应付他们的每一伎俩。但是就他们而言，一旦背其常例，在船面上配置很多的重甲兵，还加上很多的标枪兵，而这些人又不过是阿卡纳尼亚人和其他人等的陆居之众，甚至

---

[1] 或"不意为其自信所诳"。——英译注

连坐在甲板上[1]也不知如何投射他们的标枪,则在他们不依自己方式行动之时,又焉能不损害自己的船只,不使自己陷入全面的混乱?如果你们还有任何人害怕和数量居于优势的敌人作战,也当看到他们即使在船只的数量优势上也得不到好处。因为集大量的船只于狭小的范围,要执行任何行动计划都必较缓慢,而我们却极易利用机巧的装置,予以重创。如你们要明了真实的情形,应当求之于我们认为可靠的情报:敌人之所以出此决死之策,是企图冀天之幸,而不是依仗自己的准备。原因是他们的灾难已无可挽回,又为当前的困境所迫,乃不择途径,冒一战之险,成则夺路远飏,败则由陆上撤退。因为他们自知,不论此战结局如何,再坏也坏不过目前的处境。

LXVIII. "我们对待如此的乌合之众,对待已经落在我们手中的死敌的命运,应当怒气干霄,奋力一击。对于敌人,任何人可以随其所欲,惩治侵略者,饱雪心中的仇恨。我们当视此为最合于正义之举。现在对敌复仇,权操于我,犹之古语所云,天下快心之事,无过于报仇雪耻。你们全都知道,他们是敌人,是最凶恶的敌人。因为他们进攻我们的土地,意在奴役此邦。一旦获逞,必将以最大的痛苦加于我男子,

---

[1] 因为这些人不能在甲板上站立。——英译注

以最大的侮辱加于我妻孥，以最可耻的污名[1]加于我整个城邦。因此在我们之中，不要有一个人意软，或以他们不战而去为一得。关于这点，纵使他们幸能一胜，也要如此。但如我们实现自己的愿望——这点可以预期其成——对这些人加以惩罚，把西西里过去享有的自由，还之西西里，并使之更为巩固，则所得的战果将是何等的辉煌！在一切的冒险之中，只有败则害小、成则利大的是最难得的。"

LXIX. 吉利普斯和叙拉古的将领对士兵作了上述鼓励之后，见雅典人正在登船，也立即开始把兵力调到船上。尼西阿斯对其所面临的局势却十分焦虑；他深知此战所关者大，且又迫不容缓，转瞬之间，全军即将入海。他和一般就要身临前敌的人一样，想到已做的事情犹有未周，将领之言也犹有所未当；因之把各舰长逐一召令前来，呼以其父、其自身乃至其部落[2]之名，对他们谆谆训诫。他说：任何自许不凡的人，都不能有负其令名；任何祖先显赫的人，都不能玷辱其父、祖之功勋。又说，他们的祖国是举世最自由的国土，居于其地者都在日常生活中享有不受约束的自由。人当处境如此危迫之时，往往不能自禁，要说一些身临此情此景常说

---

[1] 即臣属或奴隶之名。——英译注
[2] 当时阿提卡有十个部落。——英译注

的老话,而且一字不易,诉之于妻孥之爱,祖宗所奉神祇之恩,借以勖勉自己。对于有些人,虽则这些话卑不足道,但人当大难将临之际,想到这一方面的感情或可有济,因此仍然高呼为家室神明而战。尼西阿斯这时也是如此。他充分利用了这点仅有的时间,说的话虽还不够,但当他觉得部属已经受到了鼓舞,就回去把步兵带到海边,沿岸列阵,把所占阵地扩展到最大限度,借此尽其所能,为船上的将士壮威。德莫斯提尼、米南德和攸提德莫斯则登船担任指挥。他们离开雅典的营地,立即向港口的栅壁[1]及其所留的出口驶去,企图夺路出海。

LXX.叙拉古人及其同盟者已经出动与前次数目约略相当的船只,以一个支队守住出口,其余船只分布港内,目的是从各方面同时向雅典人进攻。他们的陆上部队也已出动,准备在任何雅典船只靠岸的地点出而助战。指挥叙拉古舰队的是息卡努斯和阿格塔库斯,各领主力舰队的一翼;匹特恩和科林斯人则扼守中央。雅典舰队于迫近栅壁时,即实行冲击。接战之初,他们较守军占优势,企图进而打碎对方联结船只的锁链。但后来叙拉古人及其同盟者从四面发动攻击,战斗扩及全港,不再限于栅壁的附近。这次战斗的顽强,超

---

[1] 参看 VII.lix.2。——英译注

过以前的任何一役。双方的水手斗志旺盛，得令即勇往直前。舵手各逞其能，互不相下。当两船相接之时，陆战士兵也尽心竭力，不令船面上的战斗逊于其他方面的战术。所以每个人都在自己的职守上全力争先。双方的船只合计不下二百艘，过去从未有过这么多的船在这么小的海面上作战。由于港狭船多，倒航和冲破敌阵都不可能，因之极少用船嘴撞击[1]。但是因逃避或进攻他船而发生的偶然撞击则较为频繁。每当一船进攻，对面船上的士兵就不断投掷标枪，矢石俱下。及至两船相接，双方的陆战士兵就互相肉搏，力图登上敌船。因为港面狭窄，在很多地方都有一方的船撞击敌方，同时自身又受到撞击；也有两艘甚至更多的船和另一艘船混战一团，难分难解。舵手既须一面防御，又须在另一面准备进攻。他们并非一时应敌于一点，而是诸点并发，面面交锋。船只相撞的砰然巨响不仅怵人心目，而且使士兵听不见水手长的号令。双方的水手长为履行职责，又激于当时战斗的紧迫，不断呐喊鼓噪。在雅典方面，他们向士兵呼号冲开出路，要想安返祖国，现在正是全力以赴的时候。在叙拉古人及其同盟者方面，他们就高呼阻止逃敌乃光荣之举，取得了胜利就每个人都能为国增光。同时，每当双方将领看到任何船只在战

---

[1] 关于 διεκπλους 战术，见 VII.xxxvi.4 注。——英译注

场的任何部分作非绝对必要的退却，都要叫着舰长的名字责问：雅典将领要问退却的人是在仇敌的土地上好，还是在雅典力争而得的海上好。叙拉古将领就要问既然知道雅典人无论如何要逃跑，为什么还要在逃敌的面前退却。

LXXI. 当海战胜负未决之时，双方在岸上的陆军内心紧张而矛盾。西西里人渴望增加已经赢得的光荣，入侵的一方则唯恐处境比目前更坏。就雅典人而言，一切都系于他们的舰队，对于此战的结局如何，怀着从未有过的忧惧。他们在岸上所据的地点不同，因之对战斗的情景也所见各异。他们目击的战事近在眼前，并非所有的人在同一个时候看到同一的方面。有的一见雅典人在什么地方占了上风，就内心振奋，祈求神明不要使他们不得安然而返。有的看到的地方正在失败，就悲叹失声；他们因战争情景而感到的斗志低沉，甚于那些身当战斗的士卒。还有一些人注目于战场上相持不下的地方，看到胜负久持不决，内心也处于悬悬不定之中，焦急无可与比。当他们在极端恐惧的时候，竟身不由己，随着对战局的判断而东倾西斜；因为他们能否生还，常常是间不容发。在同一雅典军中，只要战斗还在势均力敌地进行，就可同时听到各种不同的吼叫——悲号、欢呼、"我们胜了"、"我们败了"以及一支大军在面临重大危险时所不得不发出的种种呼号，都不绝于耳。雅典船上的士兵，受此影响，状亦相同。这场战斗持续了很久。到最后,叙拉古人及其同盟者击溃雅典人,乘胜进迫,呐喊助威,一直把他们追上陆地。在深水中没有被俘获的船只,也被驱到岸边,散在各处。士兵则由船中踉跄而出,奔向军营。至于陆上的军队,这时的心情已不再有所不同。眼前的遭遇使他们无可忍受,一齐悲不能制,放声嚎哭。他们沿岸奔突:有的跑到船上援助自己的伙伴;有的跑去守卫残留在他们手中的城墙;还有一大部分的人,则仅顾自己,只想逃生。他们所受的恐怖,过去无以逾此。现在他们面临厄运,和他们在派洛斯之役加于拉西弟蒙人者没有不同。当拉西弟蒙人的舰队被歼于派洛斯时,同样丧失了渡往岛上的士兵[1]。若非事出非常,雅典人在这时已没有安全退出的希望。

LXXII. 经过这样激烈的一战,双方损失了很多的船只。叙拉古人及其同盟者获得胜利,在收取他们的破船和死者之后,放船归去,竖立了纪胜的石碑。雅典人惊心于目前损失之重,对于破碎的船只和阵亡者的遗尸,都已不遑顾及,没有提出收回的请求。他们计划在夜间立即撤走。这时德莫斯提尼往见尼西阿斯,建议就剩余的舰队重新配齐兵力,如有可能,在天明时强行出海。他说他们留下来的可以航海的船

---

[1] 参看 Ⅳ.xiv。——英译注

只,在数目上仍然超过于敌方;因为雅典人尚有船六十艘,而对方不足五十。尼西阿斯同意这项建议,将领也主张立即登船。但是水兵拒不从命,因为他们在受创后已经斗志全无,认为不可能取得胜利。于是他们一致的意见是必须由陆路撤退。

LXXIII. 但是叙拉古人赫莫克拉底料到雅典人的意图。他想,如果让这样一支大军由陆路撤走,在西西里得一立足之地,然后卷土重来,再对叙拉古作战,这将造成严重的局势。因之他往见当局,列举所见,告诉他们不要让雅典人乘夜撤退,主张叙拉古人及其同盟者必须立即出动全军,拦路筑寨,抢先扼守狭小的通道。各官长深然其说,也认为采取上述步骤乃理所当然。但是由于士兵在大战之后还没有得到他们所渴望的休息,而这天又适逢叙拉古人的赫拉克勒斯[1]祭典,正在举行节日的庆宴,所以又觉得很难使士兵听从召集的命令。其时士兵正因胜利而狂欢,大多数人已经参加了

---

[1] 希腊传说中的英雄,曾完成十二种奇功,受到广泛的崇拜,有时且被视为神。赫拉克勒斯的故土在阿果斯或泰林斯;在他所完成的十二奇功中,有半数在伯罗奔尼撒,此点可作为他生于阿果斯之证。多利亚人认为他是多利亚的英雄;叙拉古为科林斯人所建,其所以举行他的祭典,或与此有关。在对赫拉克勒斯的崇拜中,人多目之为邪恶之制胜者。叙拉古人此时正当战胜强敌之际,其所以在举行祭典时纵饮狂欢,或亦因此。此外,也有关于他出生于底比斯的传说。

宴饮。于是官长们说:"大概士兵对任何命令都可以服从,但却不会武装出发。"赫莫克拉底见官长已经考虑了各个方面,也已明示此计不能实行,因此不再陈说。但他自己却想出了下面这样一条计策:为了提防雅典人夜遁,于叙拉古人未及拦阻前就越过最难通行的地方,他在黄昏时分派了几个朋友和一些骑兵走向雅典的军营。这些人骑马一直跑近可以声息相闻的地方,然后呼喊某些人的姓名,一若自己就是雅典人的好友——因为常常有人这样去向尼西阿斯报告叙拉古的内情。他们叫那些人告诉尼西阿斯,说叙拉古人已经在路上设防,此夜不可撤军;应当先作充分准备,然后于白天从容退走。他们说完了话,随即离开。听到这些话的人就报告给雅典的将领。

LXXIV. 雅典人因为得到这样的情报,不知中有伏计,停留了一夜。而且,他们既然处境如此[1],而犹未立即行动,则在次日再等一天,似亦颇为得策。士兵可以借此捆载最有用以及在当时形势下所及带走的东西,取手边生活必需的供应与俱,悉弃其余,然后离去。但是叙拉古人和吉利普斯已经率步兵乘先出发,堵塞雅典军势将取道的乡间通路,又在河流的渡口布防,在有利的地点陈兵以待,准备阻其前进。

---

[1] 即,虽则形势似已迫使他们立即离去。——英译注

他们还出动战舰,开始把雅典的船只从岸边拖走。雅典人虽已按其焚毁全部舰队的计划[1],烧掉了少数船只,但其余部分仍留在逃逸附陆之处,至此全被叙拉古人逐一拖走,从容无阻。叙拉古人驱使这些船只随自己的战舰而行,带到城下。

LXXV.以后,等到尼西阿斯和德莫斯提尼认为已经作了恰好的准备,全军终于海战后的第三天撤退。当时可悲者不止一端。他们不仅丧失了全部的战船,也不仅壮图破灭,换来的是自身和国家所面临的危险;而且当弃营退走之时,人人的眼前都是一片不忍看、不忍想的凄厉情景。许多遗尸还没有埋葬;每当一个人看到自己的朋友尸横于地,就为之哀恸,杂以恐怖。被遗弃的人非病即伤,使生者对之远觉比死者为可悯,其痛苦也比死者为尤甚。他们恳求哀号,军中闻而心惊。每逢见到同伴或亲人,他们就大声呼唤,请求把自己带走。对于昔曾同帐、今方离去的战友,他们紧依不舍,竭力跟随;及至体力已尽,才零零落落地掉在后面,依稀发出祈神和悲叹的声音。因此全军为悲哀所笼罩,处于踌躇困惑之中:虽然他们已经受到非涕泪所能倾诉的痛苦,对未来还要遭受的痛苦又惴惴不安,然而对于这片敌人的国土,竟

---

[1] 参看 VII.lx.2。——英译注

觉难以离舍。他们也感到普遍的沮丧和很深的自谴。其行军之众,不下四万人,因之很像从一个被围困的城中倾城逃走,而且看来还不像一个小城。在他们之中,重甲兵和骑兵都一反向例,自负口粮。有的是因为没有从役的人,有的是因为途中常有逃亡,在战败后逃亡的人数又极多,于是对从役的人已经不能信任。至于其余的人则尽其所能,带着一切有用的东西。然而他们所带的仍然不足,因为营中已经没有余粮。何况他们还有其他的困难以及人人所共尝的痛苦。虽然共难的人多,因而分轻了忧患,但是在这时,他们仍然感到有不堪承受的重负——特别是他们在起初是何等的威风,何等的自满,而现在又走到了何其屈辱的结局!这真是任何希腊军从未遭遇过的巨变:来时是为了奴役旁人,而去时却唯恐自身受到了奴役;当时是诵祷词,奏军歌,横海而来,现在撤退求归,祈咒之词却完全相反;而且水兵已成为步卒,所依仗的已经不是舰队,而是重甲兵。只因大难方殷,他们对于这一切唯有忍受。

LXXVI.尼西阿斯看到全军的沮丧及其所遭遇的巨变,随行伍而行,力图就形势所许可,给士兵以鼓励和慰勉。每当走到一个支队的时候,他的声音随热情而提高,尽可能使最远的人也能听到,希望他的话能够产生一些有益的效果——

LXXVII. "雅典人和我们的同盟者：你们虽处于今天的境地，但仍然应当怀抱希望。过去的人曾经在更大的困难中得到生还，你们不要因为失败或受到目前的无辜痛苦而深自怨悔。我自己的身体不比你们任何一个人好，你们看到我受到疾病的折磨。不论是个人的生活或是各方面的事业，我都曾想到会一帆风顺，不下于人，但是在目前，我和你们之中地位最卑的人一样，置身于同一的险境。我这一生，事神恪守宗教的本分，待人笃遵公正无疵的行谊。因此不论如何，我对未来仍然满怀着信念。患难并没有像可能发生的那样令我受到多大的惊恐。也许患难会消失，因为敌人已经行够了好运；如果我们这次远征干怒了神祇，也已受到了足够的惩罚。我们知道，过去别人也曾攻打过邻人，他们作了人所常作的行为，后来受过人所能忍的痛苦。所以现在我们有理由希望，神明将会对我们施以更为仁慈的怨宥；我们现在已经不是干犯神怒，而是应当受到神的垂怜。当你们看看自己，看到你们是如此精良的重甲兵，看到以战斗行列向前进军的你们是如此之众，你们就应当不要这样过分的气沮。不，不论你们在哪里立了足，你们就会立刻形成一个城邦；而且在全西西里，也不会有任何其他的城邦足以抗拒你们的进攻，或者把你们从任何定居下来的地方赶走。对于这次进军，要注意安全和秩序。你们之中的每个人都应当只有一个思想：无论你们在哪里被迫作战，如果夺取了它，那块地方就是你们的国家，你们的城寨。我们手上的给养很不足，因此必须日夜急行。如果我们在西克尔人的土地上找到一处友好的地方——西克尔人是仍然可以信赖的，因为他们畏惧叙拉古人——到那时，你们才算是获得了安全。我们已经向西克尔人预发了通知，要他们前来会合，并且携带粮食。士兵们，你们必须明白全部的真相，千万要做勇敢的人。如果你们怯弱，附近没有你们可以安全到达的地方；如果现在逃出了敌手，你们将会赢得真正想望的一切。你们之中的雅典人必将虽仆而复起，重振国家的伟大威力。只有人可以建立国家，而不是没有人的城或没有人的船只。"

LXXLIII. 尼西阿斯随行伍而行，这些话就是他对士兵的鼓励。只要他看到军行不整，就把他们排好，使行次整齐。德莫斯提尼和他做得一样，对部下的士兵也作了大体相似的叮咛。全军列成了空心的方阵，在这时向前行进。尼西阿斯的一军在前，德莫斯提尼的一军殿后，辎重队和大部分的杂役人等都围在重甲兵队伍的当中。当他们行抵阿那普斯河渡口的时候，发现一些叙拉古人及其同盟者已经列阵以待。他们将其击溃后，渡河继续前进。但是叙拉古的骑兵奔驰其旁，向他们攻击，其轻装步兵又纷纷向他们投射标枪。雅典人在这天前进了约四十斯塔迪昂,在一座山下宿营。次日[1],他们很早就开始行军,在走了约二十斯塔迪昂以后,下到一片平地,就地扎营。这里是有人烟的地方,他们想从住户中得到食物;还想取一些水随同带走,因为沿着他们所去的路向,前面有很多斯塔迪昂缺水。与此同时,叙拉古人已经赶在他们的前面,当着一条山道筑墙设防。这条通道跨过一座陡峭的山头,两旁是悬谷,名为阿克里顶[2]。次日[3],雅典人又向前行。叙拉古的骑兵、标枪兵及其同盟者为数颇众,从两旁投射标枪,又奔驰于其侧,阻止他们行进。雅典人战斗良久,但最后退到前一天驻扎的营地。这时他们已不能像前一天那样取得粮食,又因敌人有骑兵,他们已不再能离开自己的主力。

LXXIX. 次日清晨[4],雅典人再次进军,冲到当路筑墙的山前。他们发现前面敌人的步兵已凭墙列阵,由于地形逼窄,纵深不过数盾。雅典人发动进攻,企图强占城墙。但敌人据守在陡峭的山上,从高处俯攻,更容易把他们打中。当他们发现自己已为敌人弹石密集的目标,不能夺路而过,便退却

---

[1] 即退军的第二日。——英译注
[2] 山顶树木不生之处。——英译注
[3] 即退军的第三日。——英译注
[4] 即退军的第四日。——英译注

休息。这时,恰巧听到了雷声,并且有雨[1]。这在一年入秋之时是习见的现象,但雅典人却因之更加气沮,相信这些都是毁灭的征兆。当他们休息的时候,吉利普斯和叙拉古人又分军到他们来路的某一点上,筑墙以断其后路;雅典人也派出了一个分队,加以阻止。以后他们就全军回到比较平坦的地方,扎营过夜。次日[2],他们又复前进。叙拉古人把他们包围起来,四面进攻,击伤甚众。当雅典人进攻时,叙拉古人就退却;及至雅典人退却,叙拉古人又来进攻,并且集中打击他们的后卫。叙拉古人希望每一次都能击溃一部分雅典人,借此使他们全军陷于慌乱。战斗这样进行了很久,雅典人抵抗,并前进约五六斯塔迪昂,然后在平地休息。叙拉古人也离去,回到自己的营地。

LXXX. 入夜,尼西阿斯和德莫斯提尼因见全军残破,供应匮乏,许多人已在敌军的屡次袭击中负伤,乃决定尽量多燃火把,以便撤军。路线则放弃最初的计划,取道和叙拉古人设防扼守的相反的方向,亦即面海而去。我在上面叙述的行军路线却不是朝着卡塔纳[3],而是朝着西西里的另一方,

---

[1] 参看 IV.lxx.1。——英译注
[2] 即退军的第五日。——英译注
[3] 即并非朝着海。——英译注

即卡马里纳、基拉,以及有希腊人和蛮族诸城的地区的那方。于是他们点亮很多的火把,在夜间出发。大凡军中都容易滋生惊恐,最大的军队亦最甚,特别是夜间行军敌境,去敌不远。现在雅典人的情况恰恰如此,因而混乱也逼临了他们。尼西阿斯所率的一军居于前锋[1],队形完整,并且领先了一段很长的距离。但是约占全军之半或半数以上的德莫斯提尼的一军,却逐渐分断,凌乱而进。不过他们在天亮时仍然抵达了海边,并循爱罗林道路前进。他们打算在到达卡库巴里斯河[2]时沿河而上,进入西西里岛的腹地,希望在那里和已经遣使通知的西克尔人会合。但当他们行抵河旁,又发现那里已有一支叙拉古守军,用墙和栅栏堵住去路。他们夺路而过,渡河后又进抵另一条河流。此河名伊林厄斯[3],向导叫他们采取了这条道路。

LXXXI. 与此同时,叙拉古人及其同盟者于拂晓后[4]发现雅典人已经他去。许多人责难吉利普斯,说他有意把雅典人放走。但雅典人的去路很容易就被发现,他们循路急追,约在午后时刻就赶上了雅典军。当他们接近德莫斯提尼所部

---

[1] 参看 VII.lxxviii.2。——英译注
[2] 今卡西比利河。——英译注
[3] 今卡瓦拉塔河。——英译注
[4] 即退军的第六日。——英译注

时，这支军队已经落后很远，且因前夜已陷入混乱，其行进迟缓而散漫。叙拉古人立即进攻，开始了战斗。因为这支军队已经和其余部分断绝联系，叙拉古的骑兵很容易将其包围，把他们驱逐在一起。这时尼西阿斯的一军已在前面约五十斯塔迪昂。尼西阿斯行军较速，深知此时安全不在于坚持不退，亦不在于欲战即战，而是在于必须尽速撤退，非不得已不战斗。然而德莫斯提尼却不断处于困境之中，他在退军中远处后卫，受敌最先。现在面临叙拉古人的追击，就更加注意部署战斗，忽视了行军。因此时间浪费，终于受敌包围，本人和部下都陷入极端的混乱。他们拥塞在一块被墙围起来的地方，墙的每边都有路通过，墙内有很多橄榄树，他们受到从各面投来的弹石的袭击。叙拉古人宁可采取这种进攻的方式，不愿短兵相接。因为和进退无望的人拼死一战，对他们自己远不若对雅典人之有利。而且他们认为胜利已经在握，所以每人多少都珍惜自己，不愿在战争临近尾声时浪掷生命。他们也全部抱着这样的想法，以为无论如何，这种作战方式终将迫使敌人屈服成擒。

LXXXII. 于是他们整天用弹石向雅典人及其同盟者四面攻击。对方因为受伤和种种困难，终于疲竭。吉利普斯和叙拉古人以及他们的同盟者看到了这点，乃首先宣告：凡愿意归附的岛民[1]，均保证其自由。某些城邦的人闻而投附，但为数极少。后来，他们又和德莫斯提尼所部的其余军队达成了协议：只要这些人解除武装，皆不以暴力、囚禁或断绝口粮致之于死。至此全军皆降，共约六千之众。又以盾牌为盛器，将所携金钱投入其中，共满四盾。叙拉古人立即将俘虏带入城内。同日，尼西阿斯及其所部行抵伊林厄斯河，渡河后在一块高地上扎营。

LXXXIII．次日[2]，叙拉古人追上了尼西阿斯，告诉他德莫斯提尼的军队已经投降，要他也同样投降。尼西阿斯不能信，在获得休战许可后，遣一骑往探真相。骑兵去而复归，带回来德莫斯提尼确已投降的信息。至此，尼西阿斯乃遣一传令吏向吉利普斯和叙拉古人提出声明：如果他们让他的军队撤走，他准备代表雅典人同意赔偿叙拉古人在这次战争中耗去的一切费用；在偿清之前，他愿意以雅典人为质，每一他连特留质一人。但吉利普斯和叙拉古人拒绝这些条件，重新进攻，包围了雅典军，以弹石投击，直至暮尽。雅典军既无食物，又无一切必需品，困顿已极。然而他们守到夜静，准备在那时出发。当他们刚刚拿起武器的时候，叙拉古人已

---

[1] 参看 VII.lvii.4。——英译注
[2] 即退军之第七日。——英译注

经察觉，唱起了军歌。雅典人看到自己的行动已为敌人所知，又全部放下了武器——只有三百人左右冲过守军，在夜间全力行进。

LXXXIV. 天明之际[1]，尼西阿斯又率军前进。叙拉古人及其同盟者仍用以前的方式不断攻击，投掷弹石，从四面用标枪击杀雅典军。雅典人向阿西那鲁斯河[2]推进，一则因为他们受到许多骑兵和各种部队的攻击，四面受迫，以为渡河后情势或可稍好；再则因为他们已经疲敝，渴欲饮水。当他们到达河边，即不再能保持秩序，一冲入河，人人争渡；同时在敌军的压力下，渡河已很困难。他们一拥而前，不得不尔，于是前仆后扑，人相践踏。有些人被自己的长矛所穿刺，立致于死；有的人则互相牵掣，密集难分，为急流所冲走。叙拉古人沿对河的陡岸而立，弹石纷下。大多数的雅典人都渴极狂饮，混乱拥挤于低洼的河床之中。伯罗奔尼撒人奔下水边，对他们施以屠戮，在河里的人受创尤甚。河水立变污浊，虽泥血混杂，而饮者如故，其中多数人甚至为饮水而争夺。

---

[1] 即退军之第八日。——英译注
[2] 今法尔康那拉河，亦称阜姆·狄·诺托。——英译注

LXXXV.最后,河内尸骸枕藉[1],全军皆溃,一部分死于河中,一部分即幸能渡过,也死于骑兵之手。尼西阿斯以吉利普斯较叙拉古人为可信,乃于此时向之投降。他要求吉利普斯和拉西弟蒙人可以对他任意处置,但不要再杀戮其余的士兵。吉利普斯最后下令收容俘虏,除为数不少的雅典人已为叙拉古兵士私自分配者外,其余生者都一起被带到叙拉古。对于前夜突破守军而走的三百人,叙拉古人又遣军追击,悉加俘获。综计雅典军被叙拉古收为公有者,为数不大[2];但被兵士私自截留者,则人数很多。全西西里都充斥着私留的俘虏,因为他们和德莫斯提尼的军队不同,在被俘时没有经过受降的协议。此外,被杀死的人数亦不少,因为河中的屠戮甚众,实不在西西里之战的任何一役之下。还有不少人在行军的屡次战斗中丧失了生命。尽管如此,仍然有许多人得以逃走,有的是在当时,有的是在变为奴隶之后。卡塔纳是他们的逃亡之薮。

LXXXVI.叙拉古及其同盟者的军队集合之后,尽量多

---

[1] 修昔底德没有说到被杀的人数。狄奥多鲁斯(XIII.19)谓死于河中者一万八千人,俘者七千;他显然把德莫斯提尼军的数目合计在内。——英译注
[2] 不足一千人;因为俘虏的总数约七千(见 VII.lxxxvii.4),其中六千人属德莫斯提尼所率的一军(见 VII.lxxxii.3)。但在全军投降前八日,雅典军数达四万人,由此可见此役损失之大。——英译注

带俘虏，并携战利品回到城内。其余从雅典人及其同盟中获得的战俘则送往石矿；他们以为用这样囚禁的方法最为可靠。对尼西阿斯和德莫斯提尼则处之以死，虽然此事违背了吉利普斯的意愿。吉利普斯很想把这两个敌军的将领带回拉西弟蒙，借以增饰其战功，以为如此实一辉煌之业绩。且两人之中，德莫斯提尼因斯法克特里亚及派洛斯战役之故[1]，恰为拉西弟蒙人的死敌；而为了同样的理由，尼西阿斯又恰为他们最好的朋友。尼西阿斯在当时曾促请雅典人议和，力主释回在斯法克特里亚岛上掳获的拉西弟蒙人战俘[2]，因之拉西弟蒙人对尼西阿斯抱有好感。尼西阿斯之所以相信吉利普斯，向之投降，其主要原因亦在此。但是也有人说，某些叙拉古人曾因勾结尼西阿斯，害怕他在这个问题上受到拷问，可能使他们在胜利中发生纠葛；而另一些人，特别是科林斯人，则因为他很富有[3]，担心他可能行贿逃走，为他们制造新的困难，于是说服他们的同盟者置之死地。由于这样的原故，或者是与此相近的原故，尼西阿斯竟被处死。像他这样的人，

---

[1] 公元前425年，德莫斯提尼率舰队占领伯罗奔尼撒西岸派洛斯，封锁在斯法克特里亚岛上的斯巴达军；其后克里昂与之共同进攻斯法克特里亚，斯巴达守军四百余人苦战不胜，战死甚众，余部292人投降。参看 IV.i—ii。
[2] 参看 V.xvi.1。——英译注
[3] 据吕西亚所记（XIX.47），他富达一百他连特。他的财产主要是银矿，在劳里厄模使用奴隶一千人（色诺芬，《雅典税收论》，IV.14）。——英译注

在我同时的一切希腊人中，最不当遭逢这样的惨祸；因为他一生行事，完全是以道德为依归。

LXXXVII. 在石矿中的战俘起初受到叙拉古人的虐待。他们人数众多，拥塞在一块又深又窄的地方，其上一无遮蔽。白天是烈日当空，热气窒息，使人痛苦；入夜则相反，如度寒秋。于是疾病缘气候的剧变而滋生。又因居处逼窄，一切活动都不得不挤在同一的地点。死者的遗尸交相叠积，有的因伤而死，有的是死于气候的变化或其他类似的原因。恶臭散溢，令人难耐。同时，他们又为饥渴所困——在八个月中，叙拉古人给他们的饮食仅每人每日一科图利[1]的水和两科图利的食物而已[2]。举凡囚禁在这样一个地方的人所可遭到的任何痛苦，他们无不备尝。他们这样住在一起约有七十日之久；然后除雅典人以及参加这次远征的西克列奥人、意大列奥人外，其余全被出卖为奴。全部被俘的人虽不易举其确数，但必不在六千之下。

这是这次战争中发生的最重大的事件，就我所知，也是

---

[1] 科图利为希腊容量单位，合今公制 0.04 公升，英制不足半品脱。
[2] 这样的口粮只及奴隶口粮的一半。以此与拉西弟蒙人在斯法克特里亚岛受俘时所得口粮相比，更可见其定量之薄；当时拉西弟蒙人的口粮是"每人大麦面两柯尼卡，酒两科图利"（参看 IV.xvi.1）。按：柯尼卡为希腊容量单位，四倍于科图利，为雅典每人一日粮食的定量，合今英制一夸脱。

全希腊有史以来最大的事件——对胜利者为莫大的光荣,对失败者为莫大的灾祸;因为失败的一方在任何一点上都完全败北,在任何方面都受到很大的苦难。诚如常言所云:他们所遇到的是全军覆没。陆军、海军和其他的一切都归于消灭,在很多人中,绝少能返回故里[1]。这就是西西里一役各种事件的原委。

---

[1] 据普鲁塔克所记("尼西阿斯传",29),许多雅典人得到了自由,其他曾经逃脱的以诵幼里披底的诗为生,因为西西里人爱好幼里披底,甚于其他任何外邦的作者。生还的人在回来时对幼里披底表示感恩,这无疑是诗人从未前闻的最快心的赞颂。——英译注

因为风,我们去看看希腊和罗马
(代后记)

吴 遇

本书的责任编辑孙晓林约我写这篇后记。由于诸多无法推辞的理由,如,本书作者是我父亲,我又自告奋勇地为本书画了些插图,事实上已经参与了一点再版工作,而孙晓林又是我大学和研究生时代的同学,总之没法说不,只好应了下来。从来没有写过后记,便找来一些书,看看别人如何写。看过一些后,略作比较,我认为,写一点题外的但是和书的作者、内容多少有点关系的话,可能比较有意思。于是,就有了如下这篇后记。

想说的第一点,是我父亲本人特别喜欢这本书。他曾在不同场合对我们兄妹几个都说过,在他发表的为数不多的著述里,他最喜欢的就是这本篇幅并不大的《古代的希腊和罗马》。他还说,他喜欢夹叙夹议的写法,不去枯燥地讲道理,也不去琐碎地讲故事。他对我说这些话的时候,我正在上大学。那时,我们在学世界古代史,希腊和罗马的历史当然是重头戏之一,大家手头的参考书林林总总,包括周一良伯伯和父亲主编的《世界通史》。有一天,不知是谁在图书馆发现了这本印得不太像是纯学术著作的《古代的希腊和罗马》,读后便传开来。很多同学的看法是,不仅好读,而且有用。好读是显而易见的,从开篇起,读者就不知不觉地随着作者逍遥自在的笔,成了"因风吹去的游人",飞临阳光明媚的爱琴海,飞到神话般的克诺萨斯宫里。那时候,我们这批大学生的文化欣赏心态还处在20世纪70年代末那种乍暖还寒的状态,因此,书中所描述的克里特文化的世俗主义和自然主义色彩,给我们留下了深刻印象。多年后,当年的同学在回忆读此书时,还记得书中描写的头戴花冠,束腰垂发,身着紧窄的胸衣和飘逸长裙的少女。这个形象是如此之鲜活,例如前面提到的孙晓林同学,就认为书中曾有一幅古希腊少女如此着装的插图。说这本书有用,也是大实话。因为好读,所以好记。凡读了此书的,在后来的期终考试时,大约手中都多了一张应对古希腊罗马史试题的胜券。书中提到的一些西谚典故,如,"恺撒渡过泸泌涧"(Crossing the Rubicon),"吾到,吾见,吾胜"(Veni, vidi, vici),"皮洛士的胜利"(Pyrrhic victory),等等,对于日后学习西方历史文化的人,想必也会有重逢的时刻。

第二,这本书的产生,照父亲的话,是出于一个"偶然"的原因。书于1957年初版,显然是父亲那时在武汉大学承担世界古代史教学的缘故。我曾问过父亲,为什么那时去教世界古代史。父亲回答说,因为一解放,大家都热衷于搞近现代史,古代史成了个冷门。但总要有人教吧,于是就承担下来。父亲当时写的一些关于希腊城邦、希腊化文化、古代埃及和巴比伦的文章,都缘于这个"偶然"。他在后来回忆自己怎样接触世界古代史时说,是"教学方面的偶然承乏,写作方面的偶然有约"使他有了较多的机会接触世界古代史。从父亲的学术准备来看,他对世界古代史的研究,的确是在新的形势下另起炉灶。我这样说的理由,是基于他的硕士和博士论文所涉及的内容。他的硕士论文是研究"士"在中国封建社会瓦解过程中所起的作用,而他的博士论文则是研究探讨封建中国的王权和法律的性质。在这两项研究中,特别是博士论文,他都用到西欧的历史材料。但绝大多数的西欧史料,都是关于中世纪的,涉及到欧洲古代史并不多见。如果说父亲的学术准备不足,他的学术经历和心理准备则相对丰富。这就是他曾对我说过的,他在做学问时转弯的故事。其实最初点拨他转弯的人是他的老师陈序经先生。陈先生甚至说,多转几个弯,还有好处。在父亲的学术经历中,的确转了不少的弯。例如,从比较传统的历史研究转到对经济理论和经济史的研究,从经济史转到对制度史、法制史的研究,从偏重封建中国转到封建时代的东西方对比研究。这样的一些转弯经历大概使得他在心理上不再畏惧新的转弯，因此，这一次，就从封建中世纪"偶然"地转到了世界古代。不过，现在回头来看，他先前的几个弯似乎是越转越热，且有较多的个人选择余地；而转向世界古代史则是转入了一个明显的冷门，而且恐怕也没有什么太多的个人选择。

但是，不管怎么说，这次转弯，无论多少是出于非学术兴趣的动因，多少是出于学术兴趣的动因，似乎都没有影响到他对新的研究对象的认真态度。他一边教课，一边按照学术规范，写论文，发表论文。查看他的著述发表记录，1956—1957年是一个高峰。使他取这种态度的原因，我想至少有二：一是他深深地知道自己是不具备专业条件来研究世界古代史的。他曾对我说，研究古代史，如果不懂那时的文字，就很难称得上研究专业。他的这个看法，一直到80年代初，在他同周谷城伯伯、林志纯伯伯一起提议建立世界古典文明史研究所时还说过。因为素无研究，又无专业研究条件，但在当时的情形下又必须承担这门课程，所以，他特别认真地对待这个新领域。第二点大概是出于他对知识价值的一个看法。记得我还在读研究生时，有一次与他就中国知识分子独立性话题谈了起来。在历数各种影响知识分子独立性的政治经济文化因素时，父亲说，其实知识本身有其独立的价值，而无论它是否现实有用。但是，在中国文化的氛围里，知识的价值则往往是与其现实可用的程度相关联的。因为知识具有独立价值这个看法没有获得广泛的认同，知识分子作为仅仅拥有某种知识的人群，一开始就很难在自己的心态上保持独立。这一点，我们常常忽略了。他告诉我，他是相信知识本身具有某种独立的价值的。他还说他的这个观点，曾经有机会在他早年参加的公费留美的国文考试中阐发。据参加过同届考试的何炳棣先生回忆，父亲的国文考了90分，大概是那一届考生里国文得分最高者。

因为相信知识本身有着独立的价值，所以，某一门知识目前的冷热状态，对他来说，就不再是那么重要了。重要的是认真地研究它，从知识里面去寻找并获得快乐。

包含古希腊罗马历史文化在内的世界古代史在中国50年代（恐怕现在依然如此）的历史研究和教学中成为一个冷门，是一个人们不得不接受的事实。然而，在西方社会，古希腊罗马的历史，则是一座众目属望的精神家园。例如在美国，凡是受过教育的人，在其受教育的人生经历中，大约都会有一段"言必称希腊"的时光。从一个更广阔的视野，古希腊罗马的历史，也是全人类文明史中不可缺少的重要篇章。在美国受过教育的父亲对此当然是明了的。父亲写此书时，大概在1955—1956年，那时他刚刚四十出头，精力充沛，富于想象力，尤其是受过东西方文化熏陶的知识结构更使得他在写这种普及性历史读物中游刃有余。例如，在说到远古希腊长老会成员的资格时，他用"耆"和"贤"两字来概括，便是简约精准地以传统的东方概念来说西方的事。又如，在谈到雅典全盛时期文化生活的民主性时，他告诉读者，最显著的是有广泛自由公民群众参与的祀神庆典和戏剧活动。但是他又特别指出，"在希腊，不论是什么神，都没有一个像古代东方的神具有那样高不可仰的地位。希腊在政治上不曾出现过君临一切的专制皇帝，在宗教上也不曾出现过最高道义的宇宙主宰……名为天神的宙斯，甚至常常钟情人间的美女，犯凡人所犯的错误"。在谈到希腊的建筑雕刻时，他特别将其与古埃及的建筑雕刻作比较："雅典人从不建筑像埃及那样的象征宗教和政治上无限权力的巨大神庙和金字塔，也不雕刻高达几十丈的体现统治者威严的帝王巨像。"书中的许多论述，今天重读，仍然感到还大可细细咀嚼。例如，经济活动的方式和类别与民族性格形成的关系；制海权与外向型经济在古代世界对强国兴起的作用；希腊人热爱自然和世俗，不太在乎宗教的生活态度与其理性思想起源的关系；希腊的民主制度无法随其武力扩张而移植到被它占领的亚洲地区；罗马寡头专制的形成和军事集团的联系；等等，等等。读完全书，读者不难发现，虽然这是一本普及性读物，但作者并不是将历史知识简单化。相反，书中许多对历史事件、风俗的细节描写，使人有身临其境的感觉。如描写雅典公民会议的过程，雅典的悲喜剧，希腊人的体育运动和智力修炼的合一，斯巴达特有的生活方式，雕刻艺术和绘画艺术的成就，罗马贵族在盛世的骄奢淫逸和在败落时的怯弱狡诈，等等。给人留下印象的，还有作者那种从容坦率地对知识作客观陈述的态度。例如，他批判奴隶制度，但这并不影响他介绍当时的雅典法律居然承认受虐待的奴隶可以行使"逃匿权"，罗马的城市奴隶可以当私人教师、书记、医生，经商，甚至可以当警察；他批判雅典民主的局限性，但这并未妨碍他生动地叙述希腊的文化生活和这种生活的广泛民主性质，他甚至详细地引用了伯里克利的话："我们没有忘记使疲敝了的精神获得舒息。我们的生活方式是优雅的。我们日常在这些方面所感到的欢乐，帮助我们排遣了忧郁。""我们是爱美的人。"作者的这种对知识既欣悦投入又理性求实的表述态度和格调贯穿全书。

第三，虽然说父亲在 20 世纪 50 年代之前没有专门研究过世界古代史，后来转到研究世界古代史是出于偶然的原因，但这并不是说，他对古代世界的历史从未发生兴趣。事实上，环地中海地区上下几千年的历史变迁,曾在他胸中激起一次诗情的喷发。他在一首题为"SPHINX之歌"的白话体诗中,以傲视通古之变而缄口不言的斯芬尼克斯为第一人称的口吻写道:

从太古当年,
我徜徉在这大荒一片。
<u>尼罗河</u>是我一支最长的弦,
也弹不尽这古今悲怨。

<u>胡席纳</u>山下的<u>摩西</u>,
你想偷下天国的种子散在大地。
你啊,你那些染了<u>红海</u>之水的孑遗,
即使圣婴的血也不能清洗。

你渡过<u>泸泌涧</u>的英雄,
你手指一挥,坛上的战神都常为你震动。
可是你从投入古<u>埃及</u>的深宫,
一瓣皇后的鬓花,你也几曾敢和它比一比轻重?

你新月旗下的先知,

古代的希腊和罗马

你忘了希腊圣人的故事。
你的经典诲迪了几个愚痴?
你的宝剑又征服过几个哲士?

你戈塞迦岛上的儿郎,
你铁骑金矛,你曾在我的影子下驰荡。
但你不曾探索这大漠的苍茫,
你又回到阿尔卑斯的丘陵下去跳踉。

你,你们今日来的也仿佛昔年人,
沙漠里的阳秋也不须追问。
这儿的足印任你踏得怎么深,
悲风卷过了谁也不能重认。

朝朝有驼铃摇过城隈,
夜夜有流星坠向沧海。
Bucephalas 骏马的骨灰,
至今长埋在马其顿的疆外。

从太古当年,
我徜徉在这大荒一片。

> *尼罗河是我一支最长的弦,*
>
> *也弹不尽这古今悲怨。*

我知道父亲一直喜欢写点旧体诗,有空也填填词。但在我的记忆中,从来没有见过父亲写的白话诗,直到他去世后,在他留下的手稿中见到此诗。竖行写在两张白纸上,纸现已呈黄色。诗没有注明写作年份,结尾只有"十二月二日,稿。"几字。诗句中有多处修改,足见是篇"稿"。我猜想这首诗作于1943年。这个猜想有两个根据,都出于胡适纪念馆编的《论学谈诗二十年——胡适杨联陞往来书札》第15页,杨联陞1943年12月14日致胡适信。信中称:"吴保安(保安是父亲原名,于廑是他的字)考过 Generals 之后,写了一首长诗,我替他抄在后面,您这新诗国的'国父',也要摸下巴而点头了吧。"杨联陞与胡适的这些往来书信现藏中国社会科学院近代史研究所。我曾去查阅胡适遗稿及秘藏书信,见到杨信原件(杨联陞信二十九通,卷号1204,分号11,1页),但未见杨称所抄的吴诗。我猜想就是这首诗的第一个根据,是诗尾所标的月日时间与杨信的月日时间可吻合;第二个根据,是诗中所表达的内容——从摩西到拿破仑,恰似杨信中所说的刚考完了历史博士资格统考(Generals)的学生脑子里比较鲜活的东西。这种感觉,对于读过历史专业并刚刚考完一个通史课程的人,都不陌生。在这首并不太长的诗中,古希腊罗马的人物典故出现得最多:"渡过泸泌涧的英雄"指的是恺撒,埃及深宫中的皇后则是克利奥帕特拉。公元前48年,恺撒不顾元老院的法律约束,渡过泸泌涧,攻入罗马,并乘胜追击逃亡的庞培到埃及。当他见到美艳的埃及女王克利奥帕特拉,不仅放弃了兼并埃及的计划,还与女皇生下孩子。当然,这些市井谈资在父亲后来的书里没有被提及,他只用了一句话,说恺撒"在埃及的深宫里流连了有大半年之久"而一笔带过。诗中所说的被"新月旗下的先知"遗忘了的"希腊圣人的故事",则有一点麻烦,因为被后世称为希腊圣人的故事不少。但从诗的上下文来看,这里可有好几个猜想:一可指公元前547年,吕底亚国王克罗伊索斯与波斯王居鲁士进行战争时,派使者去希腊德尔斐(Delphi)阿波罗神殿请求神谕(Oracle)的故事。德尔斐神殿是希腊最著名的神圣之地。据说,神殿的石墙曾刻有两句话:"知道你自己","无可逾越"和一个神秘的大写字母"E"。这一次,克罗伊索斯讨来的神谕说,有一个帝国将会陷落。克罗伊索斯于是断定波斯帝国将会灭亡,便集结部队准备进攻。可是战争的结果却是吕底亚大败,亡国之君克罗伊索斯至此才明白德尔斐神谕的真正含义:准备出兵攻打别人的人,自己却遭到了毁灭。真是不知道自己啊!第二个猜想也和德尔斐神殿有关。那是德尔斐人杀害留下了著名的《伊索寓言》的那个智者伊索的故事。据说伊索的被害导致德尔斐从此厄运不断，直至德尔斐人作出公开的赔偿。由此，西方文化中多了一条叫做"伊索之血"的谚语，意为错误的行为不会得不到惩罚。最后的一个猜想是指希腊的历史之父希罗多德讲的故事。希罗多德的名著《历史》，讲述了希腊和波斯的战争。希波战争中，挑起战端的波斯被蕞尔小国希腊三次打败，而希腊最终成为爱琴海上的霸国。无论怎么说，父亲对海迪愚痴的经典和征伐哲士的宝剑都颇有微词，所以，他在诗中不无揶揄地戏问那个忘记了这些历史的"先知"，怀疑他手中的典和剑到底能有多大神力。诗中最后提到的 Bucephalas 骏马则是指来自马其顿的赫赫有名的亚历山大大帝的坐骑，此马死于公元前326年的海达斯皮斯之役，葬在了今天的巴基斯坦境内。三年后，当它的主人在筹划进攻阿拉伯时，患了恶性疟疾，三十三岁英年而逝。

读完全诗，心中一片苍茫。我想，这可能也是父亲当时的心境。在写这首诗的前一年，父亲曾有七古一首哀香港，和他的同学杨联陞伯伯的诗，以抗议日本侵略者占领香港。据周一良伯伯的回忆，他们的诗作在"哈佛中国同学中一时传诵"。到了1943年，第二次世界大战进入最艰难的时刻。无论是欧洲战场还是亚洲战场，到处是侵略者燃起的战争硝烟，到处是生灵涂炭。父亲抚揽历史，奉告那些"今日来的也仿佛昔年人"，"这儿的足印任你踏得怎么深，悲风卷过了谁也不能重认"。回首过去，古希腊罗马的历史是辉煌的，它们对周边地区乃至后来世界的影响是不可低估的，但是，更伟大的力量是自然，是如弦如歌的尼罗河和吹过无垠大漠的风。

现在要说一些感谢的话了。我要感谢三联书店，把我父亲最喜爱的作品看中，促成其再版；并接受了我为父亲的书画插图，成全了我的一个心意。我要感谢为本书封面作画的孙景波老师。几年前，我有机会在加州结识了他，我们一见如故。我喜欢他的绘画作品，更喜欢他的人品。这次请他作封面绘图时，他立即要求读全书。这种一丝不苟的风格真叫我敬佩。我要感谢金冈老友，他帮我画了一幅罗马大剧院的钢笔画插图。这是他和夫人年初来加州度假住在我家时画的。我曾试着画过这个大剧院，不理想。于是就叫他画。他看着我计算机下载的照片，一边和我聊着天，一边画。半个钟头，完工。最后，我要感谢我的妻子陈超美。因为她的支持，我现在能自由自在地读，想，写，画和说。我妹妹前不久有机会去了一次希腊罗马，她说她是带着父亲的这本书去的，以便按图索骥。我还没有去过希腊和罗马。写过古希腊罗马历史书的父亲也从未去过。我想，我是一定会去的。不因为什么，就如父亲所说，因为风，我们去看看。

      2007 年 4 月 9 日于北加州 Pleasanton

      家中，时值父亲逝世十四周年